ーマが増えたことから、各税目を充実させるために贈与税をスピン
トさせ、相続税に集中して解説しました。贈与税については「贈与
重要テーマ解説」として税務研究会から先行して出版しています。

書が、相続税を扱う皆様方に少しでもお役に立つことができれば幸
す。なお、文中意見の部分は筆者の個人的な意見であることを申し
ます。

2024年春

税理士　武田秀和

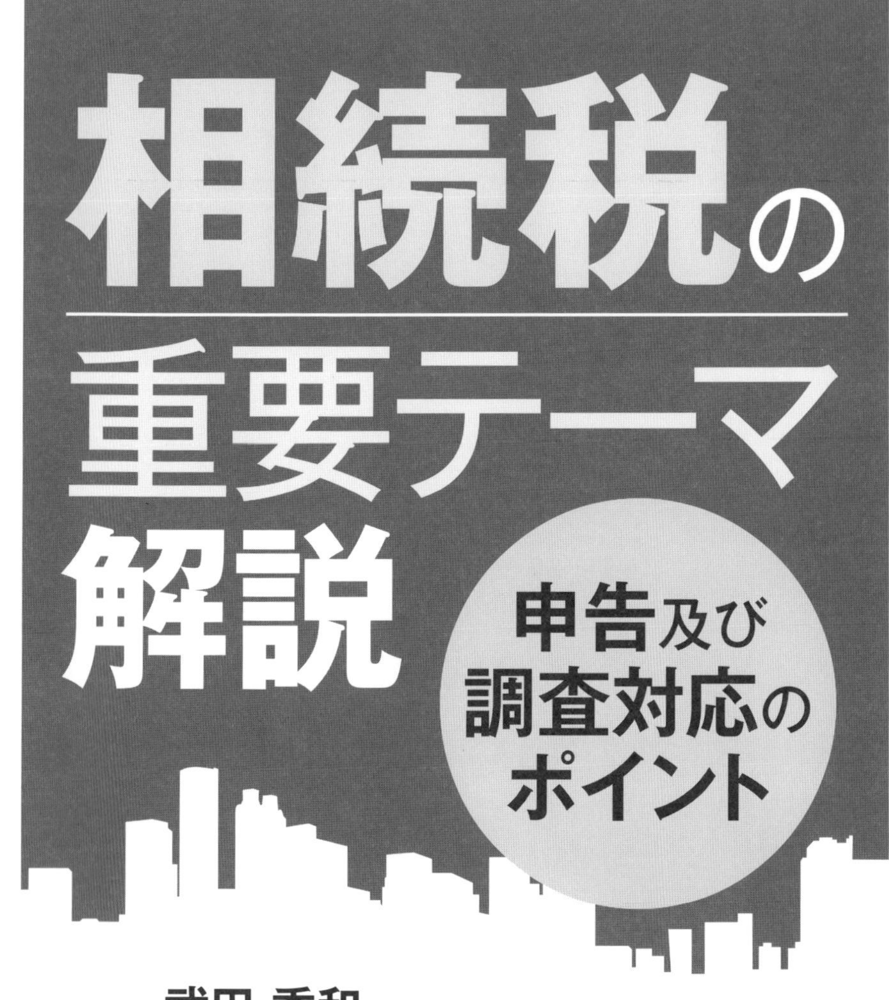

税理士 **武田 秀和** 著

税務研究会出版局

はじめに

2021年中に亡くなった方は約144万人、相続税
被相続人は約13万４千人で、課税割合は9.3％です
や小規模宅地等の特例の適用により、非課税であっ
必要ですので、これらの件数も含めると相続税
12％近くになります。つまり、亡くなった方の1
対象となります。

相続税は、取り扱う頻度が高くなく、金額が大
取扱いがあり、難しい税目との印象があります。
る場合は遺産分割を経なければ税額が確定しませ
高いハードルもクリアしなければなりません。財
世におらず、相続人が財産内容をよく分かってい
題もあります。

本書は、相続税を扱う上でよく問題となる事項
から、知っておいていただきたい取扱いや規定、
受けた相談事例などを基に、相続税を扱う税理
便を図るべく、実務的な注意点を解説したもの
けではなく、「手持現金」「名義預金」「名義株
慮する事項、2023年の税制改正において導入
の選択により中立的な税制」等を加え、申告書
の対応についても「申告及び調査対応のポイン
をしました。

本書は、既刊書『「相続税・贈与税の重要
改訂にあたって構成を見直し、相続税及び贈

いテ
アウ
税の

本
いで
添え

目　次

第１章　民法における相続人及び相続分

第２章　相続税法の基本

第３章　相続財産

第4章　小規模宅地等の特例

第5章　債務・葬式費用

第6章　遺産分割・未分割

第７章　相続税の計算

第８章　申告・修正申告

第９章　相続税の納付

第1章

民法における相続人及び相続分

1-1 相続人

ポイント

相続人とは、民法に規定されている相続人のことをいいます。配偶者は必ず相続人となり、次いで、第１順位が子、第２順位が親、第３順位が兄弟姉妹と厳格に定められています。これらの者が被相続人より先に死亡していた場合は、その地位を代襲して相続する代襲相続人がいます。

【解　説】

1　法定相続人

相続税法は、基本的に民法をベースに規定されています。相続税法に規定のない概念は、民法によります。相続、遺留分や遺産分割など民法の概念を借用しています。相続人についても民法における相続人のことをいいます。民法第896条で「相続人は、相続開始の時から、被相続人の財産に属した一切の権利義務を承継する。」として、人の死亡と同時に、その財産が相続人に引き継がれます。相続人とは誰のことで、どこまでをいうのかは民法で定めており、配偶者や子だけではなく、配偶者や子がいない場合又はいなくなった場合のことを想定して、次順位の相続人も予定しています。民法による相続人とは、次の表に掲げる者をいいます。なお、民法において財産を相続する権利がある者を「法定相続人」といいます。課税実務上、相続税法第15条《遺産に係る基礎控除》第２項において相続人の数をカウントする場合、民法第５編第２章（相続人）の規定による相続人の数によります。これは、法定相続人のことをいいます。しかし、相続税法第３条（相続又は遺贈により取得したものとみなす場合）第１項において相続人とは、「相続を放棄した者及び相続権を失った者を含まない」として、財産を取得した者のことをいいます。

順位	相続人	参考	民法
常に相続人となる	配偶者	法律上の婚姻関係（戸籍上の婚姻関係）にある者のことをいう。内縁関係や事実婚の相手は配偶者とはならない。	890
第１順位	子	代襲相続人（孫、曾孫など）を含む。養子も相続人である。	809、887①②
第２順位	直系尊属	被相続人に子がいない場合。父母、祖父母など。	889①
第３順位	兄弟姉妹	被相続人に子や直系尊属がいない場合。代襲相続人（被相続人の甥、姪）を含む。	889①②

2　具体的相続人

法定相続人の立場を詳解すると、次の通りです。

⑴　配偶者

配偶者は、法定相続人の中で血族以外の者です。被相続人の財産形成に、多大の寄与があった配偶者に対する保護は当然であり、常に相続人となります。現行民法の今日までの大きな特徴は、配偶者の地位の向上にあるといわれており、更なる保護策として、2018年（平成30年）に配偶者居住権等が創設されました。

明治民法では家督相続ができず、相続人としての順位も、子に次ぐ存在でした。このことからも、相続人の地位と取得分はその所属する社会・集団により大きく異なることがわかります。

⑵　血族

配偶者以外の相続人は血族です。血族は際限なく出現するため、次の通り、一定の範囲に制限されています。

①　第１順位：子又はその代襲者（民法887）

ⅰ　嫡出子

嫡出子とは、法律上の婚姻関係にある男女間に生まれた子のことをいいます。民法は子として嫡出子を想定しています。婚姻期間中に生まれた子は必ずしも嫡出子とならない場合があり、嫡出と推定される子と推定されない子が存在します。

(a)　推定される嫡出子

・妻が婚姻中に懐胎した子は、夫の子と推定されます（民法772①)。ただし、夫は、子が嫡出子であることを否認する訴えを起こすことができます（民法774)。

・婚姻成立の日から200日を経過した後又は婚姻の解消、取消しの日から300日以内に生まれた子は、婚姻中に懐胎したものと推定されます（民法772②)。

ただし、2007年（平成19年）５月21日から婚姻の解消又は取消し後300日以内に生まれた子について、「懐胎時期に関する証明書」が添付され、証明書の記載から、推定される懐胎の時期の最も早い日が、婚姻の解消又は取消しの日より後の日である場合に限り、婚姻の解消又は取消し後に懐胎したと認められ、民法第772条の推定が及ばないものとして、婚姻の解消又は取消しの時の夫の嫡出でない子又は後婚の夫を父とする嫡出子出生届出が可能です（2007年（平成19年）５月７日法務省民事局通達)。

(b)　推定されない嫡出子

・婚姻成立の日から200日以内に生まれた子等は嫡出の推定がされません（民法772)。実務上は、あえて父は認知請求をすることはないことが多いため、嫡出子として父子関係は認められていますが、父は親子関係不存在の訴えを起こすことができます（民法775)。

(c)　準正による嫡出子（準正嫡出子）

・父が認知した子は、父母の婚姻の時から嫡出子となります（婚姻準正）（民法789）。

・婚姻前に生まれた子を、婚姻後に父が認知した場合、その子は認知の時から嫡出子となります（認知準正）。

ii　嫡出でない子

嫡出でない子は非嫡出子とも称され、法律上の婚姻関係にない男女間に生まれた子です。子はその父又は母が認知することができます（民法779）が、母は出産という事実があるため母であることに疑いがありませんが、父を確定するためには認知という法律行為が必要になります。認知されることにより、相続権を取得することができるため、認知は財産の承継のためには欠かすことのできない行為です。

婚姻期間中に生まれた子でも、父親が海外や服役で長期不在の場合は、推定の及ばない子となり嫡出子とならない場合があります。

iii　子の代襲者

民法では、財産は直系による承継を大原則とするため、子が死亡した場合はその子が財産を代襲します。代襲はその制限がありません。孫以降の直系が相続します。

③　第2順位：直系尊属（民法889①）

被相続人の子又は子の代襲相続人がいない場合、直系尊属が相続人となります。一般的には被相続人の親ですが、祖父母がいることがあります。この場合、親等が近い者が相続人となります（民法889①一）。例えば、母親と父方の祖母がいる場合、母親が相続人となります。

④　第3順位：兄弟姉妹又はその代襲者（民法889②、887②）

兄弟姉妹が先に死亡した場合は、その子（被相続人の甥又は姪）が代襲しますが、代襲は甥又は姪で終わります。民法第889条第２項が、民法第887条第３項を準用していないことによります。

⑶　養子

養子は、縁組の日から養親の嫡出子の身分を取得することから、養親の相続人となります（民法809）。血族以外の者であっても、法定相続人となることができます。相続税法においては、養子は計算上すべて算入されるのではなく、数が制限されています。第７章７－３（養子の数の制限）を参照してください。

⑷　胎児

胎児は、民法では既に生まれたものとみなします（民法886①）。相続税法においては、相続人の数に算入しません。第７章７－２（胎児がいる場合の相続人及び申告）を参照してください。

⑸　配偶者の連れ子

配偶者は婚姻と同時に相続人となりますが、配偶者の連れ子は自動的に被相続人の子になるわけではないので、相続人となりません。相続人となるためには、養子縁組をしなければなりません。

【例】

次図で、相続人は配偶者及び子Ａです。配偶者の先夫（又は先妻）の子Ｂは被相続人と養子縁組をしていない場合、相続人となりません。

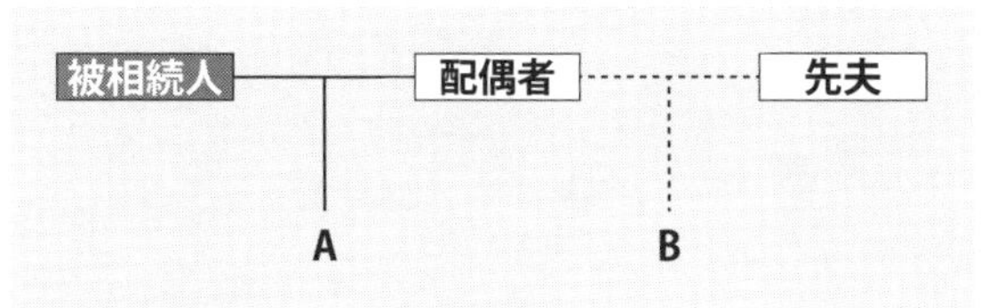

（申告及び調査の対応のポイント）

1　一般的に、相続人の確定は難しいものではありませんが、代襲相続人がいる場合、養子縁組がある場合又は婚姻外の子がいる場合等は入念に検討します。

2　相続人を誤って遺産分割をした場合は、その遺産分割は無効です。相続税の申告にも大きな影響が出ますので、相続人の確定は慎重に行います。

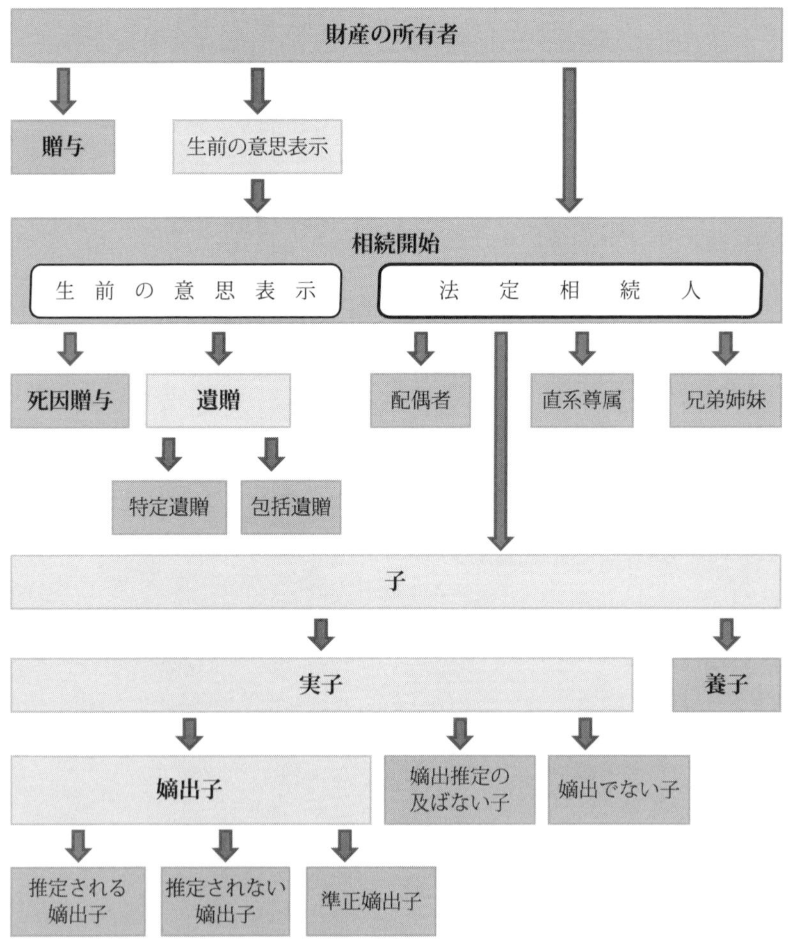

『参考法令通達等』

【民法第886条（相続に関する胎児の権利能力）】

1　胎児は、相続については、既に生まれたものとみなす。

2　前項の規定は、胎児が死体で生まれたときは、適用しない。

【民法第887条（子及びその代襲者等の相続権）】

1　被相続人の子は、相続人となる。

2　被相続人の子が、相続の開始以前に死亡したとき、又は第891条の規定に該当し、若しくは廃除によって、その相続権を失ったときは、その者の子がこれを代襲して相続人となる。ただし、被相続人の直系卑属でない者は、この限りでない。

【民法第889条（直系尊属及び兄弟姉妹の相続権）】

1　次に掲げる者は、第887条の規定により相続人となるべき者がない場合には、次に掲げる順序の順位に従って相続人となる。

一　被相続人の直系尊属。ただし、親等の異なる者の間では、その近い者を先にする。

二　被相続人の兄弟姉妹

2　第887条第２項の規定は、前項第２号の場合について準用する。

【民法第890条（配偶者の相続権）】

被相続人の配偶者は、常に相続人となる。この場合において、第887条又は前条の規定により相続人となるべき者があるときは、その者と同順位とする。

1-2 相続分

ポイント

相続人及び相続分は民法で定められています。相続開始日現在、生存している相続人の立場や数により異なります。ただし、遺産をどのように分割するかは、相続人の話し合いで自由にできます。

【解　説】

1　相続分

法定相続人の相続財産に対する相続分は、民法第900条に規定されています。相続人が確定しても相続分の定めがない場合、常に遺産分割争いが生じることになるため、相続人の身分により一定の割合で配分されています（以下「法定相続分」といいます。）。ただし、相続財産は種々あり法定相続分で配分できるとは限りません。現実には、相続人全員による遺産分割を経て、取得する財産を確定しています。

2　相続人の相続分

相続人の相続分は、次の通りです。

相続人の態様	相続人	法定相続分	民法
配偶者と子	配偶者	２分の１	900一
	子	２分の１	
配偶者と直系尊属	配偶者	３分の２	900二
	直系尊属	３分の１	
配偶者と兄弟姉妹	配偶者	４分の３	900三
	兄弟姉妹	４分の１	

3　相続分の例

事例として、代表的な相続分の例を次にあげます。

①　配偶者・子・子の代襲相続人の場合

・相続人である子が、被相続人の相続開始前に死亡している場合、その子が親の相続権を代襲して相続人となります。

・このような相続を「代襲相続」といい、代襲して相続する者を「代襲相続人」といいます。

・下図の例では、被相続人が死亡する前に子Ｂが死亡していることから、Ｂの子Ｄ及びＥが代襲相続人となります。

・代襲相続人Ｄ及びＥはＢの相続分を引き継ぎます。Ｄ及びＥの相続分は均等です。

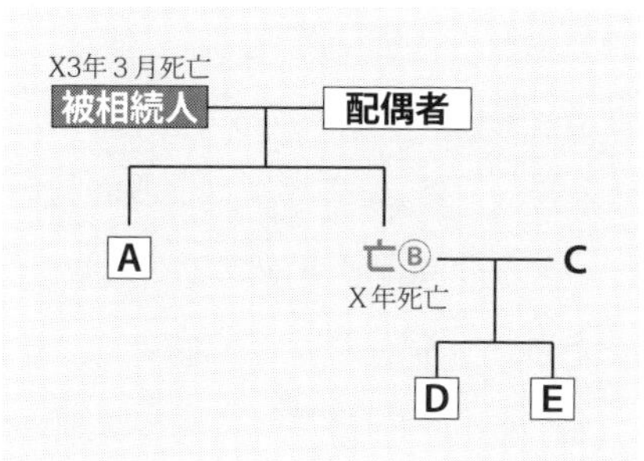

（相続分の計算）

相続人	相続分	相続分の計算
配偶者	２分の１	1×1/2
子Ａ	４分の１	1×1/2×1/2
代襲相続人Ｄ、Ｅ	８分の１	1×1/2×1/2×1/2

②　配偶者・兄弟姉妹・兄弟姉妹の代襲相続人の場合

・兄弟姉妹が被相続人より先に死亡している場合は、兄弟姉妹の子（甥・姪）が代襲相続人となります。兄弟姉妹の代襲は、その子で終わります。つまり、甥と姪以降の代襲相続人はいないことになります。

・代襲相続人は、被代襲者の相続分を引き継ぎ、代襲相続人が複数いる場合、相続分は均等です。

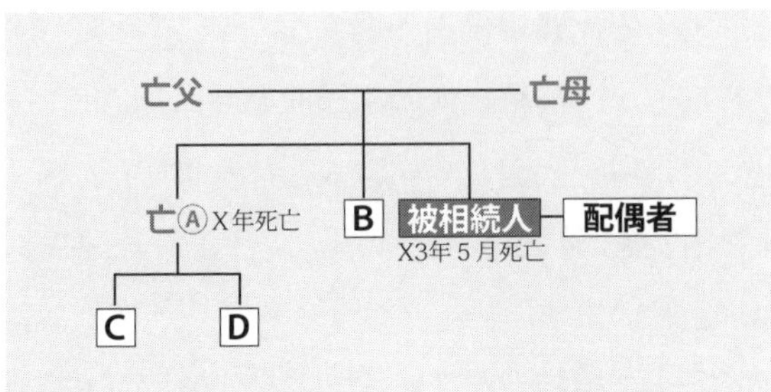

（相続分の計算）

相続人	相続分	相続分の計算
配偶者	４分の３	1×3/4
兄弟Ｂ	８分の１	1×1/4×1/2
代襲相続人Ｃ、Ｄ	16分の１	1×1/4×1/2×1/2

③　配偶者・兄弟姉妹・半血の兄弟姉妹の場合

・被相続人と父母を同じくする兄弟は、全血の兄弟姉妹です。父母の一方のみを同じくする兄弟は、半血の兄弟姉妹といいます。

・半血の兄弟の相続分は、全血の兄弟姉妹の1/2です。

・下図の例では、被相続人と両親を同じくする兄弟はＡです。Ｂは兄弟であっても、母親が違うことにより、半血の兄弟となります。

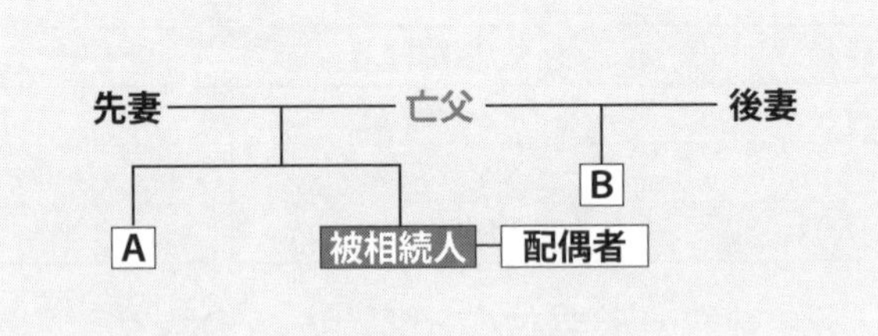

（相続分の計算）

相続人	相続分	相続分の計算
配偶者	４分の３	1×3/4
兄弟Ａ	12分の２	1×1/4×2/3
半血の兄弟Ｂ	12分の１	1×1/4×1/3

4　相続権及び相続分の留意点

相続権及び相続分は、相続人の身分により異なることは、上記の通りですが、更に次のことに注意してください。

相続権	普通養子の場合	・養子は養子縁組の日から養親の嫡出子の身分を取得する（民法809）ことから養親の相続人となる。 ・実親との縁は切れないので、実親の相続人となる。
	普通養子が死亡した場合	・普通養子が死亡し、親が相続人となる場合の相続権は養親と実親にある。 ・養親及び実親の相続分は等分である（民法900）。
	特別養子の場合	・特別養子と実方の父母及びその血族との親族関係は、特別養子縁組によって終了するので、実親の相続人とならない（民法817の９）。 ・特別養子は養親の相続人となる。
	特別養子が死亡した場合	・特別養子が死亡し、親が相続人となる場合の相続権は養親にある。
相続分	配偶者がいない場合	・配偶者がいない場合は、各順位の相続分は100％となる。例えば相続人が子だけの場合は、子が100％の相続分であり、兄弟姉妹だけが相続人の場合は兄弟姉妹が100％の相続分となる。
	子、直系尊属、兄弟姉妹が複数いる場合	・子、直系尊属又は兄弟姉妹等で同順位の相続人が複数いるときは、それぞれの相続分は等しくなる（民法900）。例えば、子が２人の場合は各自遺産総額の50％が相続分で、兄弟姉妹４人が相続人の場合は各自25％の相続分となる。
	父母の一方のみを同じくする兄弟姉妹の場合	・半血の兄弟姉妹の相続分は、父母の双方を同じくする兄弟姉妹の相続分の２分の１となる（民法900）。
	代襲相続人の場合	・代襲相続人の相続分は、直系尊属（被相続人の子、孫など）が受けるべきであった相続分と同等である。 ・兄弟姉妹が相続人である場合の代襲者は、その子（甥又は姪）までである（民法887②）。 ・代襲相続人が複数いる場合はその相続分に対して均等である。

相続分	**嫡出でない子の場合（非嫡出子）**	・非嫡出子の相続分は嫡出子の1/2であったものが、2013年（平成25年）９月４日付最高裁判所の決定により、2013年（平成25年）12月に民法が改正になり、非嫡出子の相続分は2013年（平成25年）９月５日以降に相続が開始するものから嫡出子と同等の相続分となった。 ・民法（旧）第900条第４号 「子、直系尊属又は兄弟姉妹が数人あるときは、各自の相続分は、相等しいものとする。ただし、嫡出でない子の相続分は、嫡出である子の相続分の２分の１とし、父母の一方のみを同じくする兄弟姉妹の相続分は、父母の双方を同じくする兄弟姉妹の相続分の２分の１とする。」（アンダーライン部分が削除された）

『参考法令通達等』

【民法第900条（法定相続分）】

同順位の相続人が数人あるときは、その相続分は、次の各号の定めるところによる。

一　子及び配偶者が相続人であるときは、子の相続分及び配偶者の相続分は、各２分の１とする。

二　配偶者及び直系尊属が相続人であるときは、配偶者の相続分は、３分の２とし、直系尊属の相続分は、３分の１とする。

三　配偶者及び兄弟姉妹が相続人であるときは、配偶者の相続分は、４分の３とし、兄弟姉妹の相続分は、４分の１とする。

四　子、直系尊属又は兄弟姉妹が数人あるときは、各自の相続分は、相等しいものとする。ただし、父母の一方のみを同じくする兄弟姉妹の相続分は、父母の双方を同じくする兄弟姉妹の相続分の２分の１とする。

第2章
相続税法の基本

2-1 相続税の課税方式

ポイント

相続税の課税方式は、大きく分けて２通りあります。財産全体に相続税を賦課し、残った財産を分割する方式（以下「遺産課税方式」といいます。）、及び財産を取得した人ごとに基礎控除等を適用して課税する方式（以下「遺産取得課税方式」といいます。）です。我が国の課税方式は、上記２つの利点を切り取った方式で「法定相続分課税方式」といいます。大変合理的な計算方式ですが、見逃しにできない欠点もあります。

【解　説】

1　相続税の課税方式

財産は所有者の死亡と同時に雲散霧消するわけではなく、被相続人の配偶者、子等親族又は受遺者等に引き継がれます。一瞬たりとも無主物とならないように民法で定められています。その財産を取得する者や取得割合は、各国の事情や政策に応じて異なります。また、相続財産に対して相続税が課税される場合、その課税方式も異なります。大別すると、財産そのものを課税対象とする「遺産課税方式」、財産を取得した者に対して、その財産の額に応じて課税する「遺産取得課税方式」があります。我が国では、遺産課税方式と遺産取得課税方式のメリットを折衷した「法定相続分課税方式」を採用しています。それぞれの方式に、一長一短があります。次に課税方式の利点・欠点をあげますが概要であり、実際の課税は国により異なります。

2　遺産課税方式

⑴　遺産課税方式とは

遺産課税方式とは、被相続人の財産全体に焦点を当て、遺産の総額に対して課税する方式です。相続財産の総額に基礎控除等を適用し、税額を計算します。財産管理人、遺言執行者等が納税義務者として納税し、納税後の残余財産を分割する方式で、相続人及び受遺者（以下「相続人等」といいます。）は納税しません。納税後の残余財産を法定相続人等が自由に分割取得します。

法定相続人を３名及び課税価格を6,000万円として計算します（以下同じ。）。課税価格から相続人１人当たりの基礎控除を適用し、税率10％と仮定した場合のイメージは次の通りです。なお、債務及び葬式費用は考慮しません。

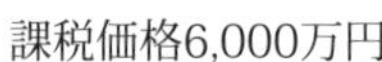

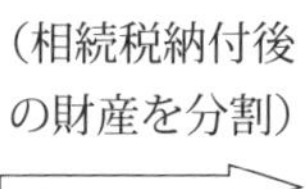

⑵　遺産課税方式の利点

イ　遺産価額（課税価格）により相続税の総額が決まり、相続税を先取りすることから、税の執行が容易である。

ロ　被相続人の財産の総額に対して課税するため、一生を通じた税負担の清算であることが、明確となる。

ハ　作為的な仮装の遺産分割による、累進税率を回避するための策を防止できる。

ニ　未分割の場合でも納税が優先的に行われるので、課税関係に影響がない。

ホ　総財産価額に課税するため、相続人ごとの申告義務を考えなくてよい。

ヘ　納税地の指定が容易である。

⑶　遺産課税方式の欠点

イ　個々の相続人等が取得した財産に応じた累進税率が適用できないため、担税力に応じた課税ができない。

ロ　相続人が配偶者の場合や兄弟姉妹の場合のように、基礎控除や税額控除等が、身分に応じた細かな適用ができない。

⑷　主な実施国

・アメリカ、イギリス

・わが国でも明治38年から昭和24年までの間、実施されていた。

3　遺産取得課税方式

⑴　遺産取得課税方式とは

遺産取得課税方式とは、個々の相続人等が相続する財産に焦点を当て、基礎控除、諸特例や各種控除を適用して課税価格を算出し、相続税の税率を乗じる課税方式のことをいいます。所得税と類似し、取得した事実に対して計算する課税方式です。

課税価格から相続人１人当たりの基礎控除を適用し、累進税率10％、20％と仮定した場合の概要は次の通りです。

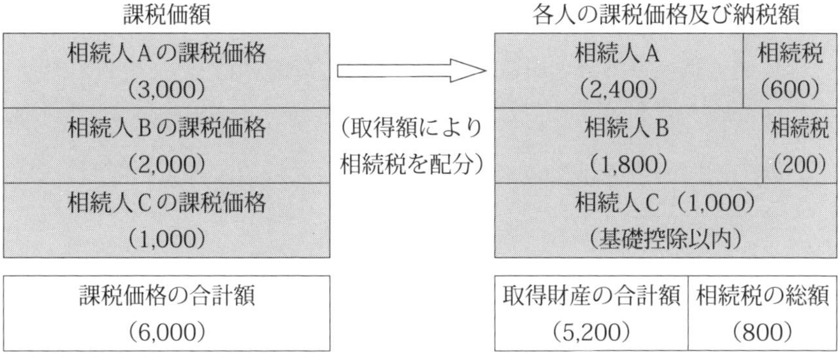

課税価額

相続人Ａの課税価格（3,000）
相続人Ｂの課税価格（2,000）
相続人Ｃの課税価格（1,000）

課税価格の合計額（6,000）

→（取得額により相続税を配分）

各人の課税価格及び納税額

相続人Ａ（2,400）	相続税（600）
相続人Ｂ（1,800）	相続税（200）
相続人Ｃ（1,000）（基礎控除以内）	

取得財産の合計額	相続税の総額
（5,200）	（800）

⑵ 遺産取得課税方式の利点

イ　相続人等ごとに課税することにより、相続した財産の価額に累進税率が適用されるため、富の集中を抑制する効果がある。

ロ　担税力に応じた課税方式であるため、税負担の公平が期待できる。

ハ　基礎控除や税額控除を相続人別に適用することから、他の相続人の課税価格に影響を及ぼさない。

ニ　基礎控除や税額控除を相続人別に適用するため、配偶者、兄弟姉妹の場合等、相続人の身分関係に応じた控除額の設定ができる。

⑶ 遺産取得課税方式の欠点

イ　相続人等の住所地が分散している場合、遺産総額及び財産の詳細の把握が困難である。

ロ　相続人等ごとに基礎控除を適用することになるため、申告義務がある者とない者とを判別することが困難になる。

ハ　遺産分割による財産の配分により相続税額が異なる。

ニ　累進税率を適用した場合、相続税は法定相続分で分割した場合が最少となる。そのため、相続財産を未分割のまま放置する、又は法定相続分で分割したとして、事実と異なる申告をするケースが多くなると考えられる。いわゆる仮装分割の事例が生じる。

ホ　未分割のまま申告があった場合、遺産分割の確定による相続税の負担の調整が煩雑である。相続人全員が基礎控除以内で申告したが、遺産分割が確定したことにより特定の相続人が基礎控除を超えた場合の把握の手段がない。課税庁は被相続人の遺産総額を把握しておく必要が出てくる。

ヘ　共同相続人が相続税を滞納した場合、連帯納付の責を負わせることが困難である。

⑷　主な実施国

・ドイツ、フランス

・我が国でも昭和25年から昭和32年までの間、実施されていた。

4　法定相続分課税方式（現行の課税方式）

⑴　法定相続分課税方式とは

前項で説明した「遺産課税方式」と「遺産取得課税方式」の利点に着目し、合理的に相続税の計算ができる方式です。相続財産を、仮に法定相続分で取得したとみなして相続税の総額を算出し、現実の分割によって取得した遺産価額の割合で、相続税の総額を配分します。

⑵　法定相続分課税方式の計算

①　遺産分割、又は遺贈により相続人等が取得した財産に基づき課税価格を算出する。相続人等全員の課税価格を合計する。

②　①で合計した課税価格を法定相続分で按分する。

③　②の金額を基に各人ごとに相続税の税率を乗じる。

④　③の税額を合計して、相続税の総額を算出する。

⑤　④の相続税の総額に、相続人等が実際に取得した財産の価額に応じた割合を乗じて、その相続人等の相続税額を算出する。

以上の計算方法は、相続税の総額を計算するに当たっては遺産課税方式を、各人の納付税額を算出するに当たっては遺産取得課税方式を採用したともいえ、折衷方式といわれるゆえんです。我が国では昭和33年以後現在まで、この課税方式です。

相続人が子３人（法定相続分は各人1/3）の場合、法定相続分で取得したとみなして相続税の総額を計算し、財産の取得額に応じてその相続税の総額を按分します。

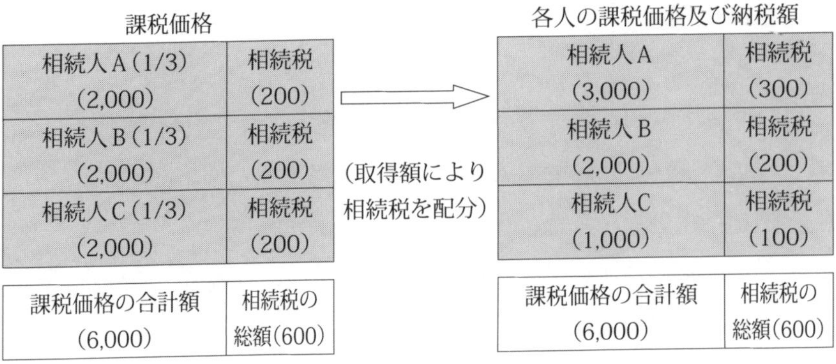

課税価格

相続人Ａ(1/3) (2,000)	相続税 (200)
相続人Ｂ(1/3) (2,000)	相続税 (200)
相続人Ｃ(1/3) (2,000)	相続税 (200)

課税価格の合計額 (6,000)	相続税の 総額(600)

（取得額により相続税を配分）

各人の課税価格及び納税額

相続人Ａ (3,000)	相続税 (300)
相続人Ｂ (2,000)	相続税 (200)
相続人Ｃ (1,000)	相続税 (100)

課税価格の合計額 (6,000)	相続税の 総額(600)

(3)　法定相続分課税方式の利点

イ　遺産課税方式と遺産取得課税方式の利点をとらえている。

ロ　累進税率の適用ができ、取得した財産価額に応じた税負担となる。

ハ　基礎控除を財産全体に対して適用できるため、申告義務がその時点で把握でき、相続人別の申告義務を考慮する必要がない。

ニ　相続人別に納税するため、配偶者、兄弟姉妹の場合等、身分関係に応じた税額控除額の設定ができる。

ホ　課税価格の合計額から基礎控除を適用するため、遺産分割にかかわらず課税対象者が把握できる。

ヘ　共同相続人が相続税を滞納した場合、連帯納付の責を負わせることができる。

(4)　法定相続分課税方式の欠点

イ　相続人等全員の課税価格を合計しないと、相続税額の総額の計算ができない。

ロ　小規模宅地等の特例、農地等の納税猶予等、財産価額に影響を及ぼす特例を受ける相続人がいる場合、総遺産価額が減少して共同相続人全員が恩恵を受ける。相続人等にとっては欠点とはいえないが、課税のあるべき姿から外れている。この批判が大きいため、2009年（平成11年）以後に創設された、非上場株式等の納税猶予等の納税猶予制度は、特例適用者のみの相続税が緩和され、他の相続人の税額に影響がない計算となっている。

ハ　贈与の時期（相続開始前７年以内の贈与）や贈与税の特例（相続時精算課税）の適用の有無により、共同相続人の税額が異なる。

ニ　相続人の１人が、相続財産を過少評価した場合や隠匿した場合、課税価格が増加し相続税の総額が増加する。相続税の総額を配分する計算方式であるため、共同相続人全員の納税額に影響が及ぶ。

ホ　同じ金額を相続したとしても、相続人の数により基礎控除額が異なるため、納税額に影響する。例えば１億円を相続した場合、相続人が多くなれば課税価格が増加し、税負担が増加する。これは基礎控除の定額部分があるためである。

相続人の数	基礎控除額	課税価格	１人当たりの課税価格
１人	１億円－（3,000万円＋600万円×１）	6,400万円	6,400万円
３人	３億円－（3,000万円＋600万円×３）	２億5,200万円	8,400万円

(5)　法定相続分課税方式の不合理性

取得した財産の額に応じた、累進課税方式による相続税の負担は妥当なものです。しかし、現行の「法定相続分課税方式」は上記のように、共同相続人の数により税負担が異なることや、共同相続人の行為により税負担が増加する等、見逃しにできない不合理もあり、それが長年放置されていることも事実です。相続財産全体に対する課税と、取得した財産に応じた課税を無理に調和させた結果です。2008年（平成20年）頃にこの課税方式の不具合を解消すべく、抜本的な見直しが行われましたが、結果はご承知の通り、基礎控除の見直し程度の改正で終わっています。

（申告及び調査の対応のポイント）

将来、法定相続分課税方式が見直される可能性も十分にあります。「遺産課税方式」にしても「遺産取得課税方式」にしてもすでにわが国で実施済みです。これらの不具合を十分に検討し、適用効果が高く執行面も容易であれば課税方式が変更される可能性もあります。もちろん課税方式が異なれば、相続税対策もその方式に応じて、検討しなおすことになります。

『参考法令通達等』

【相続税法第16条（相続税の総額）】

相続税の総額は、同一の被相続人から相続又は遺贈により財産を取得した全ての者に係る相続税の課税価格に相当する金額の合計額からその遺産に係る基礎控除額を控除した残額を当該被相続人の前条第２項に規定する相続人の数に応じた相続人が民法第900条（法定相続分）及び第901条（代襲相続人の相続分）の規定による相続分に応じて取得したものとした場合におけるその各取得金額（当該相続人が、一人である場合又はない場合には、当該控除した残額）につきそれぞれその金額を次の表の上欄に掲げる金額に区分してそれぞれの金額に同表の下欄に掲げる税率を乗じて計算した金額を合計した金額とする。

1,000万円以下の金額	100分の10
1,000万円を超え3,000万円以下の金額	100分の15
3,000万円を超え5,000万円以下の金額	100分の20
5,000万円を超え１億円以下の金額	100分の30
１億円を超え２億円以下の金額	100分の40
２億円を超え３億円以下の金額	100分の45
３億円を超え６億円以下の金額	100分の50
６億円を超える金額	100分の55

【相続税法第17条（各相続人等の相続税額）】

相続又は遺贈により財産を取得した者に係る相続税額は、その被相続人から相続又は遺贈により財産を取得したすべての者に係る相続税の総額に、それぞれこれらの事由により財産を取得した者に係る相続税の課税価格が当該財産を取得したすべての者に係る課税価格の合計額のうちに占める割合を乗じて算出した金額とする。

2-2 相続税の納税義務者

ポイント

相続税の納税義務者は「相続又は遺贈（以下「相続等」といいます。）により財産を取得した者」です。ただし、日本国内の住所の有無により区分されます。そのうちでも更に細かく区分されます。

相続税の納税義務者は長年無制限納税義務者及び制限納税義務者の２つのパターンでの適用でしたが、時代の変遷及び要請により、近年はこまめに見直しが行われています。なお、贈与税の納税義務者の規定は、基本的に相続税と同様です。

【解　説】

1　相続税の納税義務者の概要

(1)　納税義務者の規定

税法の大原則は、税金を納める者、つまり納税義務者の範囲の確定です。相続税の場合、基本的には、相続等により財産を取得した者が納税の義務を負います。一般的には、国内に居住する相続人等が日本国内にある財産（以下「国内財産」といいます。）を取得するケースが大半であることから、あまり問題となることも話題となることもありません。

ところが、海外に居住する子が、被相続人が保有していた海外財産を取得した場合はどうでしょうか。また、外国籍の人が長年日本に居住しており、その後母国に戻って死亡した場合、国内財産や母国に所有している財産に対しても、日本の相続税が課税されるのでしょうか。これらを取り決めるのが相続税法の納税義務者の規定です。

(2)　相続税納税義務者の近年の傾向

相続税の納税義務者の規定は1950年（昭和25年）に改正され、長年「無制限納税義務者」及び「制限納税義務者」の括りだけでした。国内財産を取得した相続人等の住所だけが課税のポイントでした。ところが、国外財産を、国外に居住する相続人等が取得した場合、相続税等の課税対象にならない点に着目した課税逃れが目に余るようになりました。そこで、2000年（平成12年）に一定の歯止めをかけるべく、租税特別措置法において、納税義務者の規定が大きく見直されました（旧措法69）。その後においても、税法の細かな目をくぐりぬけるような事例が出ており、近年は頻繁に納税義務者の範囲が改正・拡大されています。

2　納税義務者の範囲

相続税法では、納税義務者の範囲を基本的に「無制限納税義務者」「制限納税義務者」「特定納税義務者」に区分しており、その範囲は次の通りです（相基通１の３・１の４共-3）。

納税義務者	態　　様
無制限納税義務者	居住無制限納税義務者及び非居住無制限納税義務者がある。相続等又は贈与により取得した財産の所在地がどこにあるかにかかわらず、取得財産の全部に対して相続税又は贈与税の納税義務を負う。
制限納税義務者	相続等又は贈与により取得した財産のうち、法施行地にあるものに対してだけ相続税又は贈与税の納税義務を負う。
特定納税義務者	被相続人が相続税法第21条の９第５項に規定する特定贈与者であるときのその被相続人からの贈与により取得した財産で、相続時精算課税の適用を受けるものに対して相続税の納税義務を負う。

3　2021年（令和３年）４月１日以後の相続税の納税義務者

⑴　納税義務者の区分

2021年（令和３年）４月１日以後に、相続等により財産を取得した者にかかる相続税等の納税義務者は、次のいずれかに該当する者です（相法１の３）。

納税義務者	態様	相続税法
①無制限納税義務者	**【居住無制限納税義務者】** 一　相続等（贈与をした者の死亡により効力を生ずる贈与を含む。以下同じ。）により財産を取得した次に掲げる者で、財産を取得した時においてこの法律の施行地に住所を有するもの イ　一時居住者でない個人 ロ　一時居住者である個人（相続等に係る被相続人（遺贈をした者を含む。以下同じ。）が外国人被相続人又は非居住被相続人である場合を除く。）	1の3①一
	【非居住無制限納税義務者】 二　相続等により財産を取得した次に掲げる者であって、財産を取得した時においてこの法律の施行地に住所を有しないもの イ　日本国籍を有する個人であって次に掲げるもの ⑴　相続の開始前10年以内のいずれかの時においてこの法律の施行地に住所を有していたことがあるもの ⑵　相続の開始前10年以内のいずれの時においてもこの法律の施行地に住所を有していたことがないもの（被相続人が外国人被相続人又は非居住被相続人である場合を除く。） ロ　日本国籍を有しない個人（被相続人が外国人被相続人又は非居住被相続人である場合を除く。）。	1の3①二
②制限納税義務者	三　相続等によりこの法律の施行地にある財産を取得した個人で財産を取得した時においてこの法律の施行地に住所を有するもの（第1号に掲げる者を除く。）	1の3①三
	四　相続等によりこの法律の施行地にある財産を取得した個人で財産を取得した時においてこの法律の施行地に住所を有しないもの（第2号に掲げる者を除く。）	1の3①四
③特定納税義務者	五　贈与（贈与をした者の死亡により効力を生ずる贈与を除く。）により相続税法第21条の9第3項の規定の適用を受ける財産を取得した個人（前各号に掲げる者を除く。）	1の3①五

相続税法第１条の３を図示すれば、次の通りです。

<table>
<tr><td colspan="2" rowspan="3">相続人
受贈者
被相続人
贈与者</td><td colspan="2">国内に住所あり</td><td colspan="3">国内に住所なし</td></tr>
<tr><td rowspan="2"></td><td rowspan="2">①一時居住者</td><td colspan="2">日本国籍あり</td><td rowspan="2">日本国籍なし</td></tr>
<tr><td>10年以内に国内に住所あり</td><td>10年以内に国内に住所なし</td></tr>
<tr><td colspan="2">国内に住所あり</td><td rowspan="5">居住無制限納税義務者
（国内・国外財産ともに課税）</td><td></td><td rowspan="5">非居住無制限納税義務者
（国内・国外財産ともに課税）</td><td colspan="2"></td></tr>
<tr><td></td><td>②外国人被相続人</td><td>居住制限納税義務者</td><td colspan="2">非居住制限納税義務者</td></tr>
<tr><td rowspan="3">国内に住所なし</td><td>10年以内に国内に住所あり</td><td></td><td colspan="2"></td></tr>
<tr><td>③非居住被相続人</td><td rowspan="2">居住制限納税義務者
（国内財産のみに課税）</td><td colspan="2" rowspan="2">非居住制限納税義務者
（国内財産のみに課税）</td></tr>
<tr><td>10年以内に国内に住所なし</td></tr>
<tr><td colspan="2">特定贈与者（被相続人）</td><td colspan="5">特定納税義務者
（相続又は遺贈により財産を取得していない者）</td></tr>
</table>

①　出入国管理及び難民認定法別表第１の在留資格で滞在している者で、相続開始前15年以内において国内に住所を有していた期間の合計が10年以下の者

②　出入国管理及び難民認定法別表第１の在留資格を有し、国内に住所を有していた者

③　相続開始時に国内に住所を有していなかった被相続人で、相続の開始前10年以内のいずれかの時において国内に住所を有していたことがある人のうち、日本国籍を有していなかった人又は相続開始前10年以内に日本国内に住所を有していたことがない人

⑵　用語の意義

相続税法第１条の３第１項の用語の意義は次によります（相法１の３③）。

①一時居住者	相続開始の時に在留資格（出入国管理及び難民認定法別表第一（在留資格）の上欄の在留資格をいう。②において同じ。）を有する者であって、相続の開始前15年以内においてこの法律の施行地に住所を有していた期間の合計が10年以下であるものをいう（相法１の３③一）。
②外国人被相続人	相続開始の時に在留資格を有し、かつ、この法律の施行地に住所を有していた相続に係る被相続人をいう（相法１の３③二）。

③非居住被相続人	相続開始の時にこの法律の施行地に住所を有していなかった被相続人であって、次に該当するものをいう。 イ　当該相続の開始前10年以内のいずれかの時にこの法律の施行地に住所を有していたことがあるもののうち、いずれの時においても日本国籍を有していなかったもの ロ　相続の開始前10年以内のいずれの時においてもこの法律の施行地に住所を有していたことがないもの（相法１の３③三）

4　個人とみなされる相続税の納税義務者

⑴　個人以外の相続税の納税義務者

相続税法は、納税義務者を、原則として相続又は遺贈により財産を取得したもの（個人）と規定しています（相法１の３）。しかし、遺贈により財産を取得する者は、必ずしも個人とは限りません。人格のない社団又は財団（以下「人格のない社団等」といいます。）が相続により財産を取得した場合、人格のない社団等を個人とみなし、相続税の納税義務を課す規定を設けています（相法66①④）。

納税義務者	納税義務の要件	相続税法
①代表者又は管理者の定めのある人格のない社団等	・代表者若しくは管理者の定めのある人格のない社団等に対して遺贈があった場合 ・遺言によってこれらの社団等を設立するために財産の提供があった場合	66①
②持分の定めのない法人	・持分の定めのない法人に対して遺贈があった場合 ・遺言によってその法人を設立するために財産の提供があった場合でこれらの遺贈や提供により遺贈者・提供者の親族その他これらの者と特別の関係がある者の相続税又は贈与税の負担が不当に減少する結果となると認められるとき	66④

③特定の一般社団法人等	・一般社団法人、一般財団法人（以下「一般社団法人等」という。）の理事である者（一般社団法人等の理事でなくなった日から５年を経過していない者を含む。）が死亡した場合、一般社団法人等が特定一般社団法人等に該当するときは、特定一般社団法人等は被相続人の相続開始の時における特定一般社団法人等の純資産額をその時における同族理事の数に一を加えた数で除して計算した金額に相当する金額を、被相続人から遺贈により取得したものと、その特定一般社団法人等は個人とそれぞれみなして、特定一般社団法人等は相続税の対象となる。	66の２①

⑵　贈与税の納税義務者

人格のない社団等に対して贈与があった場合においても同様に贈与税の納税義務者となります（相法66①）。

この場合、贈与により取得した財産について、贈与をした者の異なるごとに、その贈与をした者の各１人のみから財産を取得したものとみなして算出した場合の贈与税額の合計額をもって人格のない社団等の納付すべき贈与税額となります（相法66①）。

5　相続人ではないが相続税の納税義務者となる者

相続税の納税義務者は、相続又は遺贈により財産を取得した者です（相法１の３）。死因贈与により財産を取得した者を含みます。つまり、相続税の納税義務者とは、相続財産を取得した者のことで、相続財産に応じた相続税を納税できる担税力のあることに着目して課税の対象としています。相続税の納税義務者は、法定相続人に限らないことに留意します。また、特別縁故者及び特別寄与者のように、被相続人からダイレクトに相続財産を取得していなくても、その財産の実質により相続税の課税対象としている場合があります。詳細はそれぞれ別項で解説します。

①　相続人が不存在の場合の特別縁故者

相続人が不存在の場合、被相続人と生計を同じくしていた者等特別縁故者が相続財産の分与を受けることがあります（民法958の２①)。特別縁故者が取得した財産に対する相続税の基礎控除を計算する場合（相法４①)、法定相続人が零であるときは法定相続人比例控除の適用ができません。

第８章8-7を参照してください。

②　特別寄与者

被相続人に対して特別の寄与があった場合の寄与者が取得した特別寄与料は、相続税の課税対象となります。

第８章8-8を参照してください。

6　過去の相続税の納税義務者の変遷

相続税法の改正は、相続税の課税を回避するため、相続税法の規定の盲点をうまく突いた相続税対策と、それを封じ込めるための攻防の歴史でもあります。以下に改正の概要を簡記しました。改正時の税法は後記「参考法令通達等」でご確認ください。

⑴　1950年（昭和25年）１月１日以後、2000年（平成12年）３月31日まで

この期間の納税義務は、海外移住や海外財産の取得が多くないことから、典型的な属地主義を採っていました。つまり、非居住者が国外財産を取得した場合、相続税の対象となりませんでした。

納税義務者	態　　様	旧相続税法
①居住無制限納税義務者	相続又は遺贈（贈与者の死亡に因り効力を生ずる贈与を含む。以下同じ。）に因り財産を取得した個人で財産を取得した時においてこの法律の施行地に住所を有するもの	１一
②非居住無制限納税義務者	相続又は遺贈に因りこの法律の施行地にある財産を取得した個人で財産を取得した時においてこの法律の施行地に住所を有しないもの	１二

⑵　2000年（平成12年）４月１日以後、2003年（平成15年）３月31日まで

海外に居住する相続人等が海外財産を相続等により取得した場合、相続税又は贈与税の納税義務がないことに着目した課税回避事例が多発したことで、納税義務者の規定が改正されました。消費者金融会社武富士のオーナーの贈与税の回避事件が直接のきっかけとなったものです。租税特別措置法で規定されました（旧措法69）。

被相続人又は相続人が、相続開始前５年以内に国内に住所があれば、全世界財産に対して相続税の納税義務が生じました。租税回避対策の一定の歯止めになりました。

<table>
<tr><td colspan="2" rowspan="3">相続人
受贈者
被相続人
贈与者</td><td rowspan="3">国内に住所あり</td><td colspan="3">国内に住所なし</td></tr>
<tr><td colspan="2">日本国籍あり</td><td rowspan="2">日本国籍なし</td></tr>
<tr><td>５年以内に国内に住所あり</td><td>５年を超えて国内に住所なし</td></tr>
<tr><td colspan="2">国内に住所あり</td><td rowspan="3">居住無制限納税義務者
【国内・国外全財産に課税】</td><td colspan="2" rowspan="2">非居住無制限納税義務者
【国内・国外全財産に課税】</td><td rowspan="3">制限納税義務者
【国内財産に課税】</td></tr>
<tr><td rowspan="2">国内に住所なし</td><td>５年以内に国内に住所あり</td></tr>
<tr><td>５年以内に国内に住所なし</td><td>（非居住無制限納税義務者）</td><td>（制限納税義務者）</td></tr>
</table>

⑶　2003年（平成15年）４月１日以後、2013年（平成25年）３月31日まで

2003年（平成15年）に贈与税の相続時精算課税制度が創設されました。相続時精算課税を選択して贈与税の申告を行っていた受贈者が、特定贈与者の死亡に係る相続財産を取得しない場合でも、相続税の納税義務者となる規定ができました。

これに伴い、旧租税特別措置法第64条に規定されていた相続税の納税義務者が、相続税法第１条の３（贈与税は同法第１条の４）に規定されました。

<table>
<tr><td colspan="2" rowspan="3">相続人
受贈者
被相続人
贈与者</td><td rowspan="3">国内に住所あり</td><td colspan="3">国内に住所なし</td></tr>
<tr><td colspan="2">日本国籍あり</td><td rowspan="2">日本国籍なし</td></tr>
<tr><td>５年以内に国内に住所あり</td><td>５年を超えて国内に住所なし</td></tr>
<tr><td colspan="2">国内に住所あり</td><td rowspan="3">居住無制限納税義務者
【国内・国外全財産に課税】</td><td colspan="2" rowspan="2">非居住無制限納税義務者
【国内・国外全財産に課税】</td><td rowspan="2"></td></tr>
<tr><td rowspan="2">国内に住所なし</td><td>５年以内に国内に住所あり</td></tr>
<tr><td>５年以内に国内に住所なし</td><td></td><td colspan="2">制限納税義務者
【国内財産に課税】</td></tr>
<tr><td colspan="2">特定贈与者
（被相続人）</td><td colspan="4">特定納税義務者
（相続又は遺贈により財産を取得していない者）</td></tr>
</table>

⑷　2013年（平成25年）４月１日以後、2017年（平成29年）３月31日まで

以前の規定は、国内に住所がある被相続人の国外財産を、日本国籍のない者が取得した場合、相続税の対象となっていませんでした。贈与税も同様の規定でしたので、日本に居住する祖父が、日本国籍がない孫に国外財産を贈与した場合、贈与税の対象にならなかったのです。2014

年（平成26年）７月15日最高裁決定（中央出版事件）を参照してください。この不都合を解消すべく、日本国籍がない場合でも被相続人又は贈与者が国内に住所を有している場合は、課税の対象とすることとしました。

<table>
<tr><th colspan="2" rowspan="3">相続人
受贈者
被相続人
贈与者</th><th rowspan="3">国内に住所あり</th><th colspan="3">国内に住所なし</th></tr>
<tr><th colspan="2">日本国籍あり</th><th rowspan="2">日本国籍なし</th></tr>
<tr><th>５年以内に国内に住所あり</th><th>５年以内に国内に住所なし</th></tr>
<tr><th colspan="2">国内に住所あり</th><td rowspan="3">居住無制限納税義務者
【国内・国外全財産に課税】</td><td colspan="3">非居住無制限納税義務者
【国内・国外全財産に課税】</td></tr>
<tr><th rowspan="2">国内に住所なし</th><th>５年以内に国内に住所あり</th><td colspan="2"></td><td></td></tr>
<tr><th>５年以内に国内に住所なし</th><td></td><td colspan="2">制限納税義務者
【国内財産に課税】</td></tr>
<tr><th colspan="2">特定贈与者
（被相続人）</th><td colspan="4">特定納税義務者
（相続又は遺贈により財産を取得していない者）</td></tr>
</table>

(5)　2017年（平成29年）４月１日以後、2018年（平成30年）３月31日まで

国外に住所変更して、５年待つことで相続税又は贈与税を回避できることが意外と資産家に受けて、相続税対策セミナーが盛況でした。そこで５年を10年に延長した改正が行われました。また、高度な知識を有する外国人の受入れを促進する意味もあり、一時的滞在者の国内財産のみを課税の対象としました。

被相続人 贈与者 ＼ 相続人 受贈者		国内に住所あり		国内に住所なし		
				日本国籍あり		
			①短期滞在外国人	10年以内に国内に住所あり	10年以内に国内に住所なし	日本国籍なし
国内に住所あり				【国内・国外全財産に課税】		
	①短期滞在外国人					
国内に住所なし	10年以内に国内に住所あり					
	②短期滞在外国人				制限納税義務者【国内財産のみに課税】	
	10年以内に国内に住所なし					
特定贈与者（被相続人）		特定納税義務者（相続又は遺贈により財産を取得していない者）				

①　出入国管理及び難民認定法別表第１の在留資格の者で、過去15年以内において国内に住所を有していた期間の合計が10年以下のもの

②　日本国籍のない者で、過去15年以内において国内に住所を有していた期間の合計が10年以下のもの

⑹　2018年（平成30年）４月１日以後、2021年（令和３年）３月31日まで

相続開始又は贈与の時において国外に住所を有する日本国籍を有しない者等が、国内に住所を有しないこととなった日前15年以内において国内に住所を有していた期間の合計が10年を超える被相続人又は贈与者（その期間引き続き日本国籍を有していなかった者であって、相続開始又は贈与の時において国内に住所を有していないものに限ります。）から相続若しくは遺贈又は贈与により取得する国外財産については、相続税又は贈与税を課さないことになりました。

ただし、贈与者が、国内に住所を有しないこととなった日から同日以後２年を経過する日までの間に国外財産を贈与した場合、同日までに再び国内に住所を有することとなったときにおける国外財産に係る贈与税

については、この限りではありません。

相続人 受贈者 ＼ 被相続人 贈与者	国内に住所あり	国内に住所なし			
		一時居住者（※１）	日本国籍あり 10年以内に住所あり	日本国籍あり 10年以内に住所なし	日本国籍なし
国内に住所あり					
一時居住被相続人（※１） 一時居住贈与者（※１）					
国内に住所なし　10年以内に住所あり	国内・国外財産ともに課税				
国内に住所なし　相続税 外国人 贈与税 短期滞在外国人（※２） 長期滞在外国人（※３）				国内財産のみに課税	
国内に住所なし　10年以内に住所なし					

※１　出入国管理法別表第１の在留資格で滞在している者で、相続・贈与前15年以内において国内に住所を有していた期間の合計が10年以下の者

※２　出国前15年以内において国内に住所を有していた期間の合計が10年以下の外国人

※３　出国前15年以内において国内に住所を有していた期間の合計が10年超の外国人で出国後２年を経過した者

『参考法令通達等』

【相続税法基本通達１の３・１の４共-3（納税義務の範囲）】

法第１条の３第１項各号又は第１条の４第１項各号に掲げる者の相続税又は贈与税の納税義務の範囲は、それぞれ次のとおりであるから留意する。

⑴　無制限納税義務者（法第１条の３第１項第１号又は第１条の４第１項第１号に掲げる個人（以下「居住無制限納税義務者」という。）又は第１条の３第１項第２号又は第１条の４第１項第２号に掲げる個人（以下「非居住無制限納税義務者」という。）をいう。以下同じ。）　相続若しくは遺贈又は贈与により取得した財産の所在地がどこにあるかにかかわらず当該取得財産の全部に対して相続税又は贈与税の納税義務を負う。

⑵　制限納税義務者（法第１条の３第１項第３号又は第１条の４第１項第３号に掲げる個人（以下「居住制限納税義務者」という。）又は第１条の３第１項第４号又は第１条の４第１項第４号に掲げる個人（以下「非居住制限納税義務者」という。）をいう。以下同じ。）　相続若しくは遺贈又は贈与により取得した財産のうち法施行地にあるものに対してだけ相続税又は贈与税の納

税義務を負う。

⑶　特定納税義務者（法第１条の３第１項第５号に掲げる個人をいう。以下同じ。）被相続人が法第21条の９第５項に規定する特定贈与者（以下「特定贈与者」という。）であるときの当該被相続人からの贈与により取得した財産で同条第３項の規定（以下「相続時精算課税」という。）の適用を受けるものに対して相続税の納税義務を負う。

（注）　平成29年４月１日から令和４年３月31日までの間に非居住外国人（平成29年４月１日から相続若しくは遺贈又は贈与の時まで引き続き法施行地に住所を有しない個人であって日本国籍を有しないものをいう。以下１の３・１の４共-3において同じ。）から相続若しくは遺贈又は贈与により財産を取得した時において法施行地に住所を有しない者であり、かつ、日本国籍を有しない個人については、所得税法等の一部を改正する等の法律（平成29年法律第４号）附則第31条第２項の規定により非居住制限納税義務者に当たることに留意する。

　なお、贈与税の非居住無制限納税義務者（日本国籍を有しない個人に限る。）に該当する者であっても、平成30年４月１日から平成31年３月31日までの間に非居住外国人から贈与により財産を取得した場合には、所得税法等の一部を改正する法律（平成30年法律第７号）附則第43条第２項の規定により非居住制限納税義務者に当たることに留意する。

○1950年（昭和25年）１月１日以後の納税義務者

【旧相続税法第１条（相続税の納税義務者）】

　左に掲げる者は、この法律により、相続税を納める義務がある。

一　相続、遺贈又は贈與に因り財産を取得した個人で、当該財産を取得した時においてこの法律の施行地に住所を有するもの

二　相続、遺贈又は贈與に因りこの法律の施行地にある財産を取得した個人で、当該財産を取得した時においてこの法律の施行地に住所を有しないもの

○2000年（平成12年）４月１日以後の納税義務者

【旧租税特別措置法第69条（相続税の納税義務者等の特例）】

１　相続又は遺贈（贈与者の死亡により効力を生ずる贈与を含む。以下第70条の８までにおいて同じ。）により相続税法の施行地外にある財産を取得した個人で当該財産を取得した時において同法の施行地に住所を有しない者のうち日本国籍を有する者（その者又は当該相続若しくは遺贈に係る被相続人が当該相続又は遺贈に係る相続の開始前５年以内において同法の施行地に住所を有したことがある場合に限る。）は、相続税を納める義務があるものとする。

2　贈与（贈与者の死亡により効力を生ずる贈与を除く。以下第70条の6までにおいて同じ。）により相続税法の施行地外にある財産を取得した個人で当該財産を取得した時において同法の施行地に住所を有しない者のうち日本国籍を有する者（その者又は当該贈与に係る贈与者が当該贈与前5年以内において同法の施行地に住所を有したことがある場合に限る。）は、贈与税を納める義務があるものとする。

3　前2項の規定の適用がある場合における相続税法その他相続税又は贈与税に関する法令の規定の適用については、次の表の上欄に掲げる同法の規定中同表の中欄に掲げる字句は、同表の下欄に掲げる字句にそれぞれ読み替えるものとする。

<table>
<tr><td>第2条第1項</td><td>第1条第1号の規定に該当する者</td><td>第1条第1号の規定に該当する者（同条第2号及び租税特別措置法（昭和32年法律第26号）第69条第1項の規定に該当する者を含む。）</td></tr>
<tr><td>第2条第2項</td><td>第1条第2号の規定に該当する者</td><td>第1条第2号の規定に該当する者（租税特別措置法第69条第1項の規定に該当する者を除く。）</td></tr>
<tr><td></td><td>あるものに対し</td><td>あるものに対し、同項の規定に該当する者（同号の規定に該当する者を除く。）については、その者が相続又は遺贈に因り取得した財産でこの法律の施行地外にあるものに対し</td></tr>
<tr><td>第2条の2第1項</td><td>第1条の2第1号の規定に該当する者</td><td>第1条の2第1号の規定に該当する者（同条第2号及び租税特別措置法第69条第2項の規定に該当する者を含む。）</td></tr>
<tr><td rowspan="2">第2条の2第2項</td><td>第1条の2第2号の規定に該当する者</td><td>第1条の2第2号の規定に該当する者（租税特別措置法第69条第2項の規定に該当する者を除く。）</td></tr>
<tr><td>あるものに対し</td><td>あるものに対し、同項の規定に該当する者（同号の規定に該当する者を除く。）については、その者が贈与に因り取得した財産でこの法律の施行地外にあるものに対し</td></tr>
</table>

第11条の２第１項	第１条第１号の規定に該当する者	第１条第１号の規定に該当する者（同条第２号及び租税特別措置法第69条第１項の規定に該当する者を含む。）
第11条の２第２項	第１条第２号の規定に該当する者	第１条第２号の規定に該当する者（租税特別措置法第69条第１項の規定に該当する者を除く。）
	合計額をもって	合計額をもって、同項の規定に該当する者（同号の規定に該当する者を除く。）である場合においては、その者については、当該相続又は遺贈に因り取得した財産でこの法律の施行地外にあるものの価額の合計額をもって
第13条第１項	第１条第１号の規定に該当する者	第１条第１号の規定に該当する者（同条第２号及び租税特別措置法第69条第１項の規定に該当する者を含む。）
第13条第２項	第１条第２号の規定に該当する者である場合においては、	第１条第２号の規定に該当する者（租税特別措置法第69条第１項の規定に該当する者を除く。）である場合における
	あるものについては	あるもの又は同項の規定に該当する者（同号の規定に該当する者を除く。）である場合における当該相続又は遺贈に因り取得した財産でこの法律の施行地外にあるものについては
第19条の３第１項	第１条第２号の規定に該当する者を除く。次条第１項において同じ	第１条第２号又は租税特別措置法第69条第１項の規定に該当する者（同号及び同項の規定に該当する者を除く。）を除く
第19条の４第１項	取得した者	取得した者（第１条第２号又は租税特別措置法第69条第１項の規定に該当する者を除く。）

第21条の２第１項	第１条の２第１号の規定に該当する者	第１条の２第１号の規定に該当する者（同条第２号及び租税特別措置法第69条第２項の規定に該当する者を含む。）
第21条の２第２項	第１条の２第２号の規定に該当する者	第１条の２第２号の規定に該当する者（租税特別措置法第69条第２項の規定に該当する者を除く。）
	合計額をもって	合計額をもって、同項の規定に該当する者（同号の規定に該当する者を除く。）である場合においては、その者については、その年中において贈与に因り取得した財産でこの法律の施行地外にあるものの価額の合計額をもって
第21条の４第１項	第１条の２第２号の規定に該当する者	第１条の２第２号又は租税特別措置法第69条第２項の規定に該当する者
第62条第２項	第１条第２号又は第１条の２第２号の規定に該当する者	第１条第２号又は第１条の２第２号の規定に該当する者（租税特別措置法第69条第１項又は第２項の規定に該当する者を含む。）

４　第２項の規定の適用がある場合における第70条の３の規定の適用については、同条第１項中「該当する個人」とあるのは、「該当する個人（同条第２号及び第69条第２項の規定に該当する者を含む。）」とする。

５　前２項に定めるもののほか、第２項の規定に該当する者が相続税法第１条の２第１号及び第２号の規定に該当する者である場合の贈与税の課税価格に係る同法第21条の２第３項の規定の適用その他第１項又は第２項の規定の適用がある場合における相続税又は贈与税に関する法令の規定の適用に関し必要な事項は、政令で定める。

○2003年（平成15年）４月１日以後の納税義務者

【旧相続税法第１条の３（相続税の納税義務者）】

次の各号のいずれかに掲げる者は、この法律により、相続税を納める義務がある。

一　相続又は遺贈（贈与をした者の死亡により効力を生ずる贈与を含む。以下

同じ。）により財産を取得した個人で当該財産を取得した時においてこの法律の施行地に住所を有するもの

二　相続又は遺贈により財産を取得した日本国籍を有する個人で当該財産を取得した時においてこの法律の施行地に住所を有しないもの（当該個人又は当該相続若しくは遺贈に係る被相続人（遺贈をした者を含む。以下同じ。）が当該相続又は遺贈に係る相続の開始前５年以内のいずれかの時においてこの法律の施行地に住所を有していることがある場合に限る。）

三　相続又は遺贈によりこの法律の施行地にある財産を取得した個人で当該財産を取得した時においてこの法律の施行地に住所を有しないもの（前号に掲げる者を除く。）

四　贈与（贈与をした者の死亡により効力を生ずる贈与を除く。以下同じ。）により第21条の９第３項の規定の適用を受ける財産を取得した個人（前３号に掲げる者を除く。）

○2013年（平成25年）４月１日以後の納税義務者

【旧相続税法第１条の３（相続税の納税義務者）】

次の各号のいずれかに掲げる者は、この法律により、相続税を納める義務がある。

一　相続又は遺贈（贈与をした者の死亡により効力を生ずる贈与を含む。以下同じ。）により財産を取得した個人で当該財産を取得した時においてこの法律の施行地に住所を有するもの

二　相続又は遺贈により財産を取得した次に掲げる者であって、当該財産を取得した時においてこの法律の施行地に住所を有しないもの

イ　日本国籍を有する個人（当該個人又は当該相続若しくは遺贈に係る被相続人（遺贈をした者を含む。以下同じ。）が当該相続又は遺贈に係る相続の開始前５年以内のいずれかの時においてこの法律の施行地に住所を有していたことがある場合に限る。）

ロ　日本国籍を有しない個人（当該相続又は遺贈に係る被相続人が当該相続又は遺贈に係る相続開始の時においてこの法律の施行地に住所を有していた場合に限る。）

三　相続又は遺贈によりこの法律の施行地にある財産を取得した個人で当該財産を取得した時においてこの法律の施行地に住所を有しないもの（前号に掲げる者を除く。）

四　贈与（贈与をした者の死亡により効力を生ずる贈与を除く。以下同じ。）により第21条の９第３項の規定の適用を受ける財産を取得した個人（前３号

に掲げる者を除く。）

○2017年（平成29年）４月１日以後の納税義務者

【旧相続税法第１条の３（相続税の納税義務者）】

1　次の各号のいずれかに掲げる者は、この法律により、相続税を納める義務がある。

一　相続又は遺贈（贈与をした者の死亡により効力を生ずる贈与を含む。以下同じ。）により財産を取得した次に掲げる者であって、当該財産を取得した時においてこの法律の施行地に住所を有するもの

イ　一時居住者でない個人

ロ　一時居住者である個人（当該相続又は遺贈に係る被相続人（遺贈をした者を含む。以下同じ。）が一時居住被相続人又は非居住被相続人である場合を除く。）

二　相続又は遺贈により財産を取得した次に掲げる者であって、当該財産を取得した時においてこの法律の施行地に住所を有しないもの

イ　日本国籍を有する個人であって次に掲げるもの

⑴　当該相続又は遺贈に係る相続の開始前10年以内のいずれかの時においてこの法律の施行地に住所を有していたことがあるもの

⑵　当該相続又は遺贈に係る相続の開始前10年以内のいずれの時においてもこの法律の施行地に住所を有していたことがないもの（当該相続又は遺贈に係る被相続人が一時居住被相続人又は非居住被相続人である場合を除く。）

ロ　日本国籍を有しない個人（当該相続又は遺贈に係る被相続人が一時居住被相続人又は非居住被相続人である場合を除く。）

三　相続又は遺贈によりこの法律の施行地にある財産を取得した個人で当該財産を取得した時においてこの法律の施行地に住所を有するもの（第１号に掲げる者を除く。）

四　相続又は遺贈によりこの法律の施行地にある財産を取得した個人で当該財産を取得した時においてこの法律の施行地に住所を有しないもの（第２号に掲げる者を除く。）

五　贈与（贈与をした者の死亡により効力を生ずる贈与を除く。以下同じ。）により第21条の９第３項の規定の適用を受ける財産を取得した個人（前各号に掲げる者を除く。）

2　所得税法（昭和40年法律第33号）第137条の２（国外転出をする場合の譲渡所得等の特例の適用がある場合の納税猶予）又は第137条の３（贈与等に

より非居住者に資産が移転した場合の譲渡所得等の特例の適用がある場合の納税猶予）の規定の適用がある場合における前項第１号ロ又は第２号イ⑵若しくはロの規定の適用については、次に定めるところによる。

一　所得税法第137条の２第１項（同条第２項の規定により適用する場合を含む。次条第２項第１号において同じ。）の規定の適用を受ける個人が死亡した場合には、当該個人の死亡に係る相続税の前項第１号ロ又は第２号イ⑵若しくはロの規定の適用については、当該個人は、当該個人の死亡に係る相続の開始前10年以内のいずれかの時においてこの法律の施行地に住所を有していたものとみなす。

二　所得税法第137条の３第１項（同条第３項の規定により適用する場合を含む。以下この号及び次条第２項第２号において同じ。）の規定の適用を受ける者から同法第137条の３第１項の規定の適用に係る贈与により財産を取得した者（以下この号において「受贈者」という。）が死亡した場合には、当該受贈者の死亡に係る相続税の前項第１号ロ又は第２号イ⑵若しくはロの規定の適用については、当該受贈者は、当該受贈者の死亡に係る相続の開始前10年以内のいずれかの時においてこの法律の施行地に住所を有していたものとみなす。ただし、当該受贈者が同条第１項の規定の適用に係る贈与前10年以内のいずれの時においてもこの法律の施行地に住所を有していたことがない場合は、この限りでない。

三　所得税法第137条の３第２項（同条第３項の規定により適用する場合を含む。以下この号及び次条第２項第３号において同じ。）の規定の適用を受ける相続人（包括受遺者を含む。以下この号及び次条第２項第３号において同じ。）が死亡（以下この号において「二次相続」という。）をした場合には、当該二次相続に係る相続税の前項第１号ロ又は第２号イ⑵若しくはロの規定の適用については、当該相続人は、当該二次相続の開始前10年以内のいずれかの時においてこの法律の施行地に住所を有していたものとみなす。ただし、当該相続人が所得税法第137条の３第２項の規定の適用に係る相続の開始前10年以内のいずれの時においてもこの法律の施行地に住所を有していたことがない場合は、この限りでない。

3　第１項において、次の各号に掲げる用語の意義は、当該各号に定めるところによる。

一　一時居住者　相続開始の時において在留資格（出入国管理及び難民認定法（昭和26年政令第319号）別表第一（在留資格）の上欄の在留資格をいう。次号及び次条第３項において同じ。）を有する者であって当該相続の開始前15年以内においてこの法律の施行地に住所を有していた期間の合計が10年以下であるものをいう。

二　一時居住被相続人　相続開始の時において在留資格を有し、かつ、この法律の施行地に住所を有していた当該相続に係る被相続人であって当該相続の開始前15年以内においてこの法律の施行地に住所を有していた期間の合計が10年以下であるものをいう。

三　非居住被相続人　相続開始の時においてこの法律の施行地に住所を有していなかった当該相続に係る被相続人であって、当該相続の開始前10年以内のいずれかの時においてこの法律の施行地に住所を有していたことがあるもののうち当該相続の開始前15年以内においてこの法律の施行地に住所を有していた期間の合計が10年以下であるもの（当該期間引き続き日本国籍を有していなかったものに限る。）又は当該相続の開始前10年以内のいずれの時においてもこの法律の施行地に住所を有していたことがないものをいう。

○　2021年（令和３年）４月１日以後の納税義務者

【相続税法第１条の３（相続税の納税義務者)】（抜粋）

1　次の各号のいずれかに掲げる者は、この法律により、相続税を納める義務がある。

一　相続又は遺贈（贈与をした者の死亡により効力を生ずる贈与を含む。以下同じ。）により財産を取得した次に掲げる者であって、当該財産を取得した時においてこの法律の施行地に住所を有するもの

イ　一時居住者でない個人

ロ　一時居住者である個人（当該相続又は遺贈に係る被相続人（遺贈をした者を含む。以下同じ。）が外国人被相続人又は非居住被相続人である場合を除く。）

二　相続又は遺贈により財産を取得した次に掲げる者であって、当該財産を取得した時においてこの法律の施行地に住所を有しないもの

イ　日本国籍を有する個人であって次に掲げるもの

(1)　当該相続又は遺贈に係る相続の開始前10年以内のいずれかの時においてこの法律の施行地に住所を有していたことがあるもの

(2)　当該相続又は遺贈に係る相続の開始前10年以内のいずれの時においてもこの法律の施行地に住所を有していたことがないもの（当該相続又は遺贈に係る被相続人が外国人被相続人又は非居住被相続人である場合を除く。）

ロ　日本国籍を有しない個人（当該相続又は遺贈に係る被相続人が外国人被相続人又は非居住被相続人である場合を除く。）

三　相続又は遺贈によりこの法律の施行地にある財産を取得した個人で当該財産を取得した時においてこの法律の施行地に住所を有するもの（第１号に掲げる者を除く。）

四　相続又は遺贈によりこの法律の施行地にある財産を取得した個人で当該財産を取得した時においてこの法律の施行地に住所を有しないもの（第２号に掲げる者を除く。）

五　贈与（贈与をした者の死亡により効力を生ずる贈与を除く。以下同じ。）により第21条の９第３項の規定の適用を受ける財産を取得した個人（前各号に掲げる者を除く。）

第3章
相続財産

3-1 相続税の課税対象財産

ポイント

相続税の課税対象財産は、被相続人が相続開始時に所有していた財産だけではありません。原則として、相続開始日現在の財産ですが、生前に相続人に対して贈与した財産や、農地や非上場株式等の贈与をして納税猶予を適用している場合など、一定の財産についても相続財産に加算して、相続税の計算をします。

【解　説】

1　民法における相続財産

(1)　包括承継

相続人は、相続開始の時から、被相続人の財産に属した一切の権利義務を承継します（民法896）。したがって、所有権や債権のみならず債務、無体財産権等財産法上の法的地位といえるものはすべてが相続財産となり、承継されます。これを包括承継といいます。例えば、被相続人が土地建物を譲渡契約して、その物を引き渡す前に死亡した場合、その相続人は、被相続人の売主たる地位を引き継ぎます。代金請求権のみならず、その物件の引渡債務その他の権利義務も包括的に相続することとなります。

(2)　遺産分割対象財産

相続人が一人の場合は、被相続人に帰属する財産すべてを相続することができますが、複数いる場合は、遺産分割を経て共同相続人に配分されることから、相続財産とは、当然のことながら遺産分割の対象となる財産のことです。その意味では、一身に専属したものは除かれます（民法896）。

⑶　祭祀

祭具、系譜又は墳墓等祭祀に関する財産の所有権は相続の対象にならず、慣習に従って祖先の祭祀を主催すべき者が承継します（民法897①）。

2　相続税法における相続財産

⑴　相続税法上の財産

相続税法における各規定の概念は民法によります。そのため課税される財産とは基本的に民法でいう財産であると考えられます。相続税法では第１条の３に「相続又は遺贈により財産を取得した…」と納税義務者を表していますが、相続財産とは何かを規定していません。

⑵　相続税法基本通達における財産

相続税の課税のためには、相続財産の一定の概念が必要であることから、相続税法基本通達において次のように規定しています。

「法に規定する「財産」とは、金銭に見積ることができる経済的価値のあるすべてのものをいう」（相基通11の2-1）

つまり、相続開始の時に金銭に換算できる財産は、相続税の対象ということです。また、その時に具体的な市場性がない財産であっても、著作権や営業権のように、過去の収入から将来の得べかりし収入が予測でき、相続開始の時の価値が推算できる場合は、その価額が相続税の課税の対象となります。

また、留意事項として次の財産を挙げています。

①　財産には、物権、債権及び無体財産権に限らず、信託受益権、電話加入権等が含まれる。

②　財産には、法律上の根拠を有しないものであっても経済的価値が認められているもの、例えば、営業権のようなものが含まれる。

③　質権、抵当権又は地役権（区分地上権に準ずる地役権を除く。）のように従たる権利は、主たる権利の価値を担保し、又は増加させ

るものであって、独立して財産を構成しない。

⑶　債務

相続税法における財産は、課税のための技術的な部分があり、債務は含まれないと考えられます（相法13）。

3　相続財産の価額

⑴　財産価額の算定

相続税及び贈与税（以下「相続税等」といいます。）の基本となる財産の価額は、いつの時点で、いくらで評価するのか、そしてその評価はどのように行うかが問題となります。個人が一生かかって蓄積した多種多様な財産を、納税義務者である相続人がそれぞれ短期間のうちに時価を算定し、申告をするということは大変困難です。また、相続人ごとに同一財産の算定方法が異なることは、課税の安定上も社会的にも受け入れられることではありません。

⑵　相続税法における財産の価額

相続税法では財産の評価について、評価の原則は、「財産を取得した時の時価である」と規定しています（相法22）。

相続税法で評価について規定しているのは、地上権及び永小作権の評価（相法23他）等次の財産についてのみです。

第23条	地上権及び永小作権
第23条の２	配偶者居住権等
第24条	定期金に関する権利（給付事由が発生しているもの）
第25条	定期金に関する権利（給付事由が発生していないもの）
第26条	立木

所得税や法人税は、原則として実現された利益に対して課税されます。それに対して相続税等は、財産の無償移転に対して課税されます。無償で移転される財産を、適切な価額に見積もって課税価格を算定するため、その財産の評価を避けて通るわけにはいきません。

課税財産の価額は、次の要件があります。

① 市場価格に見合った価額であること

売り急ぎや親族間売買による価額は考慮されません。

② 相続人等又は受贈者が納得できる価額であること

納税義務者が納得できない価額は、原則として適正な価額とはいえないでしょう。

③ 第三者が納得できる価額であること

第三者とは課税当局をいいます。

④ 財産価額の算定方法について根拠のあること

任意の価額で自由に評価することはできません。

⑶ 財産評価基本通達

相続税法上財産は時価によりますが、世上のありとあらゆる財産を、公平な取引価額で判断することには無理があります。土地及び土地の上に存する権利（以下「土地等」といいます。）の評価は最も重要ですが、土地等は千差万別と表現できるほど地形が様々で、利用状況、保有形態も多岐にわたっています。そのような土地等の価額を、相続や贈与の際に納税者一人一人が個別的に算定することはできません。そこで、納税者利便、課税の公平及び法的安定性の観点から、できるだけ同一水準で評価する必要から「財産評価基本通達」が制定されており、財産の価額は、財産評価基本通達の定めによって評価した価額によることとなっています（評基通１⑵）。

４　具体的な相続財産

相続財産として検討する財産は、金銭に見積もることができる経済的価値のあるすべてのもののことですが、具体性に欠けます。実務的にはおおむね財産評価基本通達によるものが参考となりますが、これが全てではありません。配偶者居住権のように突如として創設される財産権もあります。

財産評価基本通達他における財産の区分

財産の区分	財　　産
土　地　等	・宅地、農地、山林、原野、牧場、池沼、鉱泉地、雑種地・地上権、区分地上権、永小作権、借地権、耕作権、温泉権、賃借権、占用権
家屋、構築物等	・家屋、家屋に付属する設備、借家権、門、塀
果　　樹	・果樹、立竹木、森林の樹木
一般動産	・書画骨とう、車両、金現物、牛馬
無体財産権	・特許権、実用新案権、商標権、著作権、鉱業権、採石権、漁業権、営業権
有価証券	・上場株式、非上場株式、投資信託、公社債、定期金に関する権利、信託受益権
その他金銭的価値のある財産	・預貯金、貸付金、債権、受取手形、未収法定果実、未収天然果実、ゴルフ会員権、抵当証券、生命保険契約に関する権利、配偶者居住権及び敷地利用権、暗号資産

5　みなし相続財産

(1)　相続又は遺贈により取得したものとみなす財産

生命保険金や退職金等次の財産は、取得した者の固有の財産であり本来の相続財産ではありません。ただし、人の死を契機として取得するものであることから、その実質に着目して「みなし相続財産」として相続税の課税対象となります。この場合、取得した者が相続人であるときは相続により、相続人以外の者であるときは遺贈により取得したものとみなされます（相法３①)。

みなし相続財産	相続税法
①　生命保険金	３一
②　退職手当金	３二
③　生命保険契約に関する権利	３三
④　定期金に関する権利	３四
⑤　保証期間付定期金に関する権利	３五
⑥　契約に基づかない定期金に関する権利	３六

⑵　遺贈により取得したものとみなす財産

特別縁故者（民法958の２）又は特別寄与者（民法1050）が､請求によって相続財産を取得した場合、その財産は被相続人から直接取得したわけではありませんが、実質的に相続財産の分与と異ならないことから、相続税の課税の上では遺贈により取得したものとみなします（相法４①②)。

みなし相続財産	相続税法
①　特別縁故者が取得した財産	４①
②　特別寄与者が取得した財産	４②

⑶　贈与又は遺贈により取得したものとみなす財産

低額譲受けや債務免除を受けて得た利益は贈与税の課税対象です。譲渡や債務免除が遺言でなされた時は、遺贈により取得したものとみなして相続税の課税対象です（相法７他)。

みなし相続財産	相続税法
①　低額譲受けによる利益	７
②　債務免除益	８
③　対価を支払わないで得た利益	９
④　信託に関する権利	９の２、９の４

６　生前に贈与を受けた財産

相続財産とは、相続開始の時に被相続人が所有していた財産だけではありません。生前に相続人等に贈与した財産についても、相続開始時に持ち戻して相続税の課税価格に加算して計算します。

⑴　相続開始前７年以内に贈与を受けた財産

相続等により財産を取得した者が、相続開始前７年以内に被相続人から贈与を受けていた財産がある場合、その贈与財産の価額を相続税の課税価格に加算した価額を、相続税の課税価格とみなして相続税の計算をします（相法19）。贈与税の申告の有無は関係なく、相続開始前７年以内の贈与であれば、贈与財産の価額を加算します。2023年（令和５年）12月31日までに贈与により取得する財産については、相続開始前３年になります。第７章７－７（相続開始前７年以内の贈与加算）を参照してください。

⑵　相続時精算課税の適用を受ける財産

相続時精算課税を選択して贈与税の申告を行っていた者が、相続等により被相続人から財産を取得した場合（相法21の15①）、若しくは財産を取得しなかった場合（相法21の16①）であっても、相続時精算課税適用財産はすべて相続税の課税価格に加算します。相続時精算課税の適用を選択した年分以降の贈与財産は、贈与税の申告の有無は関係なく贈与財産の価額を加算します。2024年（令和６年）１月１日以後に贈与により取得する財産については、基礎控除110万円が適用されます。第７章７－11（相続時精算課税贈与の加算）を参照してください。

７　贈与税の納税猶予の適用を受けていた財産

被相続人から、農地、採草放牧地及び準農地（以下「農地等」といいます。）や非上場株式、合名会社、合資会社又は合同会社の出資（以下「非上場株式等」といいます。）の贈与により納税猶予の適用を受けていた財産は、贈与者の相続開始により贈与税は免除され、贈与財産は相続税の課税価格に加算されます。

⑴　農地等を贈与した場合の贈与税の納税猶予及び免除

農地等の納税猶予税額は、受贈者又は贈与者のいずれかが死亡した場合には、その納税が免除されます。ただし、贈与者の死亡により納税猶予税額が免除された場合、納税猶予の対象になっていた農地等は、贈与者から相続したものとみなされて相続税の課税対象となります（措法70の４）。

⑵　非上場株式等についての贈与税の納税猶予及び免除（の特例）

非上場株式等の納税猶予税額は、先代経営者又は受贈者が死亡した場合免除されます。贈与税の納税猶予の特例を受けた非上場株式等を経営承継受贈者が相続により取得したものとみなして、贈与時の価額を基礎として他の相続財産と合算して相続税額を計算します（措法70の７、70の７の５）。

⑶　個人の事業用資産についての贈与税の納税猶予及び免除

個人の事業用資産に係る納税猶予制度の贈与者が死亡した場合、贈与者の死亡による相続税又は遺贈については、特例事業受贈者が贈与者から相続により特例受贈事業用資産を取得したものとみなして相続税額を計算します（措法70の６の８、70の６の９）。

『参考法令通達等』

【相続税法基本通達11の2-1（「財産」の意義）】

法に規定する「財産」とは、金銭に見積ることができる経済的価値のあるすべてのものをいうのであるが、なお次に留意する。

⑴　財産には、物権、債権及び無体財産権に限らず、信託受益権、電話加入権等が含まれること。

⑵　財産には、法律上の根拠を有しないものであっても経済的価値が認められているもの、例えば、営業権のようなものが含まれること。

⑶　質権、抵当権又は地役権（区分地上権に準ずる地役権を除く。）のように従たる権利は、主たる権利の価値を担保し、又は増加させるものであって、独立して財産を構成しないこと。

3-2 財産の評価の時点

ポイント

相続等により取得した財産の価額は、相続開始の時の価額によります。相続人以外の者が、遺贈を受けたことを知った日が被相続人の死亡の日と年が異なっていても、財産は被相続人の死亡の時の価額で評価します。

【解　説】

1　相続財産の価額

相続人等が相続財産（遺贈財産を含みます。）を取得したことにより、相続税が課税されます。相続税の納税義務者となる相続人等が自己のために相続の開始があったことを知った日とは、相続人等により異なることがあります（第８章8-1参照）。

相続財産の価額は、その財産を取得した時の時価によって評価することとなっています（相法22）。

2　財産の評価の時

相続人が複数おり、相続の開始があったことを知った日が異なる者がいる場合、相続財産の価額をいつの時とするかが問題となります。相続を知った日別に算出するとなると、課税の統一性が保てなくなります。相続人等にとっても、課税価額が異なり、税額の算出に苦慮することになります。そもそも、申告書の作成が煩雑となります。

そのため、相続税の申告期限の判定の基準である、相続の開始の日を知った日は、相続人等の態様により区々となりますが、財産の価額は相続開始の時の価額によることとなっています（相基通27-4（注））。

なお、相続人が不存在の時に特別縁故者が取得した財産の価額は、その取得したときの価額で計算します（第８章8-7参照）。

3　死後認知による財産の取得の時期

死後認知により財産を取得した場合、認知裁判の確定により初めて相続人の地位を取得します。しかし、認知は出生の時にさかのぼってその効力を生じ、その時に財産を取得したことになること等から、死後認知があった場合の財産の評価の時点は、相続開始の時です。

『参考法令通達等』

【相続税法基本通達27-4（「相続の開始があったことを知った日」の意義）】

⑴～⑼：省略

（注）　これらの場合において、相続又は遺贈により取得した財産の相続税の課税価格に算入すべき価額は、相続開始の時における価額によるのであるから留意する。

『参考裁決事例』

（死後認知裁判により相続人となった者であっても相続により財産を取得した時及びその財産の評価の時点は相続の開始の時であるとした事例）

請求人は、認知裁判の確定により初めて相続人の地位を取得したものであるから、本件株式の取得の時期は認知裁判の確定した日と解すべきであり、また、遺産分割請求権の行使や相続財産の換価処分等も認知された日以降でないとでき得ない状況であったことから、その評価時点も、早くても認知裁判が確定した日と解すべきである旨主張する。

しかしながら、相続は、被相続人の死亡によって開始し、相続人は、被相続人の一切の権利義務を承継し、遺産の分割は、相続開始の時にさかのぼってその効力を生ずるものであることから、相続による財産取得の時期は、相続開始の時であると認められ、また、相続により取得した財産の価額は、当該取得の時における時価による旨の相続税法第22条の規定からすると、相続等により取得した財産の評価時点も相続開始時と解するのが相当である。

このことは、［１］認知は出生の時にさかのぼってその効力を生ずること、［２］相続税法第２条、第15条第２項、第16条、第17条の各規定からすると、相続税法は民法上の法定相続人が法定相続分に従って遺産を分割取得したものと仮定して相続税の総額を計算し、この相続税額を、実際に遺産を取得した者がその取得分に応じて納付するといういわゆる法定相続分課税方式による遺産取得課税方式を採用しており、また、すべての相続税の納税義務者について、相続開始時を基準とした課税を行うことを予定していること、［3］相続税法第22条において、相続により取得した財産の価額は、当該財産の取得の時における時価による旨規定していること及び［4］被相続人の死亡後における認知裁判の確定により相続人となった者が、当該相続により財産を取得した場合におけるその財産の価額について、相続税法第3条の2のような相続税法第22条の例外としての別段の定めがないことなどからすると、相続人が、被相続人の死亡後に認知裁判が確定したことにより相続人たる地位を取得した場合であっても、同様であると解される。

以上のことから、これらの点に関する請求人の主張には理由がない。

（2003年（平成15年）3月25日裁決）

3-3 死亡退職金と弔慰金の取扱い

ポイント

業務上の死亡による弔慰金は、普通給与の３年分を超えた場合は退職手当金として取り扱われます。

【解　説】

1　退職手当金等

(1)　退職手当金等とは

みなし相続財産の一つに、退職手当金等があります（相法３①二）。みなし相続財産は、本来は受け取った者の固有の財産ですが、相続開始を財産の取得原因としていることから、その経済的効果が相続財産と異ならないことで、実質的には相続財産として課税対象となるものをいいます。典型的なみなし財産として退職手当金や生命保険金があります。

退職手当金等とは、被相続人の死亡により、相続人その他の者が被相続人に支給されるべきであった退職手当金、功労金その他これらに準ずる給与で、被相続人の死亡後３年以内に支給が確定したものをいいます（相法３①二）。支払名義のいかんにかかわらず、実質上、被相続人の退職手当金等として支給される金品をいいます（相基通3-18)。退職手当金等に該当するかどうかは退職給与規程の定めによるもののほか、被相続人の雇用主等が営む事業と類似事業の、被相続人と同様な地位にある者が受ける額等を勘案して判定することになっています（相基通3-19)。

(2)　退職手当金等の非課税限度額

相続人等が取得した退職手当金等は、相続人１人当たり500万円が非課税とされます（相法12①六)。

2　弔慰金等

人の死を悼む気持ちから、香典、弔慰金、花輪代、葬祭料等（以下「弔慰金等」といいます。）の名目で金品が、親族、友人知人又は会社関係等多方面から哀悼の意とともに相続人に届けられます。これらは、社交上の儀礼の一環として捧げられるものであり、相続人を利するものではありません。弔慰金等に対しては、法律上贈与に該当するものであっても、社交上の必要によるもので贈与者と受贈者との関係等に照らして、社会通念上相当と認められるものについては、贈与税及び所得税が課税されません（相基通21の3-9、所基通9-23）。

3　退職手当金等に該当する弔慰金等

⑴　実質退職金等とみなされる弔慰金

人の死亡により、相続人等が受け取った金品の支払名義が弔慰金等の名目となっていても、金額が過大であれば課税上弊害が生じますので、一定の金額を超えた場合には、退職手当金等とみなす歯止めを設けています。実質的に退職手当金等に該当するものについては、退職手当金等として取り扱います。そのため、死亡に伴い支給される金品が、まず退職手当金等に該当するかどうかを判断することになります（相基通3-20）。

⑵　弔慰金等の名目で支払われた場合の判断

弔慰金等の名目で支払われた金額は、次の金額を弔慰金等に相当する金額として取り扱い、次の金額を超える金額は、その超える部分に相当する金額は退職手当金等に該当するものとして取り扱います。

死亡原因	弔慰金等として取り扱われる金額
①業務上の死亡の場合	・普通給与の３年分
②業務上の死亡以外の場合	・普通給与の半年分

⑶　業務上の死亡

弔慰金として受け取った金額が、弔慰金として過大であるかどうかの判断は、業務上の死亡、若しくは業務上以外の死亡によります。この場合の「業務」とは被相続人に遂行すべきものとして割り当てられた仕事をいいます（業務遂行性）。また、「業務上の死亡」とは、直接業務に起因する死亡又は業務と相当因果関係があると認められる死亡のことをいいます（業務起因性）。つまり「業務遂行性」と「業務起因性」の有無により判定します（相基通3-22）。実務的には、厚生労働省労働基準局の取扱いや労働者災害補償保険法の保険給付判定によります。

⑷　普通給与の判定

被相続人が非常勤役員である等のため、死亡当時に賞与だけを受けており普通給与を受けていなかった場合があります。このような場合の普通給与の判定は、死亡当時の直近に受けた賞与の額、又は雇用主等の営む事業と類似する事業における被相続人と同様な地位にある役員の受ける普通給与、若しくは賞与の額等から勘案し、被相続人が普通給与と賞与の双方の形態で給与を受けていたとした場合において評定されるべき普通給与の額を基準とします（相基通3-21）。

4　退職金と取り扱われる金額

死亡により受け取った退職金等、及び弔慰金等のうち過大な弔慰金等で退職金等と取り扱われる弔慰金等を整理すると、退職金等とは次の①②③の合計額のことをいいます。

①　退職手当金等として支払われた額

②　退職手当金等として取り扱われる額＝（支払われた弔慰金等の額）－（③相基通3-18、3-19による実質退職手当金等に該当する額）－（業務上の判定による、普通給与の３年分又は半年分の限度額）

申告及び調査の対応のポイント

業務上の死亡の判断は大変難しいところです。厚生労働省の基準、労働者災害補償保険法や数多くある裁判裁決例を参考に判断することになります。

弔慰金は非課税と取り扱われるので、できるだけ弔慰金で検討しますが、過大な弔慰金は念入りにチェックされると考えていいでしょう。

『参考法令通達等』

【相続税法第３条第１項（相続又は遺贈により取得したものとみなす場合)】

次の各号のいずれかに該当する場合においては、当該各号に掲げる者が、当該各号に掲げる財産を相続又は遺贈により取得したものとみなす。この場合において、その者が相続人（相続を放棄した者及び相続権を失った者を含まない。第15条、第16条、第19条の２第１項、第19条の３第１項、第19条の４第１項及び第63条の場合並びに「第15条第２項に規定する相続人の数」という場合を除き、以下同じ。）であるときは当該財産を相続により取得したものとみなし、その者が相続人以外の者であるときは当該財産を遺贈により取得したものとみなす。

…

二　被相続人の死亡により相続人その他の者が当該被相続人に支給されるべきであった退職手当金、功労金その他これらに準ずる給与（政令で定める給付を含む。）で被相続人の死亡後３年以内に支給が確定したものの支給を受けた場合においては、当該給与の支給を受けた者について、当該給与

【相続税法基本通達3-18（退職手当金等の取扱い)】

法第３条第１項第２号に規定する「被相続人に支給されるべきであった退職手当金、功労金その他これらに準ずる給与」(以下「退職手当金等」という。)とは、その名義のいかんにかかわらず実質上被相続人の退職手当金等として支給される金品をいうものとする。

【相続税法基本通達3-19（退職手当金等の判定)】

被相続人の死亡により相続人その他の者が受ける金品が退職手当金等に該当するかどうかは、当該金品が退職給与規程その他これに準ずるものの定めに基づいて受ける場合においてはこれにより、その他の場合においては当該被相続人の地位、功労等を考慮し、当該被相続人の雇用主等が営む事業と類似する事業における当該被相続人と同様な地位にある者が受け、又は受けると認められ

る額等を勘案して判定するものとする。

【相続税法基本通達3-20（弔慰金等の取扱い）】

被相続人の死亡により相続人その他の者が受ける弔慰金、花輪代、葬祭料等（以下「弔慰金等」という。）については、3-18及び3-19に該当すると認められるものを除き、次に掲げる金額を弔慰金等に相当する金額として取り扱い、当該金額を超える部分の金額があるときは、その超える部分に相当する金額は退職手当金等に該当するものとして取り扱うものとする。

⑴　被相続人の死亡が業務上の死亡であるときは、その雇用主等から受ける弔慰金等のうち、当該被相続人の死亡当時における賞与以外の普通給与（俸給、給料、賃金、扶養手当、勤務地手当、特殊勤務地手当等の合計額をいう。以下同じ。）の３年分（遺族の受ける弔慰金等の合計額のうち3-23に掲げるものからなる部分の金額が３年分を超えるときはその金額）に相当する金額

⑵　被相続人の死亡が業務上の死亡でないときは、その雇用主等から受ける弔慰金等のうち、当該被相続人の死亡当時における賞与以外の普通給与の半年分（遺族の受ける弔慰金等の合計額のうち3-23に掲げるものからなる部分の金額が半年分を超えるときはその金額）に相当する金額

【相続税法基本通達3-21（普通給与の判定）】

被相続人が非常勤役員である等のため、死亡当時に賞与だけを受けており普通給与を受けていなかった場合における3-20に定める普通給与の判定は、その者が死亡当時の直近に受けた賞与の額又は雇用主等の営む事業と類似する事業における当該被相続人と同様な地位にある役員の受ける普通給与若しくは賞与の額等から勘案し、当該被相続人が普通給与と賞与の双方の形態で給与を受けていたとした場合において評定されるべき普通給与の額を基準とするものとする。

【相続税法基本通達3-22（「業務上の死亡」等の意義）】

3-20に定める「業務」とは、当該被相続人に遂行すべきものとして割り当てられた仕事をいい、「業務上の死亡」とは、直接業務に起因する死亡又は業務と相当因果関係があると認められる死亡をいうものとして取り扱うものとする。

【相続税法基本通達21の3-9（社交上必要と認められる香典等の非課税の取扱い）】

個人から受ける香典、花輪代、年末年始の贈答、祝物又は見舞い等のための金品で、法律上贈与に該当するものであっても、社交上の必要によるもので贈与者と受贈者との関係等に照らして社会通念上相当と認められるものについて

は、贈与税を課税しないことに取り扱うものとする。

【所得税基本通達9-23（葬祭料、香典等）】

葬祭料、香典又は災害等の見舞金で、その金額がその受贈者の社会的地位、贈与者との関係等に照らし社会通念上相当と認められるものについては、令第30条の規定により課税しないものとする。

3-4 死亡後3年を経過して支払われた死亡退職金

ポイント

被相続人の死亡後３年を経過した後に支給が確定した退職金は、相続税の課税価格に加算されません。相続人の一時所得として所得税の申告が必要です。

【解　説】

1　死亡退職金

死亡により支給される退職手当金、功労金、その他これらに準ずる給与（以下「退職手当等」といいます。）で、被相続人の死亡後３年以内に支給が確定したものの支給を受けた場合は、みなし相続財産として相続税が課税されます（相法３①二）。

2　支給の確定

被相続人の死亡後３年以内に支給が確定したものとは、被相続人に支給されるべきであった退職手当金等の額が、被相続人の死亡後３年以内に確定したものをいいます。実際に支給される時期が、被相続人の死亡後３年以内であるかどうかを問われません。この場合、支給されることは確定していてもその額が確定しないものについては、被相続人の死亡後３年以内に支給が確定したものには該当しません（相基通3-30）。被相続人の死亡後３年以内に支給の確定の判断は、退職金の非課税金額500万円の適用の可否にかかわります。

	支給の決定	金額の確定	退職金の支払い	判断
３年以内に行われている	○	○	○	３年以内に支給が確定したもの
	○	○	×	
	○	×	×	３年以内に支給が確定しないもの

3　死亡後３年を過ぎて支払われた退職金の課税関係

被相続人の死亡後３年以内に支給が確定した退職手当金等は、相続税の課税対象となります。退職手当等で、死亡後に支給されるもののうち、相続税の課税価格に加算されるものは、被相続人又は相続人等に対して所得税が課税されません（所基通9-17）。ただし、退職手当等のうち、相続税の課税価格に算入されるもの以外のものは、一時所得として所得税の課税対象になります（所基通34-2）。つまり、死亡後３年を過ぎて確定し支払われた退職金は、それを受け取った者の一時所得になります。

4　被相続人の死亡後支給額が確定した退職手当金等

生前に退職したが、退職金等の支給額が確定しないうちに死亡することがあります。この退職金等は、死亡後３年以内に確定したものであれば退職手当金等として相続税の課税価格に加算し、退職手当金等の非課税金額の適用を受けることができます（相基通3-31）。

（申告及び調査の対応のポイント）

相続税と所得税は税負担が異なります。被相続人の死亡後何年も経過して退職金が支払われると、退職金の受取人と他の相続人との取得財産のバランスが崩れることもあり、税負担が大きく異なることもあります。非上場会社の場合、退職金の支給額や支給時期等の判断を適切、的確に行う必要があります。

『参考法令通達等』

【相続税法基本通達3-30（「被相続人の死亡後３年以内に支給が確定したもの」の意義）】

法第３条第１項第２号に規定する「被相続人の死亡後３年以内に支給が確定したもの」とは、被相続人に支給されるべきであった退職手当金等の額が被相続人の死亡後３年以内に確定したものをいい、実際に支給される時期が被相続人の死亡後３年以内であるかどうかを問わないものとする。この場合において、支給されることは確定していてもその額が確定しないものについては、同号の支給が確定したものには該当しないものとする。

【相続税法基本通達3-31（被相続人の死亡後支給額が確定した退職手当金等）】

被相続人の生前退職による退職手当金等であっても、その支給されるべき額が、被相続人の死亡前に確定しなかったもので、被相続人の死亡後３年以内に確定したものについては、法第３条第１項第２号に規定する退職手当金等に該当するのであるから留意する。

【所得税基本通達9-17（相続財産とされる死亡者の給与等、公的年金等及び退職手当等）】

死亡した者に係る給与等、公的年金等及び退職手当等（法第30条第１項《退職所得》に規定する退職手当等をいう。）で、その死亡後に支給期の到来するもののうち相続税法の規定により相続税の課税価格計算の基礎に算入されるものについては、課税しないものとする。

（注）　上記の給与等、公的年金等及び退職手当等の支給期については、36-9、36-10及び36-14の⑴に定めるところによる。

【所得税基本通達34-2（遺族が受ける給与等、公的年金等及び退職手当等）】

死亡した者に係る給与等、公的年金等及び退職手当等で、その死亡後に支給期の到来するもののうち9-17により課税しないものとされるもの以外のものに係る所得は、その支払を受ける遺族の一時所得に該当するものとする。

3-5 死亡後に支給が確定した賞与等

ポイント

死亡後に支給された賞与や給与は、本来の相続財産です。未収給与等としてその金額を相続財産に加算します。

【解　説】

1　賞与

勤務に応じた賞与は、被相続人に帰属する財産です。死亡前に賞与の金額が確定し、受け取っていれば、その相続開始日現在の形姿が、相続財産となります。死亡後に金額が確定したものも、やはり死亡時点で請求権があるものと認められるため、相続財産として相続税の課税価格に加算します（相基通3-32）。本来は、被相続人に対して所得税が課税され、さらに相続財産として相続税の対象となりますが、所得税は課税されません。

なお、退職金ではないため、退職金の非課税の適用はありません。

2　給与

相続開始があったときに、支給の時期が到来していない俸給や給料等（以下「給与等」といいます。）は、本来の相続財産です（相基通3-33）。賞与と同様、退職金ではないので退職金の非課税の適用はありません。また、相続後に支払われる、生前の給与等に係る追加支払い等（ベースアップによる差額金等）も、本来の相続財産として課税価格に加算します。相続後に支払われる給与等には、所得税は課されません。源泉徴収もされません。

（申告及び調査の対応のポイント）

被相続人の生前の勤務に応じて、相続後に支払われる給与や賞与は、本来の相続財産です。所得税の課税対象とならないことにも留意してください。

① 死亡以前に支払われた給与

相続開始の時に残っていた金額が、相続財産となります。

5月15日 支払日 ▲ ―― 5月25日 死亡日 ▲ ――→

② 死亡後に支払われた給与

相続開始後に支払われた給与は、相続開始日現在、未収給与として相続財産に加算します。

5月25日 死亡日 ▲ ―― 5月30日 支払日 ▲ ――→

『参考法令通達等』

【相続税法基本通達3-32（被相続人の死亡後確定した賞与）】

被相続人が受けるべきであった賞与の額が被相続人の死亡後確定したものは、法第３条第１項第２号に規定する退職手当金等には該当しないで、本来の相続財産に属するものであるから留意する。

【相続税法基本通達3-33（支給期の到来していない給与）】

相続開始の時において支給期の到来していない俸給、給料等は、法第３条第１項第２号に規定する退職手当金等には該当しないで、本来の相続財産に属するものであるから留意する。

3-6 家族名義の財産

ポイント

被相続人が保管していた家族名義の預貯金等金融資産を、相続開始の時まで被相続人が実質的に支配・管理・運用しており、過去に贈与が行われた事実もない場合、その実態は被相続人の財産となんら変わりません。

【解　説】

1　財産の名義

(1)　財産の名義

財産の名義は、その所有者を表し、所有者は、法令の制限内において、自由にその所有物の使用､収益及び処分をする権利があります。つまり、原則として、名義人が排他的にその財産を使用収益できます。財産の名義人は、その財産の真実の所有者としての類推が働きます。

相続税の課税対象となる財産についても、被相続人の名義となっているものです。他人名義の財産を、被相続人の財産として認定することはできません。明らかに所有権の侵害となるからです。

(2)　他人名義の財産

財産の中には、真実の所有者とは異なる名義のものがあります。実社会では、様々な事情により他人名義で財産を取得することや、他人名義に変更することは稀ではありません。金融の目的で譲渡担保として土地を債権者名義に変更する、債務の執行を回避するため預貯金を家族名義にする等々があります。様々な名義の財産であっても、真実の所有者は必ず存在します。

課税関係で問題となるのは、これら他人名義の財産ですが、とりわけ、相続税においては常に俎上に乗る問題です。他人名義の財産で典型的なものは、家族・知人の名義を利用した預貯金等（以下「名義預金」といいます。）及び会社設立に当たって借用した家族、知人名義株式（以下「名義株」といいます。）などがあります（合わせて「名義財産」といいます。）。

2　課税庁のスタンス

⑴　相続財産は、被相続人に帰属する名義財産を含む

相続財産とは、被相続人名義のものだけとは限りません。名義は異なっていても、実質的に被相続人に帰属する財産は相続財産となる、というのが、課税庁の基本的な考えです。

もし、名義が異なることにより、相続財産から除外することが許されるとすれば、相続税の課税を回避する容易な手段となります。また、課税回避手段として喧伝されると、安易な相続税対策として流布されてしまい、大きな不公平となります。課税庁は、名義預金や名義株も相続財産であることを、あらゆる手段で広報し、調査にも力点を置いています。

⑵　調査対象財産としての名義財産

相続税調査における申告漏れ財産のうち最も多いものは預貯金等です。かつては無記名性定期預貯金、無記名貸付信託や割引金融債等（以下「無記名預貯金等」といいます。）調査のターゲットとなりやすい商品が多くありました。現在では無記名預貯金等はほとんどありませんが、それでも、預貯金等の申告漏れが最も多いのが実状です。被相続人名義の預貯金等を申告から漏らすことはあまり考えられませんので、調査で把握された預貯金等の大半は名義預金ではないかと推測されます。

3　名義預金の創出

名義預金等が創出されるには、相応の理由があります。相続税対策だけとは限りません。そのため、名義預金の対応に苦慮することになります。

設定理由	内　容
・贈与契約の認識不足	・土地建物等不動産の名義変更と異なり、金融資産の名義変更についての贈与及び贈与税の認識が薄い。
・相続対策として	・一定の預貯金等を名義人に確実に相続させるための安易な名義変更が多い。
・相続税対策として	・家族名義預金にすることにより、相続税の課税から免れることができるという風潮を頼る安易な理由による名義変更が多い。 ・名義人となった者が不知であることが大半である。
・債権者対策として	・債務者名義預金を家族名義等に変更することによる債権の執行回避手段で名義を変更する。
・隠れた収入のストックとして	・所得税、法人税等の課税回避資産を、家族、親族、従業員等の名義で預金し、そのまま相続税も回避する。
・ペイオフ対策として	・家族名義で1,000万円を限度（預金保険法施行令６の３）として分散するが、贈与税、相続税のことは考慮外である。 ・家族名義預貯金等であることを奇貨として、相続財産から除外する。

4　名義預金の判定

名義預金は、その名義人が必ず存在するため、帰属の判定は困難です。しかし、過去の事例や判例等を総合的に検討すると、名義預金と認定される判定要素は、おおむね次の通りです。

判定要素	内　容
○預貯金通帳・証書の保管者と保管状況	・預貯金通帳等証書類の保管者は重要なポイントである。 ・預金通帳や証書はその権利（債権）を証する書類である。第一義的には証書を所持している者がその権利の所有者とみなされる。 ・被相続人が保管し、その名義人がその預貯金の存在を相続開始まで知らなかった場合、又は、知っていたとしても名義人の支配下にない場合、その預貯金の真の所有者は誰かを念入りに検討する必要がある。

○印鑑の保管者と保管状況	・口座開設等預貯金取引を開始する場合、本人確認の一環として印鑑（印影）を金融機関に届ける。原則としてこの印鑑と通帳がワンセットで預金の取引が完了する。原則的に印鑑がなければ金融資産は解約できず、必然的に印鑑を所持している者が真の所有者であるという推測ができる。 ・一般的には預金通帳等証書類と印鑑を別の者が所持していることはない。その重要な印鑑を証書類と共に保管するものが正当な所有者であると推認される。 ・ネットバンクのように届出印が不要な銀行が増加しているが、資金の運用者の特定が調査のポイントとなる。
○書換え等管理運用者	・預貯金のみならず財産は所有者が自己管理するのが大原則である。金融資産の取引は当然その名義人が自己の責任で行うことになる。 ・預貯金証券取引等の設定や解約及び継続手続きの行為者は真の所有者が誰かという判断に影響する。とりわけ別所帯の子や孫名義の預金の手続を被相続人が行っている場合は名義財産の指摘を受ける可能性が高くなる。 ・名義人自身が管理・運用していない場合、その理由と管理の実態を確認する必要がある。
○預貯金利息の受取り	・低金利の時代では利息の受取りはあまり問題とならないと思われるが、元本の帰属の調査においてはその果実の受取り（配分）は必ず調査の対象となる。
○預貯金等の原資	・高額な金融資産の原資を、どのように捻出したのか等々検討する。 ・金融資産の原資が被相続人の資金による場合、名義預金の可能性について判断する。 ・遡ることができる限り贈与税の申告の有無を確認する。
○名義人の所得	・名義人の所得の確認は必須である。 ・名義人に所得がない場合、若しくは、金融資産に相応するだけの蓄積が考えられない場合は、原資・設定状況を確認する。

○贈与契約書の有無	・贈与契約書の作成は要件ではない。 ・実質が伴わない契約書は、労多くして一利なしである。実効実利の無い無駄なアドバイスは極力避ける。
○名義人の認識	・名義人が、金融資産を所有している事実を認識していることが大きなポイントである。 ・生前、贈与を受け贈与税の申告を行っている場合、その贈与事実を認識しているか確認する。
○預貯金の設定の経緯	・名義人が自己の財産と主張するためには、その金融資産の経緯を説明できる。 ・何となく、知らないうちに、いつのまにか、との説明は基本的に通らない。
○贈与者の覚悟	・家族名義の金融資産が贈与であることを主張するためには、贈与者（又は被相続人）が所有権を自己の支配から名義人に移転することが大前提である。 ・贈与者が贈与財産を保管している場合、贈与事実の確認ができるか。
○贈与税の申告	・贈与事実を確認したうえで、贈与税の申告と納税をしていることを再確認する。 ・贈与税の申告書を提出したことは、必ずしも贈与事実があったことの証明にはならない。

（申告及び調査の対応のポイント）

1　相続税調査において、申告漏れと指摘される財産のうち、預貯金等と有価証券を合計すると約45％です。相続税調査のターゲットは預貯金等や有価証券で、しかも家族名義財産であることがわかります。

【令和３事務年度相続税実地調査による申告漏れ相続財産の金額の構成比（％）】

土地	家屋	有価証券	現金預貯金等	その他	合計
11.8	1.9	12.5	32.2	41.6	100.0
13.7		44.7			

（国税庁公表資料から作成）

2　近年の調査の標的は、名義預金や名義株等に代表される名義財産です。既述の通り、無記名式預貯金や金融債券は、商品として提供されなくなったため、必然的に手近な家族名義で運用する傾向にあります。金融資産を家族名義にシフトするのは、非常に古典的な手法ですが、かつてのような無記名性金融資産の調査がなくなったため、矛先はいきおい家族名義財産に向かうこととなります。調査手法としては比較的安易ですが、他のターゲットが見当たらないのが現状です。

3　税務署は相続税の申告書が提出されると、時間をおかず申告内容のチェックをし、申告書に記載された財産情報をもとに各種照会をします。預貯金等についても、被相続人のみならず親族等の名義の取引情報を照会します。多額な家族名義預貯金の存在が明らかになった場合、その帰属者について調査を開始します。調査官は調査に着手する時点で、ほぼ100％に近い状態で家族名義財産を把握していると考えてもいいです。

4　相続税対策として、安易に家族名義に財産をシフトさせるケースが多くありますが、意図的に家族名義にした場合は、仮装又は隠ぺい行為とみなされ重加算税の対象となります。最近の傾向として、家族名義財産について、積極的に仮装又は隠ぺい行為であると認定する方向にあります。

5　調査において名義預金であるとの指摘があった場合、その根拠を調査官に十二分に確認します。他人名義の財産を一方的に相続財産として課税することはできませんので、調査官の指摘には根拠があります。その上で各名義人の主張を聞き取り、判断します。

『参考法令通達等』

【民法第206条（所有権の内容）】

所有者は、法令の制限内において、自由にその所有物の使用、収益及び処分をする権利を有する。

『参考裁判事例』

ある財産が被相続人以外の者の名義となっていたとしても、当該財産が相続開始時において被相続人に帰属するものであったと認められるものであれば、当該財産は相続税の課税の対象となる相続財産となる。

そして、被相続人以外の者の名義である財産が相続開始時において被相続人に帰属するものであったか否かは、当該財産又はその購入原資の出捐者、当該財産の管理及び運用の状況、当該財産から生ずる利益の帰属者、被相続人と当該財産の名義人並びに当該財産の管理及び運用をする者との関係、当該財産の名義人がその名義を有することになった経緯等を総合考慮して判断するのが相当である。

財産の帰属の判定において、一般的には、当該財産の名義がだれであるかは重要な一要素となり得るものではある。しかしながら、我が国においては、夫が自己の財産を、自己の扶養する妻名義の預金等の形態で保有するのも珍しいことではないというのが公知の事実であるから、本件丁名義預金等の帰属の判定において、それが丁名義であることの一事をもって丁の所有であると断ずることはできず、諸般の事情を総合的に考慮してこれを決する必要があるというべきである。

（2008年（平成20年）10月17日　東京地裁）

3-7 贈与税申告済みの名義財産の判断

ポイント

贈与税の申告を行っていても、実質的に贈与行為が認められない場合、贈与があったとはいえません。被相続人が一方的に作成し、名義人に渡っておらず名義人もその事実を知らない預貯金は、名義預金として、相続財産に加算する必要がある場合が多いでしょう。

【解　説】

1　贈与税の申告

贈与とは当事者の一方が、ある財産を無償で相手方に与える意思を表示し、相手方が受諾をすることによって、その効力が生じる契約行為をいいます（民法549）。贈与の意思表示に対して、相手方の承諾が必要な諾成契約です。一方的に名義を変更する行為は、贈与契約が成立したことにはなりません。当然、贈与税の申告義務がありません。

贈与税の申告をすれば、贈与事実があったと認められるということにはなりません。贈与税の申告及び納税の事実は、贈与事実を認定する上での一つの証拠ではあるかもしれませんが、贈与事実の存否は、贈与行為という具体的な事実の有無によります。

2　事実認定

贈与税の申告の対象となった財産が、贈与事実がなく、実質的に受贈者に帰属していない場合、依然として贈与したと主張する者の財産と認められます。その者に相続の開始があった場合は、相続財産となるでしょう。

親族間で頻繁に行われる金銭の移転行為が、贈与であるかを見極めることは非常に困難です。贈与事実の有無は細かな事実を積み重ねて認定することになります。

○贈与財産が受贈者の支配下にあるか

○受贈者が管理及び運用しているか

○受贈者が申告と納税をしているか

3　事例

X年に死亡したAの相続人は配偶者B、子C及びDの３人です。Aは相続税対策として生前から定期預金の贈与をし、贈与税の申告をしていました。各年の贈与は次の通りです。E及びFはCの子で、GはFの子です。なお、CとDに対する贈与のうち、相続開始前７年以内のものは相続財産に加算してあります。

（単位：万円）

	C		D		E		F		G	
	贈与価額	税額	贈与価額	税額	贈与価額	税額	贈与価額	税額	贈与価額	税額
X－１年	300	19	300	19	200	9	200	9	200	9
X－２年	300	19	300	19	200	9	200	9	200	9
X－３年	300	19	300	19	200	9	200	9	200	9
X－４年	300	19	300	19	200	9	200	9	200	9
X－５年	300	19	300	19	200	9	200	9	200	9
合計	1,500	95	1,500	95	1,000	45	1,000	45	1,000	45

上記の例は、比較的よく見かける事例です。Cほか受贈者は相続開始まで預金の贈与事実を知らず、贈与税の申告と納税を贈与者であるAが行っていました。各人の名義となっている定期預金は、相続開始後に各名義人に分配しています。このような預金は名義人に帰属するものとは認められず、相続財産になると判断されます。

Aは５年間で6,000万円の贈与を行っています。贈与税の税額の合計額は325万円です。この贈与が否認された場合、6,000万円が相続財産に加算され、相続税の税率が20％だとすると、6,000万円に対応する相続税は1,200万円となります。今までの努力が水泡に帰し、莫大な相続税を負担することになります。

（申告及び調査の対応のポイント）

1　贈与事実の判定のポイントは、贈与者と受贈者の間の契約行為及び贈与財産の引渡しの有無です。贈与契約が成立するには、必ずしも契約書を作成する必要はありません。口頭であっても、贈与契約が成立し、贈与対象物の引渡しがあれば、贈与契約が成立します。

2　受贈者、特に遠隔地に居住する受贈者が、贈与対象物である預貯金通帳等を、贈与者に管理運用及び贈与税の申告と納税も委任してあるので不都合はない、と主張する場合があります。そもそもが、自己の支配下に置いたことのない財産であり、説得力があるとは思えません。この理屈が通れば、贈与者が任意に財産の名義変更を行い、それに基づく贈与税の申告と納税を行っても構わないということになります。

3　家族名義財産は、相続税調査のメインターゲットです。申告から漏らした状況について細かく調査され、被相続人の財産であることを知りながら意図的に相続財産から除外したと認定されると、重加算税が賦課されます。配偶者の税額軽減も適用できず、追加納税の負担が大きくなります。調査されるかどうかの危うい判断に賭けるのではなく、名義財産の実態を十分検討して申告します。

『参考裁決事例』

○贈与税の申告は贈与税額を具体的に確定させる効力は有するものの、それをもって必ずしも申告の前提となる課税要件の充足（贈与事実の存否）までも明らかにするものではなく、贈与事実の存否の判断に当たって、贈与税の申告及び納税の事実は贈与事実を認定する上での一つの証拠とは認められるものの、贈与事実の存否は飽くまでも具体的な事実関係を総合勘案して判断すべきと解するのが相当である。

（2007年（平成19年）6月26日　裁決）

○預貯金等の帰属を認定するに当たっては、その名義が重要な要素となるのはもちろんであるが、他人名義で口座開設することも、特に親族間においては通常みられることからすれば、その原資の負担者、口座開設の意思決定者、手続行為者、その管理運用による利得の享受者という点もまた帰属の認定の際の重要な要素であり、これらの諸要素等を総合考慮して判断すべきものと解されるところ、本件の場合、本件各財産の原資の負担者は明らかではないものの、本件相続の開始時点において本件各財産に係る預金証書を管理していたのは本件被相続人であったと認めるのが相当であること、本件各財産に係る口座開設等の手続を実際に行った者は請求人であったものの、これを主体的に行わせていたのは本件被相続人であったと認めるのが相当であること及び本件各財産の作成・書換え等の手続を実際に行った者は請求人であったものの、その意思決定をしていたのは本件被相続人であったと認めるのが相当であることなどからすると、本件各財産は、本件被相続人によって管理、運用及び支配されていたものと認められるから、本件被相続人の財産であると認められる。

（2011年（平成23年）11月22日　裁決）

3-8 名義株

ポイント

株主としての実態を有せず、単なる名義人であるものを名義株主といいます。非上場会社に多く見受けられ、会社設立に当たって友人知人の名義を借用したものです。名義株は、相続財産の申告に当たって、その帰属に苦慮することがあります。

【解　説】

1　株主とは

株式には自益権（配当期待権）と共益権（経営参加権）という意味合いの期待権が含まれています。自益権とは、経済的利益の享受、つまり、その会社が十分な配当をするか、業績に伴って株価が上昇するかという判断で株主となり、株主としての登録だけである程度満足している所有者です。また、共益権は株主であると同時に、その会社のオーナーとして実質的な経営を行っている人です。株主として配当を主張する権利があり、又は株主として経営に携わり、株主総会等で重要な判断を行い、会社をチェックできる人、こういった株主がその株（会社）の実質所有者です。

2　名義株とは

⑴　株主としての名義株

平成2年の商法改正以前には、株式会社の設立は7名以上の発起人と1名以上の募集引受人を必要としました。会社設立の際、資本金は創立者が拠出し、親戚・知人・友人・従業員等の名義を借用して株主とすることは一般的に行われていました。こういった株主（以下「名義人」といいます。）は名義のみ貸していますので、自分がその法人の株主であることを認識しておらず、認識していても出資した事実はないので権利を主張するということもありません。会社の経営や資産内容が変質していても名義上はそのままであることが多く、このような実体のない株式がいわゆる名義株といわれるものです。

⑵　税法における名義株

法人税法でいう同族会社とは、株主又は合名会社その他の法人の社員又は出資者（以下「株主等」といいます。）のうち３人を選出し、その３人以下で、その会社の株式の総数又は総額の100分の50を超えているものをいいます（法法２十）。この場合の株主等は、株主名簿、社員名簿又は定款により判断します。それらに登載された名義が、単なる名義人である場合は、実際の権利者を株主等として判断します（法基通1-3-2）。つまり、その株式等を実質的に支配している者の財産であるということです。これが名義株といわれるものです。名義株は、実質所有者の財産であり、相続が開始したときに、相続財産と判断されます。

3　なぜ名義株が問題となるか

名義株は、単に法人税の同族判定の材料となるだけではなく、相続税に大きな影響があります。次に、名義株の問題点を抽出しました。

問題点	内　容
○会社の実質的なオーナーは誰か	・株主総会、配当、増資の通知をしていない、接触の機会がほとんどない、名義人が死亡している場合でも、依然として株主名簿に登載されている等、実態のない株主がいる会社の実質的なオーナーは判然としない。 ・課税庁側からも相続人（オーナー）側にとっても重要な問題である。
○株価の上昇に伴い資産の帰属者が不明朗となる	・名義株主の存在を希薄化するため配当を避けると、内部留保が莫大な金額となり、１株当たりの純資産価額を押し上げる。その結果、不明朗となった財産の実質的な帰属者が、さらに問題となる。

○配当金の帰属先により課税関係が不明瞭となる	・所得の帰属の問題となる。 ・名義人が受領した場合、株主として受け取ったものか、名義貸料として受け取ったものか判定が難しくなる。
○相続財産の申告漏れの可能性がある	・株式の実質所有者の相続に当たって、株の帰属の判断を適切に行わないと、相続財産の申告漏れという税務上の問題となる。 ・相続税は財産の名義は誰であれ、実質所有者に対して課税される。莫大な財産が、相続税の洗礼を受けずに引き継がれることになるため、課税庁は同族会社のオーナーの調査では、名義株の有無及びその帰属を入念に行う。
○相続人の隠ぺい行為は重加算税の対象である	・名義株であることを知りながら、他人名義であることを奇貨として、相続財産から意図的に隠ぺいした場合、不正財産と認定される。
○名義株から実株へいつの間にか転換してしまう	・株は名義人の実株だと主張することにより、当面の税負担を回避することができる。しかし、後日、名義人から株主の権利として、株主総会の開催（又は開催禁止）、配当金の増額や株式の買取りや、法的手段による権利行使の可能性がある。 ・名義株主は、オーナーにとって安定株主であるのか根本的に検討する必要がある。
○名義人に相続が発生した場合の対応が困難である	・名義人に相続が開始し、その相続人等が名義人が株主であったことを了知している場合、株式が遺産分割の対象となる。名義株の実質所有者である相続人は、元来その株式は名義株であることを証明する必要が出てくる。
○相続後の名義戻しが困難となる場合がある	・相続後に、相続人が名義人に対し株式の名義戻しを請求した場合、拒否されることがある。とりわけ役員、従業員等の場合、株主としての権利を行使していることがある。株式の実質的な帰属者が不透明になる。
○グループ法人単体課税の100％完全支配関係等の適切な判断	・名義株主の実態を無視して同族会社の判定を誤った場合、留保金課税（法法67）の誤り等様々な税目に影響する。

4　名義株の判定

⑴　最高裁の判断

名義株について、最高裁は次のように判断しています。

> 他人の承諾を得てその名義を用い株式を引受けた場合においては、名義人すなわち名義貸与者ではなく、実質上の引受人すなわち名義借用者がその株主となるものと解するのが相当である。けだし、商法第201条は第１項において、名義のいかんを問わず実質上の引受人が株式引受人の義務を負担するという当然の事理を規定し、第２項において、特に通謀者の連帯責任を規定したものと解され、単なる名義貸与者が株主たる権利を取得する趣旨を規定したものとは解されないから、株式の引受および払込については、一般私法上の法律行為の場合と同じく、真に契約の当事者として申込をした者が引受人としての権利を取得し、義務を負担するものと解すべきであるからである。
>
> （1967年（昭和42年）11月17日　最高裁判決）

自明の理というしかなく、課税関係においてもまさしくこの通りです。なお、旧商法の規定は次の通りです。

> 【旧商法第201条】
>
> 1　仮設人の名義を以て株式を引受けたる者は株式引受人たる責任を負ふ。他人の承諾を得ずして其の名義を以て株式を引受けたる者亦同じ。
>
> 2　他人と通じて其の名義を以て株式を引受けたる者は其の他人と連帯して払込を為す義務を負ふ。

(2) 税務上の判断

非上場会社のオーナーの相続税の申告に当たって、名義株の有無の検討は必須です。しかし、他人名義の財産を取り込むことになるため、名義株の判定は、株式の取得の経緯や内容を吟味し、事実関係を十分に検討します。一方的に相続財産とするわけにはいきません。相続人が名義株であることを認識していることも多いようですが、慎重に判断します。

株主名簿を確認した結果、名義株主に該当しそうな株主がいる場合、判断に当たって、次の点を参考にしてください。

チェック	留意点
○相続人に確認する	・名義株も相続財産として、相続税の課税対象になることを伝える。 ・相続人が、名義株であることを認識していることがある。 ・相続人が名義株の認識がない場合や不知の場合は、名義株の有無について多角的に検討する。
○株主名簿の有無及び実態の確認	・同族会社では、株主名簿の作成・加除・訂正が行われていないことが多い。 ・株主名簿は、できるだけ遡って、株の移動状況をトレースする。移動があった都度、移動の原因（売買、贈与、増資等）を確認する。
○株主の実体を検討	・株主が実在しているかを確認する。 ・株主の住所、電話番号等株主との連絡手段を確認する。 ・会社の設立の経緯を相続人等から聞き取り、株主と被相続人との関係を掴んでおく。
○株券の発行の有無	・株券を発行している場合、「株券台帳」を作成していることがある。株券台帳は証券の番号と株数、所有者名を管理するものである。株券管理状況を確認する。株券の名義は、実質所有者名義となっていることが本来の姿である。 ・過去に株主の移動があった場合、株券の名義変更手続き状況を確認する。

○配当金の支払の有無と支払先	・配当が行われている場合、その支払状況及び受取りの事実関係を確認する。現金払い・振込払いに応じて事実関係を確認する。
○株主総会の開催の有無	・株主総会は事業の成果をオーナーである株主に報告する最も大事な機会である。株主総会の通知の有無、出欠の有無、通知をしていない場合の理由を確認する。
○名義人に確認する	・相続人に確認しても、判定が不明瞭な株主がいる場合、最終的な手段として、名義人に確認する。

5　名義株の整理

名義株は、他人名義で運用している、被相続人の財産の典型例です。非上場会社のオーナーの相続では必ず問題となります。オーナーの生前に名義株があることが判明した場合、早期に手当てを行います。とりわけ、創業者及び名義株主が存命中である場合は、名義株の整理は比較的容易です。

名義株の整理は次の点に配意します。

○名義人との確認は必ず書面で行う	・後日の紛争防止のため、書面で名義株であることの確認をする。
○名義人の自署押印を求める	・名義人の納得と了解が必要である。
○押印はできるだけ実印をお願いする	・実印押印は無理をすることはないが、確実性が増す。
○対価の支払いは名義株の整理とならない	・名義株の整理に当たって対価の授受がある場合、売買となる。名義株の整理という概念から外れてしまい、所得税の問題となる。対価によっては、贈与税の問題も生じ、かえって話をこじらせてしまう。
○株主名簿は早急に変更する	・名義株主の了解があった後、株主名簿の訂正をせずに放置することは、その後のトラブルリスクを抱え込むことになる。
○法人税申告書別表２を訂正する	・別表２の株主名は税務署が確認している。訂正に当たって、名義株の整理であり贈与や金銭の対価を伴わない旨を記載した文書を添付する。

○名義の変更先は必ず実質所有者とする	・名義株を実質所有者以外の名義にした場合、新たに名義人となった者に対し贈与税の問題が生じる。課税関係をこじらせることになる。

申告及び調査の対応のポイント

1　名義株は、相続税調査の重要なポイントです。申告に当たって、名義人の実態を念入りにチェックします。名義株の判定は非常に難しく、会社や相続人の思惑もあります。また、他人名義の財産を、相続財産とすることになるので、その帰属の判定は慎重に行います。

2　名義株であることが明確な場合、放置しておくと、後日名義人から権利を主張されることも考えられます。当面の相続税の課税を回避できても、将来に禍根を残すことになります。

3　名義株の整理は、いきさつを知っている創業者等が存命中に行うことをお勧めします。名義株主の了解を得られやすいです。また、将来のトラブル回避のために、名義株主から、その株式は名義株である旨の確認書等、何らかの書面を徴求します。

名義株の整理後は、株主名簿や法人税申告書別表２の書換えを、速やかに行います。配当金等の支払いや株主総会の開催の通知は、名義変更後の真実の所有者に対して行います。

4　今まで解説したことの逆で、被相続人が他の会社の株主の場合があります。この場合でも、名義株か実株かの判断を適切に行う必要があります。生前に、他の会社の名義株主であることが判明した場合、真実の所有者に名義を戻す等、整理しておきます。

『参考法令通達等』

【法人税基本通達1-3-2（名義株についての株主等の判定）】

法第２条第10号《同族会社の意義》に規定する「株主等」は、株主名簿、社員名簿又は定款に記載又は記録されている株主等によるのであるが、その株主等が単なる名義人であって、当該株主等以外の者が実際の権利者である場合には、その実際の権利者を株主等とする。

『参考裁決事例』

（株式の名義変更が贈与と認められなかった事例）

請求人らは、財産の贈与の時期は、相続税法基本通達9-9の定めのとおり、他の者の名義で新たに株式等を取得した場合においては、原則として贈与として取り扱うのであるから、その取得の時を贈与の時期とすべきであり、本件家族名義株式及び本件投資信託は本件被相続人の資金により取得されたものであるが、請求人らの名義とされた時に贈与されたものであるから、本件家族名義株式の配当金が蓄積された普通預金及び本件投資信託の収益金が蓄積された証券会社の口座の預け金もそれらの名義人に帰属する旨主張する。しかしながら、財産の帰属の判定において、財産の名義は、重要な一要素となり得るものであるが、親族間においては他の親族の名義で財産を取得することも行われているところ、当該財産の名義と当該財産の帰属が一致しないことはまま見受けられる。そこで、財産の帰属の判定は、当該財産の名義のほか、当該財産の取得原資の出捐者、当該財産の管理運用の状況、当該財産から生ずる利益の帰属者、当該財産の取得原資の出捐者と当該財産の名義人並びに当該財産の管理運用をする者との関係、当該財産の贈与事実の有無等の諸要素を総合考慮して判断すべきものと解される。本件において、家族名義株式及び本件投資信託、並びに上記普通預金及び証券会社の口座の預け金は、上記の諸要素を総合考慮すると、本件被相続人に帰属する財産と認められる。

相続税法基本通達9-9の定めは、外観によって贈与事実を認定し、原則として贈与として取り扱うのであるが、この取扱いは、名義変更又は他人名義での財産の取得行為があった場合に一律かつ形式的に贈与があったと認定する趣旨のものではなく、贈与の実質を欠いている場合には、贈与事実は認められないものというべきである。

（2009年（平成21年）４月14日　裁決）

3-9 家族名義株式

ポイント

家族名義株式について、名義株であるか、実質的な所有者であるかは、事実認定が必要となります。家族名義株式については、贈与が行われている場合があり、一方的に名義株と判定できないことがあります。

【解　説】

1　名義変更

名義株は、第三者名義とは限りません。家族名義の株式でも、実質が被相続人に帰属するものであれば被相続人の財産です。

被相続人名義から家族名義に変更された株式の場合、その実態が単なる名義変更か、贈与されたものかを認定するのが非常に困難です。不動産、株式等の名義の変更があった場合において対価の授受が行われていないとき又は他の者の名義で新たに不動産、株式等を取得した場合、これらの行為は、原則として贈与として取り扱われます（相基通9-9）。

2　家族名義株式

家族名義株式は、単なる名義の借用の場合（名義株）と、贈与を受けた場合（贈与株）が想定されます。

家族名義株式は名義預金と同様、その実態を適切に判断する必要があります。贈与事実の有無、贈与税の申告の有無、取得者の認識、株式に対する支配状況、配当金の受領状況等総合的に判断します。名義人が、株主としての権利を平素より行使している場合は、その実質が名義人に移ったと考えるのが自然です。贈与行為は、民法上の「契約」です。株式の移動があったときに、贈与者と受贈者が株式の授受の事実を認識し、取得した株式の所有者として、その権利を行使している場合は、贈与行為が成立していたと考えられます。

贈与税の申告漏れという場合もあり得ます。贈与税の申告がないからといって、贈与がなかったということにはなりません。贈与税の申告や売買の事実がない場合、何が何でも名義株となるわけではありません。また、株式の取得には様々なケースが想定されます。株主の中に、名義株と贈与株が混在していたとしても、不合理ではありません。

申告及び調査の対応のポイント

1　家族名義財産は古くから常に相続税調査の問題点です。必ずしも相続税を回避するための名義変更とは限らないのでしょうが、税務調査における大きなポイントです。相続税の調査では、名義株と認定されるケースも多いようです。適切、的確な指導の下、税務調査の論点にならないよう、確実な贈与をする必要があります。また、贈与後の株主としての権利の行使を、受贈者が確実に行うようアドバイスします。

2　家族名義株式がある場合、原則として、贈与を受けた株であるというスタンスで検討します。

3-10 相続開始直前に引き出した現金

ポイント

相続開始直前に、被相続人の普通預金口座から引き出した現金について、相続開始日までに費消した事実を証明できない場合は、現金で残っていたと推認され、相続財産として加算すべきものです。葬式費用で費消したとしても、葬式は相続開始後に行われていますので相続開始日当日は現金で残っていたことになります。

【解　説】

1　相続財産としての現金

相続財産は、金銭的価値のある、ありとあらゆる財産のことをいいます。現金は相続財産の典型的なものです。資産として保管している現金はもちろん、普段所持している小口現金等、相続開始日当日に被相続人に帰属するものはすべて相続財産です。

2　現金の発生

国税庁は毎年各税目の調査結果を公表しています。相続税の実地調査結果も毎年12月頃に公表されています。近年の調査結果を見ますと、相続税の申告漏れ財産のうち現金・預貯金等の申告漏れが約35％を占めています。このうち現金がいくらになるのかは区分されていませんが、今までの相続税実地調査結果についての公表資料から見て、現金の申告漏れも相当な金額になるのではないかと思います。

相続財産の中に現金があることはごく普通のことです。平素の生活資金としての手持ち現金がありますし、遺産整理をしているうちに、相続人が高額な現金を見つけることもあります。現金の所有は、いくつかのパターンが考えられます。

① 平素の生活資金としての現金

相続開始日現在に、被相続人が手元に保管していた現金のことです。財布、引出しや金庫にある手持ち現金のことです。

② 相続開始直前に引き出した現金

銀行が預金者の死亡事実を把握すると、被相続人名義の口座からの出金や解約を封印してしまいます。預金口座が封鎖されてしまうことは周知のことなので、被相続人の容体が重くなったときに、急いで引き出したものです。通常は葬式費用等、相続開始直後の当面の資金とするための引き出しで、数十万円から百万円程度が多いようです。

③ 相続財産として認識していた預貯金等から引き出した現金

被相続人の口座に多額の残高がある場合、放置しておくと必ず相続税の課税対象となります。高額な定期預金を解約、又は残高の多い普通預金から生前に敢えて引き出して、現金として保管するケースです。被相続人が入院した時や手術した時など、体調の回復が見込めないと判断したときに、相続税対策として、いわゆる疎開させたものです。

④ 将来の相続税対策として確信的に保管していた現金

高額な退職金や土地等の譲渡所得があった時に、相続税対策として最初から現金で保管していたような場合です。その他にも、長年、こつこつと現金をため込んでいるようなこともあるでしょう。

3　財産を現金にしておけば税務調査で見つからないか

現金を相続財産として申告しなかった上記**2**の典型的なケースをそれぞれ検討してみましょう。

① 平素の生活資金としての現金

小口であることや相続開始当日の混乱した状態の中で現金残高を正確に把握することが困難なことから、調査官から手元に現金は全くなかったのですかと指摘されて気が付くことが多いでしょう。せいぜい数万円から数十万円程度でしょうからあまり問題となることはありません。

②　相続開始直前に引き出した現金

相続開始直前に引き出した現金は、葬式費用や入院費の手当てのために急きょ引き出されたもので、結局は目的通り葬式費用や入院費に充当されていることが多いようです。通夜、葬式等の対応で申告をすることを失念しており、この現金の指摘を受けて初めて気が付くこともあります。申告に当って預金通帳を確認すれば避けられるものです。単純な申告漏れで終わることが多くあります。

③　相続財産として認識していた預貯金等から引き出した現金

相続財産として認識していた預貯金等から引き出した現金を、相続財産として申告しないことは、意図的な隠ぺい行為です。被相続人の口座からキャッシュカードを使って連日50万円を100回以上に渡って引き出していたという事例が後を断ちません。引き出した事実は、預金通帳を確認すれば一目瞭然です。調査官は銀行預金の動きを事前にチェックしてから調査に来ますので、引き出した事実を否定できません。結局は隠ぺいの事実を認めざるを得なくなってしまうことが多いようです。

④　相続税対策として確信的に保管していた現金

高額な譲渡所得や退職金があった場合、被相続人が意図的に現金として保管していることがあります。自己の財産の運用をどのような形で行おうと、その人の自由です。しかし、相続税の申告に当たって、どのような財産であろうと、被相続人の財産と認められる財産は申告するべきものです。現金であることを奇貨として相続財産として敢えて申告しないのは、相続人の行為です。近年は、多額な現金を保有し、相続財産から除外する事例が多いようです。

申告及び調査の対応のポイント

1　一般的に相続開始直前は被相続人の預貯金の動きが激しくなります。申告に当たって、預貯金等金融商品は残高証明書を確認するのは当然ですが、相続開始直前の預貯金の移動内容の確認をしないまま申告すると、死亡直前に引き出した現金のチェックができません。相続人は、相続開始直前の現金の引出しを失念していることが多くあります。預金通帳等を確認することで、現金の申告漏れを避けることができます。また、葬式費用はどのように手当てしたかを確認するだけで、申告漏れを防止できる場合があります。

2　税務調査で手持現金の申告漏れを指摘されることも多くありますが、調査官は事前に、相続開始直前の引出しや定期預貯金等の解約をほぼ把握して、調査に臨んでいると考えていいでしょう。

3　相続開始直前に引き出した現金を申告から漏らした場合、隠ぺい事実があったとして、重加算税を賦課されるケースもあります。税務調査はそもそも厳しいものですが、相続税の調査はさらに厳しいことが多いようです。調査した件数のうち約90％で非違が把握され、重加算税の賦課割合が約16％と高く、意図的な財産の隠ぺいが把握されていることを表しています。相続財産から除外した財産が現金であれば、ほとんどの場合重加算税の対象となることでしょう。現金は、調査によっても容易に把握されないであろうことを奇貨として、相続財産から除外したと指摘されます。相続税本税のうえに更なる35％の重加算税の負担は、決して軽いものではありません。相続税の構造上、隠ぺい又は隠匿した相続人だけが増加税額を負担することにはなっていないのです。隠ぺい又は隠匿の財産に対する負担は他の共同相続人にも及びます。そちらからの叱責も考えておかなければなりません。

4　現金を現金のまま保管することのデメリットも考えなくてはなりません。高額な現金は保管リスクが常に伴います。一夜にして雲散することもあり得ます。

また、現金を隠匿しおおせたとして、数千万円の現金をいつどのように利用するのか、という実際的な問題にぶつかります。高級外車、高級ヨットを購入する、孫の家の購入資金の援助をする、のように目に見える資産を取得すると税務署からその資金源について追及されます。それが怖くてそのまま塩漬けにしておく、そして次の相続まで手が付けられないまま放置されてしまう、となったら何のための努力と精神的な負担だったのだろうと思います。

『参考裁決事例』

（相続開始直前に引き出した現金を相続財産と認定した事例）

請求人らは、相続開始の数日前に被相続人名義の預金から相続人が出金した5,000万円（本件金員）について、出金された当日に被相続人に引き渡され、相続開始日までに被相続人によって費消されて存在していなかったから、本件相続に係る相続財産ではない旨主張する。しかしながら、被相続人が、5,000万円という高額な金員を家族に知られないまま費消することは通常であれば考えられないことに加え、本件金員をギャンブル等の浪費によってすべて費消するには相続開始前の数日間では短すぎるのであって、被相続人の消費傾向に照らしても、本件金員がすべて費消されたとは考え難く、また、被相続人自身、数日後に死亡するとは考えておらず、多額の費用が必要な手術の準備をしていた時に、本件金員を引き出す直前の預貯金残高の８割を超え、総所得金額の２倍以上に相当する5,000万円もの金員が、そのような短期間で軽々に費消されたとも考え難い。さらに、原処分庁及び当審判所の調査の結果によっても、本件金員が、相続開始日までに、他の預金等に入金された事実、債務の返済や貸付金に充てられた事実、資産の取得又は役務の提供の対価に充てられた事実、その他何らかの費用に充てられた事実はなく、家族以外の第三者に渡されたような事実もない。以上のとおり、通常想定し得る金員の流出先についてみても、本件金員が費消等された事実はなかったのであるから、本件金員は被相続人によって費消等されなかったと認めることができ、ほかにこれを覆すに足りる証拠はない。したがって、本件金員は、本件相続の開始時点までに被相続人の支配が及ぶ範囲の財産から流出しておらず、本件相続に係る相続財産であると認められる。

（2011年（平成23年）6月21日裁決（要旨））

3-11 売買契約中の土地の価額

ポイント

売買契約中の土地は、売主に相続が開始した場合、引渡しが未了であっても、未収金が相続財産となります。これは、売買契約が成立しており、相続人に引渡義務が生じることによります。また、受領した手付金は現金預貯金等、相続開始日現在の財産として申告します。

【解　説】

1　相続財産の価額

相続財産の価額は、財産を取得したときの時価です（相法22）。しかし、これでは雲を掴むようなことで、具体的な時価の判断に苦慮します。そこで、「財産評価基本通達」が定められており、この通達で、時価とは、課税時期において、不特定多数の当事者間で自由な取引が行われる場合に通常成立すると認められる価額をいい、その価額は、この通達の定めによって評価した価額による、としています（評基通１⑵）。更に、土地及び土地の上に存する権利（以下「土地等」といいます。）の具体的評価は「財産評価基準」により、路線価方式又は倍率方式（以下「路線価等」といいます。）で算定することとなっています。

路線価等は、一般的に時価を表しているといわれる地価公示価格の80％で策定されています。つまり、土地等の相続税評価額は、時価の概ね８割です。

2　売買契約の概要

我が国の土地等不動産の売買は、通常、売買契約に伴い手付金として、売買代金の１割若しくは２割程度の授受が行われます。売買契約締結の日から１、２か月経過後に残代金の授受と土地等の登記のための関係書類の交付が行われ、これにより売買対象物件の引渡しとなり、取引が完結します。

売買契約の日から引渡しの日まで、一定の期間が経過するため、その間に売主若しくは買主が死亡することがあります。この場合、相続財産に加算する土地等の価額について、売主にとっても買主にとっても問題となります。

3　売買契約後、引渡しまでの間に相続開始があった場合の相続財産の価額

売買契約締結後、引渡しの日前に、譲渡人又は買受人に相続が開始した場合、つまり売買契約中の土地等は、所有権が売主に残っていたとしても、その土地等の価額ではなく、売買代金債権の価額になります。これは、売主・買主にとっても同様です。土地等の時価が明白となっていることや売買契約が締結されていること等から、財産評価基本通達により評価することが適切でないことによります。

実務的には「売買契約中の土地等又は建物等に係る相続税の課税等について（1991年（平成３年）１月11日資産税課情報第１号）」により、次のように取り扱われます。

⑴　売主に相続開始があった場合

売主の相続等により取得した財産は、売主は土地等の引渡義務を負いますので、買主に対する売買残代金債権（未収金）となります。

既に受け取った手付金は現金・預貯金等として相続開始日現在の姿で相続財産に加算します。

⑵　買主に相続開始があった場合

①　原則的な取扱い

買主の相続等により取得した財産は、売買契約に係る土地等の引渡

請求権（売買契約価額）とします。売買契約価額から手付金を控除した額が残代金支払債務（未払金）として債務計上されます。

② 特例的な取扱い

(イ) 売買契約の日から相続開始の日までの期間が長い場合

売買契約の日から相続開始の日までの期間が、通常の売買に比して長期間であるなど、対価の額が相続開始の日の土地等の時価として適当でない場合、他の適切な売買実例を参酌して、評価することができます。

(ロ) 土地等の価額を相続税評価額で申告する場合

売買契約中の土地等は、引渡債権であることから相続財産になりませんが、相続財産として土地等の評価額で申告した場合は認められます。この場合、次の点に留意します。

i 土地等の評価額とは、財産評価基本通達に基づいて評価した価額のことをいいます。

ii 土地等について、租税特別措置法第69条の４（小規模宅地等の課税価格の計算の特例）の適用が受けられます。

iii 土地等の引渡請求権は、相続財産となりません。

(3) 設例による検討

売買価額8,000万円、契約時に授受した手付金800万円の売買契約締結後に、売主又は買主に相続が開始した場合の具体的課税価額は次の通りです。

売買の内容	売買金額	8,000万円
	相続税評価額	6,400万円
	手付金（売主受領）	800万円
① 売主に相続が開始した場合	現金預貯金等（手付金又はその化体財産）	800万円
	売買残代金債権（未収金）	7,200万円
	《純課税財産価額》	8,000万円

② 買主に相続が開始した場合	引渡請求権（売買契約価額）	8,000万円
	残代金支払債務（未払金）	7,200万円
	《純課税財産価額》	800万円

申告及び調査の対応のポイント

売買契約中の土地等の価額については、所有権の移転の有無にかかわらず解説の取扱いがされているところです。

買主に相続開始があった場合、その土地を相続財産として、申告があれば認められます。その土地等の価額は、財産評価基本通達に基づく評価額となり、小規模宅地等の特例の要件を満たせば、特例の適用ができます。

『参考法令通達等』

【売買契約中の土地等又は建物等に係る相続税の課税等について（1991年（平成３年）１月11日資産税課情報第１号)】

２　今後の実務における対応

上記１の最高裁判決を踏まえ、売買契約中の土地等（土地又は土地の上に存する権利をいう。）及び建物等（建物及びその附属設備又は構築物をいう。）に係る相続税の課税等については、次によるのが相当と考えられる。

(1)　土地等又は建物等の売買契約の締結後当該土地等又は建物等の売主から買主への引渡しの日（当該土地等が、売買について農地法第３条第１項若しくは第５条第１項本文の規定による許可又は同項第３号の規定による届出を要する農地若しくは採草放牧地又はこれらの土地の上に存する権利である場合には、当該許可の日又は当該届出の効力の生じた日後に当該土地等の所有権その他の権利が売主から買主へ移転したと認められる場合を除き、当該許可の日又は届出の効力の生じた日）前に当該売主又は買主に相続が開始した場合には、当該相続に係る相続税の課税上、当該売主又は買主たる被相続人の相続人その他の者が、当該売買契約に関し当該被相続人から相続又は遺贈（贈与者の死亡により効力を生ずる贈与を含む。以下同じ。）により取得した財産及び当該被相続人から承継した債務は、それぞれ次による。

イ　売主に相続が開始した場合には、相続又は遺贈により取得した財産は、当該売買契約に基づく相続開始時における残代金請求権とする。

ロ　買主に相続が開始した場合には、相続又は遺贈により取得した財産は、当該売買契約に係る土地等又は建物等の引渡請求権等とし、当該被相続人から承継した債務は、相続開始時における残代金支払債務とする。

（注）1　買主に相続が開始した場合における上記ロの土地等又は建物等の引渡請求権等の価額は、原則として当該売買契約に基づく土地等又は建物等の取得価額の金額によるが、当該売買契約の日から相続開始の日までの期間が通常の売買の例に比較して長期間であるなど当該取得価額の金額が当該相続開始の日における当該土地等又は建物等の引渡請求権等の価額として適当でない場合には、別途個別に評価した価額による。

2　買主に相続が開始した場合において、当該土地等又は建物等を相続財産とする申告があったときにおいては、それを認める。この場合における当該土地等又は建物等の価額は、当該土地等又は建物等について租税特別措置法第69条の４第１項の規定の適用がある場合を除き、相続税財産評価に関する基本通達により評価した価額によることになる。

3　当該売買契約に基づき被相続人たる売主又は買主が負担することとなっている当該売買の仲介手数料その他の経費で、相続開始の時において未払いであるものは、当該被相続人に係る債務である。

4　上記の取扱いによる課税処分が訴訟事件となり、その審理の段階で引渡し前の相続財産が「土地等」であるとして争われる場合には、相続財産が「土地等」であるとしてもその価額は当該売買価額で評価すべきである旨を主張する事例もあることに留意する。

⑵　売主たる被相続人から相続又は遺贈により取得した当該売買契約に基づく相続開始時における残代金請求権の価額は、相続税法第38条第１項及び租税特別措置法第70条の９第１項に規定する不動産等の価額には含まれず、また、買主たる被相続人から相続又は遺贈により取得した当該売買契約に係る土地等又は建物等の引渡請求権等の価額は、当該不動産等の価額に含まれる。

⑶　譲渡所得の総収入金額の収入すべき時期は、原則として、譲渡所得の基因となる資産の引渡しがあった日によるのであるが、その資産に関する売

買契約の効力発生の日により当該総収入金額に算入して申告があったときは、これを認める取扱いとされている。売買契約中に売主又は買主が死亡した場合における売買契約に係る資産の譲渡所得の総収入金額の収入すべき時期についても、上記取扱いによることになる。

なお、当該売買契約に係る資産の譲渡についての租税特別措置法第39条第１項の規定の適用関係は、①売主が死亡した場合において、相続人が譲渡所得の総収入金額の収入すべき時期を売買契約に係る資産の引渡しがあった日として譲渡所得の申告をするときは同項の適用があり、また、②買主が死亡した場合において、相続人が当該売買契約に係る資産を転売したときも同項の規定の適用を認めて差し支えない。

『参考裁判事例』

（売主に係る売買契約中の課税財産）

たとえ本件土地の所有権が売主に残っているとしても、もはやその実質は売買代金債権を確保するための機能を有するにすぎないものであり、相続人の相続した本件土地の所有権は、独立して相続税の課税財産を構成しないというべきであって、本件において相続税の課税財産となるのは、売買残代金債権であると解するのが相当である。

（1986年（昭和61年）12月５日　最高裁判決）

『参考裁決事例』

（土地等の売買契約中に売主に相続が開始した場合における相続税の課税財産は、相続開始後に相続人が当該売買契約を解除した場合であっても、売買残代金請求権とするのが相当であるとした事例）

相続税の納税義務は、相続による財産を取得した時、すなわち、相続開始の時に成立するものと解される。そして、相続により取得した財産の価額の合計額をもって相続税の課税価格とすることとされており、相続により取得した財産の価額は、原則として、当該財産の取得の時における時価によることとされていることから、相続開始後の当該財産に生じた事情は、制度の上の措置がなされている場合など、これを考慮すべき特段の事情と認められない限り考慮されないこととなる。また、相続開始時に売買契約が締結されている土地等について、相続税の課税対象となる財産を判定するに当たっては、相続開始の時において、売買残代金請求権が確定的に被相続人に帰属していると認められるか否かの観点から判定するのが相当と解される。そうすると、このようにして判定した相続税の課税対象となる財産について、相続開始後に何らかの事情が生じたとしても、相続開始の時において売買残代金請求権が確定的に被相続人に帰属していると認めることが不相当であるというべき特段の事情でない限り、その事情は考慮されるものではないと解される。

（2009年（平成21年）９月16日　裁決）

3-12 被相続人の親の未分割財産

ポイント

被相続人の親が死亡したこと（以下「第１次相続」といいます。）に伴う未分割財産がある場合は、親の相続人との間で法定相続割合で分割し、今回の相続に係る被相続人（以下「第２次相続」といいます。）の相続財産に加算します。ただし、第１次相続の相続人の間で遺産分割が成立すれば、その分割割合に応じた財産を加算します。

【解　説】

1　被相続人の親の未分割財産

相続財産とは、金銭に見積もることができるものすべてのものをいいますが、相続開始時に被相続人が所有している物だけではなく、潜在的に権利がある財産も含まれます。被相続人の親が死亡したことによる、親の財産に対する被相続人の権利が典型的な例です。

相続税の申告に当たって未分割財産がある場合は、民法の規定による相続分又は包括遺贈の割合に従って相続財産を取得したものとして課税価格を計算することになっています（相法55）。被相続人の両親・祖父母等（以下「親等」といいます。）の相続財産が未分割の場合も同様に、各相続人が法定相続割合で分割することになります。

相続税の申告期限までに遺産分割が成立した場合、その分割割合に応じて、相続人が取得することになります。遺産分割の効力は相続開始の時に遡って生じます（民法909）。

2　事例

被相続人ＡはＸ年４月10日に死亡しました。相続人は配偶者Ｂ、子

Ｃ及びＤの３人です。

Ｘ－８年10月に死亡したＡの父親甲の土地が、未分割のまま残っていました。甲の相続人は甲の子乙、丙及びＡで、死亡したのはＡだけです。

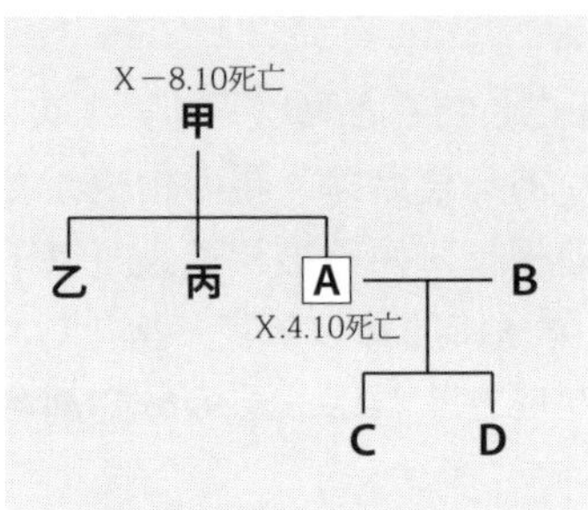

甲の死亡（以下「第１次相続」といいます。）に伴う未分割財産は、甲の相続人である乙、丙及びＡが相続することになります。相続割合は法定相続分である各1/3となります。

ただし、第１次相続の未分割財産であるため、乙、丙及びＡ（「第２次相続」といいます。）の相続人であるＢ、Ｃ、Ｄが遺産分割を行い、第１次相続の財産の取得者が確定すれば、それに従います。

申告及び調査の対応のポイント

1　税務調査において、被相続人の親等の相続財産の申告漏れを指摘されることがあります。調査官が出身地を細かく確認するのは、これら親等の相続財産の有無の調査の一環です。

相続人は、被相続人の親等名義の土地建物等について、相続財産という認識がほとんどありません。親等名義の財産の有無、特に出身地の土地建物等の有無を確認します。

2　被相続人の親等の土地建物等が、未分割のまま放置されている場合は、その他の財産についても未分割であることが十分考えられます。被相続人の親等の預貯金等、金融資産の有無を確認してください。この点についても調査で指摘されます。

3-13 既経過分の家賃

ポイント

例えば、被相続人は賃貸アパートの家賃収入があり、当月分の家賃は当月末までに支払われることになっているような場合、支払期限未到来の未収法定果実は、契約による家賃の支払期限である月末が到来していませんので、相続財産として計上しなくても構いません。

【解　説】

1　未収法定果実の評価

課税時期において既に収入すべき期限が到来しているもので、同時期においてまだ収入していない地代、家賃その他の賃貸料、貸付金の利息等の法定果実の価額は、その収入すべき法定果実の金額によって評価します（評基通208）。これは、既に収入すべき期限が到来している金額の確定した法定果実のことをいいます。

2　契約による家賃の支払時期

当月分の家賃の支払期日が当月末日の場合、月中が課税時期であるため、支払期日が未到来です。

本来は既経過分の未収家賃を日割計算すべきであると考えますが、契約により支払期日が未到来であるため、支払日までの既経過家賃は相続財産としなくてもいいことになっています。

ただし、前月までの未収家賃は未収金として相続財産となります。

（申告及び調査の対応のポイント）

家屋の賃貸借契約における家賃の支払いは、翌月分家賃は前月末までに支払う契約が多いようです。賃貸借契約書の念入りなチェックが必要です。

3-14 米国の合有不動産

ポイント

米国の合有不動産は、死亡と同時に一方的に相手方に所有権が移る死因贈与契約とみます。夫婦の合有不動産は、相続開始と同時に生存配偶者に所有権が移転し、遺産分割の対象になりません。配偶者の取得財産として計算し、配偶者の税額軽減が適用できます。

【解　説】

1　合有財産権

米国には合有財産権（Joint Tenancy）、という、わが国にはない制度があります。夫婦を対象としたものが夫婦合有財産権（Tenancy by Entirety）です。財産を同時に取得し、同等の権利を合有する所有形態で、合有財産は死亡と同時に、相続分と関係なく生存合有者に所有権が移転します。

2　合有不動産の課税

合有財産の契約は死因贈与契約とみられ、無償による財産権の移転であるため、相続税の課税対象となります。遺産分割の対象にならず、生存合有者が当然に所有権を取得します。相続財産が未分割の場合でも、生存合有者に財産権が移転するため、生存合有者が配偶者であれば配偶者の税額軽減を受けることができると考えます。

（申告及び調査の対応のポイント）

1　合有財産を取得した時に、合有所有権に対応する資金を拠出していない場合、贈与税の課税対象となります。合有財産は不動産に限らず、預金口座についても同様の取扱いです。

2　海外財産を所有する事例が増加しています。日本と異なる所有形態の国もあり、相続税の申告の対応が大変難しくなっています。手近のツールであるインターネットを駆使して情報収集するのが最短です。

『参考裁決事例』

（ジョイント・テナンシーの一方が死亡した場合の課税について）

ジョイント・テナンシーとは、２人以上の者が同一の譲受け又は譲与により、同一の不動産につき取得する財産権をいい、この所有形態による不動産所有者（合有者）のことをジョイント・テナンツという。

ジョイント・テナンシーが成立するためには、その創設の際に、①全てのジョイント・テナンツが同時に所有権を取得すること、②全てのジョイント・テナンツが同一の証書によって所有権を取得すること、③各自の持分内容が均等であること、及び④各自が財産権全体を占有していることの条件を充足していなければならないこととされており、加えて、ジョイント・テナンシーを創設するには、書面でその旨を明確に定めることが必要であるとされている。

また、ジョイント・テナンシーは、ジョイント・テナンツの一人が死亡した場合には、相続されることはなく、その権利は生存者への権利の帰属（以下「サバイバー・シップ」という。）の原則に基づいて、残りのジョイント・テナンツの権利に吸収されることとなる。

（省略）

したがって、本件被相続人がジョイント・テナンシーの形態で所有する本件ｆ不動産については、請求人Ｐ2が、本件被相続人が死亡したことにより、本件被相続人から贈与により取得したものとみなされるから、本件ｆ不動産の価額の２分の１に相当する部分の金額については、本件相続税の請求人Ｐ2の課税価格に加算すべきものと認められる。

（2015年（平成27年）８月４日　裁決）

（ジョイントテナンツで対価の負担なく不動産を取得した場合、贈与税の課税対象である）

原告及び夫は、ジョイント・テナンシーの要件を満たす方法により本件不動産を購入し、本件不動産のジョイント・テナンツとして登記されたものであって、それぞれ２分の１の持分を有しているところ、本件不動産の取得に際し、その購入代金の全額を夫が負担していることからすれば、原告は、対価を支払うことなく本件不動産の２分の１相当の経済的利益を得たというべきであるから、贈与税の課税の基礎となるみなし贈与があったと認められる。

（2017年（平成29年）10月19日　名古屋地裁判決　TAINSZ267-13079）

3-15 配偶者居住権

ポイント

被相続人の配偶者が居住していた建物及びその敷地に、そのまま住み続けられる権利のことをいいます。遺産分割による相続人全員の合意、遺言又は調停等によって設定することができます。配偶者居住権は財産権として、相続税の課税対象となります。敷地については、小規模宅地等の特例が適用できます。

【解　説】

1　民法改正による配偶者居住権の創設

(1)　創設の理由

近年、相続に関する関心が高くなり、情報量の増加と相まって、相続人の権利の主張が強くなり、相続争いが増加しています。特に被相続人の高齢化に伴い配偶者も高齢化し、保護を強化する必要がありました。

配偶者保護の中で強く主張されたのが、配偶者の生活の基盤である住宅の確保です。生前、被相続人の所有する建物及びその敷地（以下「建物等」といいます。）に生活していた配偶者は、被相続人の主な財産が居住していた建物（以下「居住建物」といいます。）とその敷地であるとすれば、遺産分割の対象となり、居住建物を当然のように取得して居住することはできません。例えば、夫である被相続人の主な財産が居住建物及びその敷地だけであり、先妻の子と後妻が相続人である場合、遺産分割が揉める上、後妻がその建物等に居住できなくなることも想定されます。高齢の配偶者にとって、居を移すことは大変困難なことでもあり、生活資金が切迫することも想定されます。従来の判例においても、被相続人の相続開始時に配偶者が被相続人の建物に居住していた場合、被相続人との間で使用貸借契約が成立していたものと推認できるとの判断がありました（1996年（平成８年）12月17日最判）が、被相続人が反対の意思表示をすると居住できませんでした。このように被相続人が思いのままに建物の使用を決めることは、配偶者の居住権、ひいては生存権を脅かすことになります。そこで、配偶者の居住を保護するために、居住建物に引き続き居住できる権利、配偶者居住権という概念が創設されました。

⑵　配偶者居住権

配偶者居住権とは、配偶者が終身又は一定期間、被相続人の所有していた建物を無償で使用及び収益することができる権利です（民法1028～1036）。

建物の所有者であった配偶者が死亡すると、生存配偶者が当然にその建物に居住することができる時代ではなくなってきたことを意味します。

⑶　配偶者居住権の区分

配偶者居住権には「配偶者居住権」及び「配偶者短期居住権」の２種類があります。これらの成立要件及び法定要件は、全く別物であり、選択適用ではないことに注意します。

単に配偶者居住権という場合、次の①の権利をいいます。

①配偶者居住権	・配偶者が被相続人の相続開始の時に居住していた建物に対して、終身又は一定期間、その建物に居住することができる権利のことをいう（民法1028～1036）。 ・原則、遺産分割又は被相続人からの遺贈により取得する。
②配偶者短期居住権	・配偶者が被相続人の建物に相続開始の時に無償で居住していた場合、遺産分割が終了するまでの間、無償でその建物に居住できる権利のことをいう（民法1037～1041）。 ・被相続人の建物に無償で居住していた場合、当然に成立する。 ・財産権とはみなされないことから、相続税の課税対象にならない。

⑷　配偶者居住権が設定された場合の権利関係

配偶者居住権が設定された場合、財産権は次のように４つに区分されます。

権利	取得者
①　配偶者居住権	配偶者
②　配偶者居住権が設定された建物の所有権 （配偶者居住権の負担付建物所有権）	建物取得者
③　配偶者居住権に基づく敷地利用権	配偶者
④　敷地利用権が付された宅地の所有権 （配偶者居住権に基づく敷地利用権の負担付宅地所有権）	宅地取得者

2　配偶者居住権の取得要件

⑴　配偶者居住権の取得要件

配偶者は、被相続人の財産である建物に相続開始の時に居住していた場合、次の要件に該当するときは、その居住していた建物の全部について無償で使用及び収益をする権利を取得できます（民法1028）。

要件	内容
取得者	・配偶者
配偶者居住権の対象	・被相続人の財産である建物
居住建物の所有者	・被相続人の所有であること ・配偶者以外の者と共有していないこと
配偶者居住権が設定できる部分	・居住していた建物の全部
配偶者居住権の判断の時	・被相続人の相続開始の時
居住事実	・配偶者が居住していること

⑵　配偶者の年齢等

配偶者の年齢及び婚姻期間の制限は設けられていません。

⑶　事実婚に対する適用

配偶者居住権を取得できるのは、法律婚の配偶者に限られます。事実婚、内縁配偶者は適用できません。配偶者短期居住権も同様です。

⑷　配偶者居住権の取得の手段

配偶者居住権を取得する選択肢は次の通りです。配偶者居住権の取得は配偶者の希望によるものであり、配偶者の意に反して取得することはありません。

取得の区分	概　　要	民　法
①遺産分割	・遺産分割による法定相続人全員の合意があること。	1028①一
②遺贈	・遺言書に明記していること。	1028①二、554
③死因贈与契約	・死亡を契機とした贈与のこと。	
④調停	・共同相続人全員の合意があること。	1029①一、二
⑤審判	・配偶者の申出により、特に必要があると認めた場合。	

3　居住建物の要件

⑴　居住等の要件

配偶者居住権は、原則として配偶者が死亡するまで存続することから、適用要件が次のように定められています（民法1028①）。

①　居住建物は被相続人の所有するものであること

②　配偶者が、被相続人の相続開始の時に居住していたこと

・配偶者が居住していた建物でないと、適用できません。

・被相続人の所有する居住用建物が２つあり、配偶者と被相続人が別に居住しているような場合、被相続人のみが居住していた建物には適用できません。

・第三者に貸し付けている建物は適用できません。

・配偶者が居住していればいいのであって、被相続人と同居していることは要件となっていません。被相続人が介護施設等に居住している場合でも適用できます。

③　被相続人が、相続開始の時にその建物を配偶者以外の者と共有していないこと

居住建物に第三者、被相続人の親、兄弟の共有持分があるような場合は適用できません。これは配偶者居住権が設定されると共有者の権利が阻害されることによります。配偶者と共有していた場合、配偶者居住権の設定はできます。配偶者の居住する権利の保護には影響がないことによります。

⑵　配偶者居住権に基づく敷地を利用する権利

配偶者居住権の目的となっている建物の敷地の用に供される土地又は土地の上に存する権利（以下「土地等」といいます。）を配偶者居住権に基づき使用する権利（敷地利用権）として、相続税の課税の対象として捉えます（相法23の２③）。

４　配偶者居住権の存続期間

配偶者居住権は次の期間存続します。存続期間満了により消滅し、居住建物を所有者に返還しなければなりません。

⑴　配偶者の終身の間

配偶者が死亡するまでの期間は存続します（民法1030）。配偶者居住権の存続期間の原則です。

配偶者居住権は使用貸借であること、また、一身専属的権利であることから配偶者の死亡によって終了します（民法597③、1036）。

⑵　別段の定めがあるとき

当事者が使用貸借の期間を定めたときは、使用貸借は、その期間が満了することによって終了し、使用貸借の期間を定めなかった場合において、使用及び収益の目的を定めたときは、借主がその目的に従い使用及び収益を終えることによって終了します（民法597①②）。

配偶者居住権の設定に際して以下の別段の定めをした場合、存続期間はその定めた期間によります（民法1030）。ただし、別段の定めによる期間満了前に配偶者が死亡した場合は、死亡の時に配偶者居住権は消滅し、相続人に相続されることはありません（民法1036、597③）。

①　遺産分割に別段の定めがある場合

②　遺言に別段の定めがある場合

③　家庭裁判所の遺産分割の審判による別段の定めがある場合

5　配偶者居住権の評価

⑴　配偶者居住権の評価の基本

もとより居住権という概念は、相続税の課税対象財産として捉えられていませんでした。財産評価基本通達94に借家権の評価の規定がありますが、借家権とは借地借家法に規定されている建物賃借権をいい、賃貸借契約で生じる権利であること、借家権が権利金等の名称で取引されていない地域にあるものについては評価しなくてもいいこととなっており、単なる居住権は課税の対象ではありません。

2018年（平成30年）の改正相続法により、配偶者の居住を民法上の権利として認める強い権利が付与されました。相続税の計算の上では、配偶者居住権を一定の価額で評価して、相続財産として課税の対象とされました。

その建物の所有権等について、既述の通り「配偶者居住権」「敷地利用権」「配偶者居住権の負担付建物所有権」「敷地利用権の負担付宅地所有権」の４区分で評価します。

⑵　配偶者居住権の評価

配偶者居住権の評価は、相続税法で定められました。法定評価ですので、任意の評価方法を用いることはできません。

配偶者居住権の価額は、配偶者居住権が設定されていないものとした場合の相続開始時の居住建物の時価から、配偶者居住権が設定された時の居住建物の残存耐用年数に、配偶者居住権の消滅時の残存耐用年数に対応する価額を基として計算した価額の現在価値を控除した金額によって評価します（相法23の２）。

配偶者居住権の消滅時の価額を算出し、それに民法の法定利率による複利現価率を乗じて、相続開始時における建物所有権の現在価値を算出します。そしてその価額を、配偶者居住権が設定されていない建物の価額（評価額）から控除した価額といえます。

配偶者居住権の存続期間における減価は、建物の減価償却と異なり、配偶者居住権の終了時に向けた減価という概念です。

$$\text{居住建物の時価} - \text{居住建物の時価} \times \frac{((A) - \text{配偶者居住権の存続年数(B)})}{(\text{耐用年数} - \text{経過年数})\ (A)} \times \text{(B)に応じた民法の法定利率による複利現価率}$$

(A)は残存耐用年数のことをいう。

⑶　敷地利用権の評価

配偶者居住権を取得した配偶者は、居住建物に対する権利とその敷地を利用する権利を取得します。その土地等を配偶者居住権に基づき使用する権利の価額は、その土地等の時価から配偶者居住権の存続年数に応じた法定利率による複利現価率を乗じて計算した金額を控除した残額で評価します（相法23の２③）。

$$\text{居住建物の敷地の時価} - \text{居住建物の敷地の時価} \times \text{存続年数に応じた民法の法定利率による複利現価率}$$

6　相続税の取扱い

配偶者居住権は、金銭に見積もることができる財産権であることから、相続税の課税対象財産です。要件に該当すれば、小規模宅地等の特例が適用できます。

権利	配偶者の税額軽減	小規模宅地等の特例
配偶者居住権	可	不可
敷地利用権	可	適用可
建物所有権	不可	不可
土地所有権	不可	要件に該当すれば適用可

申告及び調査の対応のポイント

配偶者居住権は、配偶者が死亡した場合若しくは期間が満了した場合、消滅します。そのため配偶者居住権を設定すると、その価額だけ相続税の負担が緩和されます。しかし、配偶者居住権は、配偶者の生活の基盤を確保する目的で創設された制度です。結果的に相続税が緩和されるとしても、それが目的ではないことを十分に認識したうえで検討します。一度設定すると、その建物及び敷地は身動きが取れなくなります。期間満了前に、配偶者がその建物に居住することを望まなくなることが十分に想定されます。その場合、対価の有無により、贈与税又は所得税課税の問題が発生します。

『参考法令通達等』

【民法第1028条（配偶者居住権）】

1　被相続人の配偶者（以下この章において単に「配偶者」という。）は、被相続人の財産に属した建物に相続開始の時に居住していた場合において、次の各号のいずれかに該当するときは、その居住していた建物（以下この節において「居住建物」という。）の全部について無償で使用及び収益をする権利（以下この章において「配偶者居住権」という。）を取得する。ただし、被相続人が相続開始の時に居住建物を配偶者以外の者と共有していた場合にあっては、この限りでない。

一　遺産の分割によって配偶者居住権を取得するものとされたとき。

二　配偶者居住権が遺贈の目的とされたとき。

2　居住建物が配偶者の財産に属することとなった場合であっても、他の者がその共有持分を有するときは、配偶者居住権は、消滅しない。

3　第903条第４項の規定は、配偶者居住権の遺贈について準用する。

第4章

小規模宅地等の特例

4-1 小規模宅地等の特例の要件

ポイント

小規模宅地等の特例は、被相続人又は生計一親族の事業又は居住用土地等の一定の面積までの部分の価額を80%又は50%減額できる非常に有用な特例です。相続税対策では検討必須の特例です。

【解　説】

1　小規模宅地等の特例

⑴　小規模宅地等の特例とは

「小規模宅地等についての相続税の課税価格の計算の特例」（以下「小規模宅地等の特例」といいます。）とは、個人が、相続等によって取得した財産のうち、相続開始の直前に、被相続人又は被相続人と生計を一にしていた被相続人の親族（以下「生計一親族」といいます。被相続人と合わせて「被相続人等」といいます。）の事業の用又は居住の用に供されていた土地又は土地の上に存する権利（以下「宅地等」といいます。）で、建物又は構築物（以下「建物等」といいます。）の敷地の用に供されている特例対象宅地等で特例の適用を受けることを選択したものについて、一定の面積までの部分の価額を減額する特例のことをいいます（措法69の４①）。

⑵　小規模宅地等の特例の考え方

小規模宅地等の特例は、事業用資産又は居住用財産を取得した相続人に対し、事業や居住の継続が不安なくできるように配意した税務上の緩和措置です。地価が高騰している都市部では、個人事業者にとっては事業用資産及び居住用財産に対する相続税の二重の負担が重石となっていたことから、その緩和策として、昭和50年に打ち出された施策です。その後、同族会社の事業用資産や貸付事業用資産についても追加適用され、更に適用面積及び控除割合も改正される都度増加し、現行では80％又は50％の減額となっています。そのため、この特例の可否の検討は必須です。

⑶　特例の区分

特例は、特例要件に該当した特例対象宅地等のうちから、納税者が選択した宅地等（選択特例対象宅地等）で､面積要件を満たした宅地等（小規模宅地等）に適用できます。

特例対象宅地等	措置法
①　特定事業用宅地等	69の４③一
②　特定居住用宅地等	69の４③二
③　特定同族会社事業用宅地等	69の４③三
④　貸付事業用宅地等	69の４③四

２　特例の適用要件

特例は区分ごとに細かな要件が規定されています。ここでは、各特例に共通する要件の概要を解説します。

⑴　宅地等

特例の対象となるのは宅地等に限られます。ただし、棚卸資産及びこれに準ずる資産及び耕作等の用に供されるものは除かれます（措令40の２④、措規23の２①)。

宅地等は用途により、次の区分となります。

①　事業用の宅地等

貸付事業以外の事業用宅地等です。

用途区分	要件	限度面積	減額割合
事業用の宅地等	「特定事業用宅地等」に該当する宅地等	400㎡	80％

②　貸付事業用の宅地等

用途区分	要件	限度面積	減額割合
一定の法人に貸し付けられ、その法人の事業（貸付事業を除きます。）用の宅地等	「特定同族会社事業用宅地等」に該当する宅地等	400㎡	80%
	貸付事業用宅地等に該当する宅地等	200㎡	50%
一定の法人に貸し付けられ、その法人の貸付事業用の宅地等	「貸付事業用宅地等」に該当する宅地等	200㎡	50%
被相続人等の貸付事業用の宅地等	「貸付事業用宅地等」に該当する宅地等	200㎡	50%

③　居住用宅地等

用途区分	要件	限度面積	減額割合
被相続人等の居住の用に供されていた宅地等	「特定居住用宅地等」に該当する宅地等	330㎡	80%

⑵　建物又は構築物

特例の対象となる土地等は「建物又は構築物の敷地の用」に供されていることが必須の要件です（措法69の４①）。建物等は、次に掲げる建物等以外のものをいいます（措規23の２①）。

①　温室その他の建物で、その敷地が耕作（農地法第43条第１項の規定により耕作に該当するものとみなされる農作物の栽培を含みます。②においても同じです。）の用に供されるもの

②　暗渠その他の構築物で、その敷地が耕作の用又は耕作若しくは養畜のための採草若しくは家畜の放牧の用に供されるもの

構築物とは、建造された構造物であり、建物以外のものをいいます。構築物は工作物の概念に包含されていることから、空地に砂利を敷きつめただけでは構築物に該当しません。

(3) 建物の所有及び利用状況

小規模宅地等の特例の本旨は、事業又は居住の継続を保護することにあります。そのため建物の名義は被相続人はもちろん、親族であってもその敷地に対して特例を適用することができます。ただし、土地等は無償で使用していることで、建物所有者から地代を受け取っていれば、貸付地となるので軽減率は50％です。

区分	建物等の所有者
事業用	被相続人又は親族が所有していたもの
居住用	被相続人又は親族が所有していたもの
貸付事業用	所有者に制限がない

(4) 限度面積要件

限度面積は次の表の通りです（措法69の4②）。実際の面積とは特例対象地として選択した宅地の面積をいいます。特定事業用宅地等及び特定居住用宅地等はそれぞれ限度面積まで併用適用できるため最大730㎡まで減額ができます。貸付事業用宅地等は200㎡まで適用できますが、特定事業用宅地等又は特定居住用宅地等と併用適用する場合、適用面積の調整をしなければなりません。限定的な併用適用となっています。

【減額割合と限度面積】

特例対象宅地等の区分	減額割合	限度面積	
Ⓐ特定事業用宅地等特定同族会社事業用宅地等	80%	400㎡	特定事業用宅地等及び特定同族会社事業用宅地等の面積の合計400㎡まで適用できる。
Ⓑ特定居住用宅地等	80%	330㎡	特定事業用等宅地等とそれぞれの限度面積まで併用適用できる。この場合、合計730㎡が特例を受けることができる。
Ⓒ貸付事業用宅地等	50%	次の計算による面積まで適用できる。 Ⓐ$\times\frac{200}{400}+$Ⓑ$\times\frac{200}{330}+$Ⓒ$\leqq 200$㎡	

⑸　保有継続要件

小規模宅地等の特例の要件の一つは「その宅地等を相続開始から申告期限まで所有していること」です。特定居住用宅地等を配偶者が取得した場合は、保有期限がないので、特例の適用が無条件です。その他の特例は、配偶者を含め誰が取得した場合であっても、全て申告期限までの保有継続要件があります。

特例宅地等	取得者	保有継続要件
特定居住用宅地等	配偶者	なし
全ての特例対象宅地等	配偶者を含め全ての取得者	あり

⑹　遺産分割要件

相続人等が１人の場合を除いて、申告書の提出期限までに共同相続人又は包括受遺者で遺産分割が行われていない場合は、特例の適用ができません（措法69の４④）。

相続財産が未分割である場合でも、申告期限から３年以内に分割された場合、適用が受けられます（措法69の４④）。ただし、相続税の申告書と同時に「申告期限後３年以内の分割見込書」を提出します（措令40の２㉓）。

（申告及び調査の対応のポイント）

小規模宅地等の特例は、まず適用そのものを検討することにつきます。特例に該当する宅地等でありながら適用しないことは、納税者の過分な税負担となります。事業や居住の形態が様々である近年では、特例に判断に迷う事例が多くあります。無理な適用は論外ですが、難しい場合、その旨を納税者に伝えた上で判断します。

4-2 特定事業用宅地等

ポイント

事業用宅地等は、被相続人の事業の継続に欠かすことができない重要な財産です。しかし、宅地等を評価するうえで、減額する要素がありません。そこで、事業用宅地等のうち一定の要件を満たした特定事業用宅地等については、400㎡までその宅地等の価額から80%を控除した金額を相続財産に加算します。なお、相続開始前３年以内に新たに事業の用に供された宅地等は特例の対象になりません。

【解　説】

1　特定事業用宅地等の要件

⑴　特定事業用宅地等

特定事業用宅地等は、「被相続人等の事業の用に供されていた宅地等」のうち「貸付事業以外の事業用の宅地等」に該当する宅地等をいいます。

また、宅地等は事業の主体者により次に区分されます（措法69の４③一）。ただし、相続開始前３年以内に新たに事業の用に供された宅地等を除きます（「３年以内事業用宅地等」といいます。）。事業に該当するか否かは、相続開始の直前で判定します（措法69の４①）。

①　被相続人の事業の用に供されていた宅地等

②　生計一親族の事業の用に供されていた宅地等

つまり、事業者とは、被相続人又は生計一親族に限られます。

⑵　事業用宅地等の範囲

相続税の特例であることから、事業用宅地等とは、大きな括りでは個人の事業の用に供されていた宅地等を指します（措通69の4-4）。

> ①　他に貸し付けられていた宅地等
> 　その貸付けが事業に該当する場合に限ります。
> ②　①の宅地等を除き、被相続人等の事業用建物等で、被相続人等が所有していたもの又はその他親族が所有していたものの敷地の用に供されていたもの

(3)　事業に該当しないもの

事業とは不動産貸付業等を除きます。不動産の貸付けについては、事業用宅地等又は居住用宅地等と異なり財産評価において、一定の減額措置が講じられていること、不動産の貸付事業そのものが保護する必要性が弱いこと及び不動産貸付事業用宅地等の特例が設けられていること等から、特定事業用宅地等から外れます。

> ①　不動産貸付業（措法69の４③一）
> ②　駐車場業（措令40の２⑦）
> ③　自転車駐車場業（措令40の２⑦）
> ④　準事業（措法69の４①、措令40の２①⑦）
> 　事業と称するに至らない不動産の貸付けその他これに類する行為で相当の対価を得て継続的に行うものをいいます。その他これに類する行為の規定はありませんが、貸付けの概念から外れることのない行為のことと考えられます。

(4)　建物所有者の要件

事業用資産に該当する宅地等の上に存する建物等の所有者は、次の通りです（措通69の4-4）。

①　被相続人等が所有していたもの

②　被相続人の親族が所有していたもの

この場合の親族とは、生計一親族を除きます。被相続人等が建物等を、その親族から無償で借り受けていた場合に限ります。有償の場合は特例の対象になりません。親族が被相続人から土地を有償で借りている場合、つまり地代を支払っている場合も同様、被相続人にとっては貸地ということになり事業用資産としては貸付事業用宅地等と判定されます。

2　取得者の要件

(1)　被相続人の事業用宅地等

被相続人の事業の用に供されていた宅地等を相続等により取得し、特例が適用できるのは被相続人の親族です。取得した親族は相続開始時から申告期限まで事業を承継及び保有要件があります（措法69の４③一イ）。

取得者	要　　件	内容
親族等	事業承継要件	相続開始時から申告期限まで、その宅地等の上で営まれていた被相続人の事業を承継すること
	事業継続要件	申告期限まで、その事業を営んでいること
	保有継続要件	申告期限まで、その宅地等を保有していること

(2)　生計一親族の事業用宅地等

①　生計一親族の事業用宅地等について、特例が適用できるのはその生計一親族です。

取得者	要　　件	内容
生計一親族	事業継続要件	相続開始前から申告期限まで引き続きその生計一親族の事業の用に供していること。 生計一親族の事業は、相続開始前からであることに留意する。
	保有継続要件	相続開始時から申告期限まで、引き続きその宅地等を保有していること。

生計一親族の事業の用に供している場合も適用できるのは、一般的に生計一親族の事業は、生前に被相続人の事業を引き継いでいることが多いこと、被相続人所有の土地の上で生計一親族が事業を営んでいることは被相続人の生計の維持の基盤であることと推測されます。事業承継が行われた時期にかかわらず事業用財産に対する税負担を緩和する措置です。

3　相続開始前３年以内に新たに事業の用に供された宅地等

⑴　３年以内事業用宅地等

３年以内事業用宅地等は特例の対象になりません。かつては、事業用宅地等の取得時期や相続等による取得後の事業継続について規定がありませんでした。そのため相続開始直前に借入金により事業用宅地等を取得し、特例による減額及び債務控除の適用により課税価格の圧縮を図る対策が宣伝されていました。平成30年度の税制改正において、貸付事業用宅地等の範囲から、相続開始前３年以内に新たに貸付事業の用に供された宅地等が除外されました。その改正に平仄を合わせるべく、平成31年度の税制改正において特定事業用宅地等についても３年以内事業用宅地等が適用除外となりました。

要件は、次の通りです。

①　事業の用に供されたのが相続開始前３年以内であること
　相続開始の日から遡って３年以内のことをいいます。

②　新たに事業の用に供された宅地等であること
　「新たに事業の用に供された宅地等」の判定は、次によります。

イ　事業の用以外の用に供されていた宅地等が、事業の用に供された場合のその宅地等
　事業の用に供している者は被相続人のみならず生計一親族も該当します。

ロ　宅地等若しくはその上にある建物等が「何らの利用がされていない場合」の宅地等が事業の用に供された場合の宅地等

③　貸付事業を除くこと

貸付事業とは、租税特別措置法第69条の４第３項第４号に規定する貸付事業をいいます。

(2)　相続開始前３年以内であっても除かれる事業

相続開始前３年以内に取得した事業用宅地等であっても、次の事業は除かれます。

①　新たに事業の用に供された宅地等の相続の開始の時における価額に対し、事業の用に供されていた建物等の価額の合計額の割合が100分の15以上である場合

15％以上の規模の事業は、次の算式を満たす事業のことをいいます（措通69の4-20の３）。

$$\frac{\text{事業の用に供されていた減価償却資産のうち被相続人等が有していたものの相続開始の時における価額の合計額}}{\text{新たに事業の用に供された宅地等（特定宅地等）の相続開始の時における価額}} \geqq \frac{15}{100}$$

②　被相続人が相続開始前３年以内に開始した相続等で、事業の用に供されていた宅地等を取得し、かつ、その取得の日以後その宅地等を引き続き事業の用に供していた場合

③　一時的に事業の用に供されていなかった場合

4-3 特定居住用宅地等

ポイント

一般的に、被相続人が居住していた家屋は、残された配偶者や子が居住を継続し、生存に不可欠な財産です。しかし、貸付用土地建物と異なり被相続人が居住していた建物及びその敷地は、財産評価をする上で特に減額する要素はありません。自用家屋及び自用宅地として100%課税対象となります。そこで、一定の要件を満たした特定居住用財産については、330㎡までその宅地等の価額から80%を控除した価額を相続財産に加算します。なお、居住用財産を取得した者であっても、相続開始前３年以内に一定の家屋に居住したことがある者は、特例の適用ができません。

【解　説】

1　特定居住用宅地等の要件

⑴　特定居住用宅地等

特定居住用宅地等とは、被相続人等の居住の用に供されていた宅地等（以下「居住用宅地等」といいます。）で、被相続人の配偶者又は一定の要件を満たす被相続人の親族が相続等により取得したものをいいます（措法69の４③二、以下「特定居住用宅地等」といいます。）。

居住用宅地等が２以上ある場合、被相続人が主としてその居住の用に供していた一の宅地等に限られます（措法69の４③二、措令40の２⑪）。

⑵　居住者及び宅地等の要件

被相続人等の居住の用に供されていた宅地等は、次のように区分されます（措法69の４③二）。

①　被相続人の居住の用に供されていた宅地等
②　生計一親族の居住の用に供されていた宅地等

⑶　被相続人等の居住の用に供されていた宅地等の判定

被相続人等の居住の用とは、基本的には、被相続人等がその宅地等の上に存する建物に生活の拠点を置いていたかどうかにより判定します。具体的には、次の事実を総合勘案して判定します。居住用建物の建築期間中だけの仮住まいである建物に被相続人等が居住していたとしても、生活の拠点を置いていたとはいえません。

イ　被相続人等の日常生活の状況
ロ　建物への入居目的
ハ　建物の構造及び設備の状況
ニ　生活の拠点となるべき他の建物の有無
ホ　その他の事実

⑷　家屋の所有者

特例の適用には、まずは居住用宅地等に該当しなければなりません。居住用宅地等とは、相続の開始の直前に、被相続人等の居住の用に供されていた次の家屋の敷地の用に供されていた宅地等をいいます（措通69の4-7)。

家屋の所有者	被相続人
	被相続人の親族

2　取得者の要件

⑴　被相続人の居住用宅地等

居住用宅地等を取得した者は、配偶者、被相続人の居住の用に供されていた１棟の建物に居住していた親族（以下「同居親族」といいます。）

及び配偶者又は同居親族以外の親族（以下「持家なき親族」といいます。）に区分されます。各人の要件は、次の通りです。配偶者が取得した場合、居住継続及び保有継続要件はありません。

<table>
<tr><th>取得者</th><th>要　件</th><th>適用要件の内容</th></tr>
<tr><td rowspan="2">Ⓐ　配偶者
（措法69の４③二）</td><td>居住継続要件</td><td>居住継続要件はない</td></tr>
<tr><td>保有継続要件</td><td>保有継続要件はない</td></tr>
<tr><td rowspan="2">Ⓑ　被相続人の居住の用に供されていた１棟の建物に居住していた親族
（措法69の４③二イ）</td><td>居住継続要件</td><td>①　相続開始の直前に宅地等の上に存する被相続人の居住の用に供されていた１棟の建物に居住していたこと
②　相続開始時から申告期限までその建物に居住していること</td></tr>
<tr><td>保有継続要件</td><td>相続開始時から申告期限まで、その宅地等を保有していること</td></tr>
<tr><td rowspan="2">Ⓒ　ⒶⒷ以外の親族
（措法69の４③二ロ）</td><td>居住継続要件</td><td>次の要件のすべてを満たすⒶⒷ以外の親族が取得した場合
いわゆる「持家なき親族」のこと。</td></tr>
<tr><td>保有継続要件</td><td>相続開始時から申告期限までその宅地等を保有していること</td></tr>
</table>

3　持家なき親族が取得した場合の要件

(1)　取得者の要件

被相続人の居住用宅地等を取得した者のうち「配偶者」又は「被相続人の居住の用に供されていた１棟の建物に居住していた親族」以外の親族が取得した場合の要件は次の通りです（措法69の４③二ロ）。

このうち④及び⑤の部分に強い歯止めがかけられています。

①　無制限納税義務者又は制限納税義務者のうち日本国籍を有する者であること（措規23の２④、相法１の３①一、二、四）

②　被相続人に配偶者がいないこと

③　相続開始の直前に被相続人の居住用家屋に居住していた親族がいないこと

この場合における親族とは次の者をいいます。

イ　親族とは、民法の規定による相続人のことをいいます（措令40の２⑭）

ロ　その親族が相続の放棄をしていたとしても、放棄がなかったものとして判定します（措令40の２⑭）。

ハ　親族とは、相続の開始の直前にその家屋で被相続人と共に起居していた者をいいます。居住の用に供されていた家屋については、被相続人が１棟の建物でその構造上区分された数個の部分の各部分を独立して住居その他の用途に供することができるものの独立部分の一に居住していたときは、その独立部分に同居していたことをいいます（措通69の4-21）。

④　相続開始前３年以内に日本国内にある、親族（取得者）が所有する家屋に居住したことがないこと

イ　親族が所有する家屋だけではなく、次の者が所有する家屋に居住していた場合であっても、特例の適用はできません。

・その親族の配偶者 ・その親族の３親等内の親族 ・その親族と特別の関係がある一定の法人

ロ　親族関係や法人との関係は「相続の開始の直前」で判断します（措通69の4-22）。相続開始前３年以内に離婚や会社の譲渡等があった場合など判断に迷いそうですが、あくまでも相続開始の直前で判断することになっています。合理的な取扱いですが、抜け穴にならないか危惧されます。

ハ　ここでいう家屋は、相続開始の直前において被相続人の居住の用に供されていた家屋を除きます（措法69の４③二ロ⑴カッコ書き）。

⑤　相続開始時にその親族が居住している家屋を、相続開始前のいずれの時においても所有していたことがないこと

⑥　その宅地等を相続開始時から申告期限まで所有していること

④及び⑤は要件として重複している部分がありますが、これは、④の要件だけでは、規定されている者に類似する者が相続した場合（家屋を親族等以外の関係者に譲渡する場合等）には対応できず、逆に⑤の要件だけでは孫に遺贈するような場合には対応できないことから、両方の要件が定められているものです（「平成30年度版改正税法のすべて」より）。

⑤の要件により、居住用宅地を信頼できる友人又は出資割合が低い法人に譲渡する等、仮装された持家なき相続人のケースが封じられることになりました。

⑵　「その親族と特別の関係がある一定の法人」とは

⑴④にある、その親族と特別の関係がある一定の法人とは、次の①から④に該当する法人をいいます（措令40の２⑮）。

①　親族及び次のイからヘまでに掲げる者（以下「親族等」といいます。）が法人の発行済株式又は出資（以下「株式等」といいます。）の総数又は総額（以下「発行済株式総数等」といいます。）の10分の５を超える数又は金額の株式等を有する場合におけるその法人。この場合の株式等は自己の株式又は出資を除きます。

イ　その親族の配偶者

ロ　その親族の３親等内の親族

ハ　その親族と婚姻の届出をしていないが事実上婚姻関係と同様の事情にある者

ニ　その親族の使用人

ホ　イからニまでに掲げる者以外の者でその親族から受けた金銭そ

の他の資産によって生計を維持しているもの

ヘ　ハからホまでに掲げる者と生計を一にするこれらの者の配偶者又は３親等内の親族

② 親族等及び①に掲げる法人が他の法人の発行済株式総数等の10分の５を超える数又は金額の株式等を有する場合における、その他の法人

③ 親族等並びに①及び②に掲げる法人が、他の法人の発行済株式総数等の10分の５を超える数又は金額の株式等を有する場合における、その他の法人

④ 親族等が理事、監事、評議員その他これらの者に準ずるものとなっている、持分の定めのない法人

（申告及び調査の対応のポイント）

特定居住用宅地の適用は、一般的には難しいものではありません。しかし、居住形態が区々となっていることも多くあり、適用に苦慮する事案もあります。まずは積極的に適用を検討します。相続税が大幅な減額となる稀な特例であることから、適用を検討しないことはあり得ません。かといって、特例の適用を無理にねじ込むような事案も見受けられます。

4-4 特定同族会社事業用宅地等

ポイント

特定同族会社事業用宅地等の適用は、小規模な同族会社の事業の保護を目的としています。会社形態をとっていても、実態は個人事業と変わらない会社も多くあることから、特例の対象となっています。400㎡までその宅地の価額から80%を控除した価額を相続財産に加算します。なお、特定事業用宅地等がある場合、合計面積が400㎡以下です。

【解　説】

1　特定同族会社事業用宅地等の要件

⑴　同族会社の事業の保護

国内の法人数は約280万社です。これらの大半は親族経営、いわゆる同族会社でしょう。元は家業としての個人事業であったものが、様々な都合で法人成りしたものです。そのため形式上は会社を基盤とした組織的事業となっていますが、実態はほとんど個人事業と変わらない会社が占めています。相続税の計算に当たって、事業用宅地を小規模宅地等として特例適用ができますが、個人事業と遜色のない会社の事業の用に供する宅地についても、同様に特例の対象としています。生業を保護することが基本です。

⑵　特定同族会社事業用宅地等

特定同族会社事業用宅地等とは、相続開始の直前に被相続人及び被相続人の親族その他被相続人と特別の関係がある者が有する株式の総数又は出資（以下「株式等」といいます。）の総額が、法人の発行済株式等の総数又は総額の50％を超える法人の事業の用に供されていた宅地等で、その宅地等を相続等により取得した被相続人の親族が相続開始時から申告期限まで所有し、かつ、申告期限まで法人の事業の用に供されている宅地等をいいます（措法69の４③三）。

同族会社が使用しているということは、被相続人の土地又は建物を同族会社に貸し付けていることですから、その土地は貸宅地又は貸家建付地ですが、一定の要件を満たした場合に80％の減額割合を適用すると考えます。

2　特定同族会社事業用宅地等の適用要件

⑴　貸し付けていた者

同族会社事業用宅地等として使用している宅地等を貸し付けていた者は、次の者です。

①　被相続人
②　生計一親族

⑵　適用対象者

相続等により、宅地等を取得した親族（役員要件あり）です。

⑶　対象宅地等

特定同族会社事業用宅地等とは、基本的に被相続人の貸付事業となります。単なる貸付事業であれば貸付事業用宅地としての括りですが、貸付先である同族会社が事業の用として使用している場合、減額割合を80％とするものです。

<table>
<tr><th colspan="3">用　途　区　分</th><th>要　　件</th><th>限度面積</th><th>減額割合</th></tr>
<tr><td rowspan="3">被相続人等の事業の用に供されていた宅地等</td><td rowspan="3">貸付事業用の宅地等</td><td rowspan="2">一定の法人に貸し付けられ、その法人の事業（貸付事業を除く）用の宅地等</td><td>「特定同族会社事業用宅地等」に該当する宅地等</td><td>400㎡</td><td>80%</td></tr>
<tr><td>「貸付事業用宅地等」に該当する宅地等</td><td>200㎡</td><td>50%</td></tr>
<tr><td>一定の法人に貸し付けられ、その法人の貸付事業用の宅地等</td><td>「貸付事業用宅地等」に該当する宅地等</td><td>200㎡</td><td>50%</td></tr>
</table>

⑷　要件

要件区分	要件
①法人の要件	被相続人及び被相続人の親族その他被相続人と特別の関係がある者が有する株式等の総数が、発行済株式等の総数又は総額の50%を超える法人であること
②宅地等の要件	①の法人の事業の用に供されていた宅地等であること
③法人役員要件	申告期限においてその法人の役員（法人税法第２条第15号に規定する役員（清算人を除く。）をいう。）であること
④事業継続要件	申告期限まで法人の事業の用に供されていること
⑤保有継続要件	宅地等を申告期限まで有していること

3　特定同族会社事業の要件

⑴　特定同族会社事業

特定同族会社が、被相続人から被相続人の所有する宅地又はその上に存する建物を賃借して事業の用に供していたことが適用要件の一つです。特定同族会社に賃貸していることは、不動産賃貸と同様です。しかし基本的な考え方として、個人の事業を法人として営業していることから減額の対象となると捉えます。

事業として使用しているかどうかは、相続開始の直前の状況で判断します。

⑵　事業の用に供されていた宅地等の範囲

法人の事業の用に供されていた宅地等とは、次に掲げる宅地等のうち法人の事業の用に供されていたものをいいます（措通69の4-23）。この場合の法人は、申告期限において清算中の法人を除きます。

① 法人に貸し付けられていた宅地等（貸付けが措置法第69条の4第1項に規定する事業に該当する場合に限ります。）

② 法人の事業の用に供されていた建物等で、被相続人が所有していたもの又は生計一親族が所有していたもので、法人に貸し付けられていたもの（貸付けが事業に該当する場合に限ります。）の敷地の用に供されていたもの。生計一親族が建物等の敷地を被相続人から無償で借り受けていた場合に限ります。

③ 相続等により取得した宅地等が、相続の開始の直前において配偶者居住権に基づき使用又は収益されていた建物等の敷地の用に供されていたものである場合、法人の事業の用に供されていた建物等で、被相続人が所有していたもの又は被相続人と被相続人の親族が所有していたもののうち、配偶者居住権者である被相続人等によりその法人へ貸し付けられていたもの（貸付けが事業に該当する場合に限ります。）の敷地の用に供されていたもの。その親族が建物等の敷地を被相続人から無償で借り受けていた場合に限ります。

⑶　事業に該当しないもの

次の事業は「特定同族会社事業」に該当しません。法人が不動産賃貸として貸し付けている場合は、特定事業用宅地等と同様の取扱いです。

① 不動産貸付業
② 駐車場業
③ 自転車駐車場業
④ 準事業

⑷　法人からの対価

同族会社が使用している宅地等は貸付地であることから、対価（地代）の授受が必要です。税法では対価の額等は規定していません。しかし、法人に使用貸借で土地を貸していることはほとんどないでしょう。「継続的に相当の対価」を受けていることが必要です。相当の対価であることは、近隣の相場から判断して低廉な対価である場合は、当然に問題となります。

⑸　法人の社宅等の敷地

法人の社宅等の敷地の用に供されていた宅地等は、法人の事業の用に供されていた宅地等に該当し特例の適用が受けられます（措通69の4-24）。

ただし、被相続人等の親族のみが使用していたものを除きます。この場合であっても、法人に対する貸付けであることから、貸付宅地として50％の減額は適用できるでしょう。

4　役員の要件

⑴　基本的な要件

特例を適用できる者は、相続税の申告期限において法人税法第２条第15号に規定する役員となっていなければなりません（措法69の４③三、法法２十五、法令７、措規23の２⑤）。

法人税法では、役員とは次の者をいいます（法法２十五、法令７）。ただし、このうち「清算人」は除かれます（措規23の２⑤）。

①　取締役、執行役、会計参与、監査役、理事、監事及び清算人

②　①以外の者で法人の経営に従事している者のうち次の者

・　法人の使用人（職制上使用人としての地位のみを有する者に限ります。）以外の者でその法人の経営に従事しているもの

・　同族会社の使用人（職制上使用人としての地位のみを有する者に限ります。）のうち、次に掲げるすべての要件を満たす者で、その会社の経営に従事しているもの

イ　その会社の株主グループをその所有割合の大きいものから順に並べた場合に、その使用人が所有割合50％を超える第1順位の株主グループに属しているか、又は第1順位と第2順位の株主グループの所有割合を合計したときに初めて50％を超える場合のこれらの株主グループに属しているか、あるいは第1順位から第3順位までの株主グループの所有割合を合計したときに初めて50％を超える場合のこれらの株主グループに属していること

ロ　その使用人の属する株主グループの所有割合が10％を超えていること

ハ　その使用人（その配偶者及びこれらの者の所有割合が50％を超える場合における他の会社を含みます。）の所有割合が5％を超えていること

⑵　役員の期限

相続税の申告期限までに役員であることが要件です。被相続人の相続開始時に役員であることは要件となっていません。ただし、相続税の申告期限までに役員であることを明確にするため、役員変更登記を行う必要があります。

⑶　株主の要件

株主であるかどうかは要件ではありません。同族会社事業用宅地等を取得した相続人等が、その会社の株式を取得しない場合であっても特例の適用には影響はありません。

⑷　被相続人等の役員の要件

被相続人等の株主割合は重要な要件ですが、被相続人が役員であったかどうかは要件となっていません。被相続人が相続開始前に役員を退任していることが想定されますが、影響はありません。

4-5 貸付事業用宅地等

ポイント

事業用宅地等又は居住用宅地等については他者の権利が設定されているわけではないため、自用地として評価します。現実には、居住用宅地等や事業用宅地等についても軽々に処分することはできません。貸付事業用宅地等は、財産評価において「貸家建付地」「貸付地」等で減額しています。更に小規模宅地等として減額の対象とすることは、緩和し過ぎのようですが、不動産収入によって生計を維持せざるを得ない相続人もいるからなのでしょう。そのため特例対象面積を200㎡に抑え、減額割合を50％としています。なお、相続開始前３年以内に新たに貸付事業の用に供された宅地等は除かれます。

【解　説】

1　貸付事業用宅地等の要件

⑴　貸付事業用宅地等

貸付事業用宅地等とは、相続開始の直前において被相続人等の貸付事業の用に供されていた宅地等で、一定の要件を満たす被相続人の親族が相続又は遺贈により取得したものをいいます。また、宅地等は事業の主体者により、次に区分されます（措法69の４③四）。

①　被相続人の貸付事業の用に供されていた宅地等
②　生計一親族の貸付事業の用に供されていた宅地等

⑵　貸付事業

貸付事業というように、貸付けそのものは事業の一環です。租税特別措置法施行令第40条の２第７項では「法第69条の４第３項第１号及び第４号に規定する政令で定める事業は、駐車場業、自転車駐車場業及び準事業とする。」として、準事業も入ります。

①　不動産貸付業
②　駐車場業
③　自転車駐車場業
④　準事業

不動産貸付業、駐車場業又は自転車駐車場業については、その規模、設備の状況及び営業形態等を問わずすべて措置法第69条の４第３項第１号及び第４号に規定する不動産貸付業又は措置法令第40条の２第７項に規定する駐車場業若しくは自転車駐車場業に当たります（措通69の4-13)。このことは、貸し付けている事実があればいいのであって、例えば被相続人等が、不動産貸付業の判定基準である５棟10室に満たない数を賃貸している場合であってもその敷地は特例の対象となります。貸付けによる営業態様や所得区分も問われません。

⑶　対価の判断

貸付事業というからには、相当の対価を得て継続的に貸し付けていなければなりません。対価についての判断基準は特にありません。小規模宅地等の特例は基本的に事業の継続を旨として構築されていることから、相当の対価が見込まれない事業まで保護する必要がないでしょう。使用貸借で土地を貸し付け、借地人が建物を所有している場合、建物があったとしても相当の対価を得て継続的に貸し付けていることにはなりません。当然、建物を無償で貸し付けている場合においても貸付事業用となりません。

⑷　貸付事業者の要件

貸付事業者は、次の通りです。

> ①　被相続人
> ②　生計一親族

⑸　取得者の要件

⑴　被相続人の貸付事業の用に供されていた宅地等

被相続人の貸付事業の用に供されていた宅地等を取得し、特例が適用できるのは被相続人の親族です。宅地等を取得した親族は申告期限までに事業を承継し、継続し、保有する要件があります（措法69の４③四イ）。

取得者	要　件	適用要件の内容
親族等	事業承継要件	相続開始時から申告期限までに、宅地等に係る被相続人の貸付事業を承継すること
	事業継続要件	申告期限まで、その貸付事業を営んでいること
	保有継続要件	申告期限まで、その宅地等を保有していること

⑵　生計一親族の貸付事業の用に供されていた宅地等

生計一親族が貸付事業の用に供されていた宅地等を取得し、特例が適用できるのはその生計一親族です。生計一親族の貸付事業の用に供している場合、その親族は被相続人から無償で借用していなければなりません。これは、被相続人が生計一親族に対し有償で貸し付けていた場合、相続によりその土地等をその生計一親族が相続したとすると、賃借人と賃貸人が同一人となり被相続人の事業を継続したことにならないと考えられるからでしょう。

取得者	要　件	適用要件の内容
生計一親族	事業継続要件	相続開始前から申告期限までその生計一親族の貸付事業の用に供していること
	保有継続要件	相続開始時から申告期限まで、引き続きその宅地を保有していること

2　相続開始前３年以内に新たに貸付事業の用に供された宅地等の不適用

⑴　原則

相続開始前３年以内に新たに貸付事業の用に供された宅地等については貸付事業用宅地等の特例は適用できません。ただし、相続開始の日まで３年を超えて引き続き貸付事業を行っていた場合は、特定貸付宅地等として特例の適用ができます（措法69の４③四）。

相続開始前３年以内の貸付けの要件は「新たに貸付事業の用に供された」場合のことをいいます。遊休地や新規取得した土地等を貸付けとすることで、次の場合をいいます（措通69の4-24の３）。なお、従前からの賃貸借契約等が更新された場合は、当然、新たに貸付事業の用に供された場合に該当しません。

① 貸付事業の用以外の用に供されていた宅地等が貸付事業の用に供された場合
② 宅地等若しくはその上にある建物等が「何らの利用がされていない場合」であったものが、貸付事業の用に供された場合

⑵　例外

相続開始前３年以内に新たに貸付事業用宅地等とした貸付宅地等であっても「相続開始の日まで３年を超えて引き続き政令で定める貸付事業を行っていた被相続人等の貸付事業の用に供されたものを除く。」（措法69の４③四）とされており、３年を超えて事業的規模で貸付けを行っていた場合、相続開始前３年以内に新たに貸付宅地を貸付事業の用に供した場合であっても特定貸付事業に該当すれば特例が適用できます。

3　減額割合

貸付事業用宅地等は200㎡を限度として50％減額します。

特定事業用等宅地等及び特定居住用宅地等と併用する場合は、限度面積があります。

限度面積	加算割合	減額割合
200㎡	50%	50%

第5章

債務・葬式費用

5-1 債務・葬式費用の負担者の範囲

ポイント

債務及び葬式費用は、相続又は包括遺贈若しくは被相続人からの相続人に対する遺贈により財産を取得した者の価額から控除します。

相続税の計算において、債務及び葬式費用を控除できる者には一定の要件があります。

【解　説】

1　債務及び葬式費用

⑴　債務控除等のできる者

相続又は遺贈（包括遺贈及び被相続人からの相続人に対する遺贈に限ります。）により財産を取得した者は、債務及び葬式費用（以下「債務等」といいます。）は、相続等により取得した財産の価額から、債務等の金額のうち、その者の負担に属する部分の金額を控除できます（以下「債務控除」といいます。）（相法13）。

相続税法第13条第１項には「被相続人の債務」及び「被相続人に係る葬式費用」をまとめて「債務控除」として規定していますが、債務と葬式費用は異なり、すべて控除できるわけではありません。被相続人の債務とは相続開始時に被相続人が返済しなければならない債務であり、葬式費用は相続人の負担によるものであり、相続開始時には金額が確定していません。しかし、葬式費用は事実上相続財産から支払われますので、被相続人の債務として相続税の課税価格から控除します。

①	相続により財産を取得した者
②	包括遺贈により財産を取得した者 包括遺贈により財産を取得した者は、積極財産及び消極財産を相続し、抽象的な持分を遺贈されていることから具体的財産を取得するためには、相続人と遺産分割をしなければならない。相続人と同等の権利義務を承継する。
③	遺贈により財産を取得した相続人 遺贈の区分はない。包括遺贈又は特定遺贈でも構わない。

(2) 債務等控除ができない者

イ　相続人であっても、次の者は債務控除できません。

① 相続財産を取得しない者	
② 相続を放棄した者	債務等を控除することはできないが、その者が現実に被相続人の葬式費用を負担した場合、その負担額は、その者の遺贈によって取得した財産の価額から債務控除しても差し支えない（相基通13-1）。
③ 相続権を失った者	（同上）

想定されるのは、生命保険金を取得したが相続を放棄した場合です。相続人として葬式費用を負担することがあるでしょう。その費用を相続税の計算において控除する措置です。葬式費用に限られ、被相続人の債務は控除できません。

ロ　相続財産を取得した者であっても、次の者は債務控除できません。しかし、特別縁故者又は特別寄与者は、被相続人の療養看護に努めた者であることから、葬式費用等一定の費用を負担していることが想定されます。このような場合は取得した財産の価額から費用を控除することができます。

① 特別縁故者 （民法958の2①）	被相続人の葬式費用又は療養看護のための入院費用等で相続開始の際にまだ支払われていなかったものを支払った場合、相続財産から別に受けていないときは、分与を受けた金額からこれらの費用の金額を控除した価額をもって、分与された価額として取り扱う（相基通4-3）。

②　特別寄与者 （民法1050①）	特別寄与者が、現実に被相続人の葬式費用を負担した場合、特別寄与料の額からこれらの費用の金額を控除した価額をもって、特別寄与料の額として取り扱う（相基通4-3）。

(3)　「その者の負担に属する部分の金額」の意義

(1)の「その者の負担に属する部分の金額」とは、相続等によって財産を取得した者が実際に負担する金額をいいます。実際に負担する金額が確定していないときは、法定相続分又は包括遺贈の割合に応じて負担するものとして取り扱います。ただし、共同相続人又は包括受遺者（以下「共同相続人等」といいます。）が法定相続分又は包括遺贈の割合に応じて計算した金額が、取得した財産の価額を超える場合、その超える部分の金額を、他の共同相続人等の相続税の課税価格の計算上控除できます（相基通13-3）。

2　債務等の控除の範囲

(1)　無制限納税義務者・非居住無制限納税義務者の場合（相法13①）

次の債務等の控除ができます。

①　被相続人の債務で、相続開始の際に現に存するもの（公租公課を含む。）
②　葬式費用

(2)　制限納税義務者の場合（相法13②）

相続等により取得した国内財産の価額から控除できる債務等は、次の金額に限られます。

①　その財産に対する公租公課 この場合の公租公課とは、相続税法施行地にある財産に対する公租公課、例えば、固定資産税、鉱区税等をいう（相基通13-7）。
②　その財産を目的とする留置権、特別の先取特権、質権又は抵当権で担保される債務
③　その財産の取得、維持又は管理のために生じた債務

④　その財産に関する贈与の義務

⑤　被相続人が死亡の際、相続税法の施行地に営業所又は事業所を有していた場合、その営業所又は事業所の営業上又は事業上の債務

3　相続時精算課税適用者の債務控除

相続時精算課税適用者は被相続人の債務等の控除ができますが、相続等による財産の取得の有無及び相続時精算課税適用者の区分に応じて、それぞれ上記**2**⑴又は⑵の区分に応じた相続税法第13条第１項又は第２項に規定される債務を控除することができます（相基通13-9)。

<table>
<tr><th>財産の取得の区分</th><th>納税義務者</th><th>相続税法</th></tr>
<tr><td rowspan="2">①　相続又は遺贈により財産を取得した相続時精算課税適用者（相続税法第21条の15第１項に該当する者）
（相続時精算課税適用者が、相続人に該当せず､かつ､特定遺贈のみによって財産を取得した場合、債務控除をすることができない。）</td><td>・無制限納税義務者である場合</td><td>13①</td></tr>
<tr><td>・制限納税義務者である場合</td><td>13②</td></tr>
<tr><td rowspan="2">②　相続又は遺贈により財産を取得しなかった相続時精算課税適用者（相続税法第21条の16第１項に該当する者）
（相続時精算課税適用者が、相続人又は包括受遺者に該当しない場合、債務控除をすることができない。）</td><td>・相続開始の時に法施行地に住所を有する者</td><td>13①</td></tr>
<tr><td>・法施行地に住所を有しない者</td><td>13②</td></tr>
</table>

4　死亡した相続時精算課税適用者に係る債務控除

前項のとおり、相続時精算課税適用者が特定贈与者の債務等を負担することができますが、特定贈与者の死亡前に死亡している場合、特定贈与者の相続税額の計算をするに当たって、債務控除等の適用はありません。すでに死亡しているので、当然の取扱いです。

なお、特定贈与者の相続税額の計算上、特定贈与者の債務等については、特定贈与者の相続人又は包括受遺者の課税価格から控除します（相

基通13-10)。

申告及び調査の対応のポイント

1　債務控除ができる相続人等はあまり問題となることはありません。ただし、近年は制限納税義務者が多様化していることと相続時精算課税の特定贈与者の相続が多くなっていることから、該当する相続人等がいる場合は十分注意します。

2　包括受遺者は、相続人と同等の権利を有する（民法990）ので、債務を負担する者に入ります。ただし、特定受遺者は積極財産を取得するだけなので債務の負担者とはなりません。

『参考法令通達等』

【相続税法第13条（債務控除）】

1　相続又は遺贈（包括遺贈及び被相続人からの相続人に対する遺贈に限る。以下この条において同じ。）により財産を取得した者が第１条の３第１項第１号又は第２号の規定に該当する者である場合においては、当該相続又は遺贈により取得した財産については、課税価格に算入すべき価額は、当該財産の価額から次に掲げるものの金額のうちその者の負担に属する部分の金額を控除した金額による。

一　被相続人の債務で相続開始の際現に存するもの（公租公課を含む。）

二　被相続人に係る葬式費用

2　相続又は遺贈により財産を取得した者が第１条の３第１項第３号又は第４号の規定に該当する者である場合においては、当該相続又は遺贈により取得した財産でこの法律の施行地にあるものについては、課税価格に算入すべき価額は、当該財産の価額から被相続人の債務で次に掲げるものの金額のうちその者の負担に属する部分の金額を控除した金額による。

一　その財産に係る公租公課

二　その財産を目的とする留置権、特別の先取特権、質権又は抵当権で担保される債務

三　前２号に掲げる債務を除くほか、その財産の取得、維持又は管理のために生じた債務

四　その財産に関する贈与の義務

五　前各号に掲げる債務を除くほか、被相続人が死亡の際この法律の施行地に営業所又は事業所を有していた場合においては、当該営業所又は事業所に係る営業上又は事業上の債務

3　前条第１項第２号又は第３号に掲げる財産の取得、維持又は管理のために生じた債務の金額は、前２項の規定による控除金額に算入しない。ただし、同条第２項の規定により同号に掲げる財産の価額を課税価格に算入した場合においては、この限りでない。

【相続税法基本通達13-1（相続を放棄した者等の債務控除）】

相続を放棄した者及び相続権を失った者については、法第13条の規定の適用はないのであるが、その者が現実に被相続人の葬式費用を負担した場合においては、当該負担額は、その者の遺贈によって取得した財産の価額から債務控除しても差し支えないものとする。

【相続税法基本通達13-3（「その者の負担に属する部分の金額」の意義）】

法第13条第１項に規定する「その者の負担に属する部分の金額」とは、相続又は遺贈（包括遺贈及び被相続人からの相続人に対する遺贈に限る。）によって財産を取得した者が実際に負担する金額をいうのであるが、この場合において、これらの者の実際に負担する金額が確定していないときは民法第900条から第902条《遺言による相続分の指定》までの規定による相続分又は包括遺贈の割合に応じて負担する金額をいうものとして取り扱う。ただし、共同相続人又は包括受遺者が当該相続分又は包括遺贈の割合に応じて負担することとした場合の金額が相続又は遺贈により取得した財産の価額を超えることとなる場合において、その超える部分の金額を他の共同相続人又は包括受遺者の相続税の課税価格の計算上控除することとして申告があったときは、これを認める。

【相続税法基本通達13-7（「その財産に係る公租公課」の意義）】

法第13条第２項第１号に掲げる「その財産に係る公租公課」とは、法施行地にある財産を課税客体とする公租公課、例えば、固定資産税、鉱区税等をいうものとする。

【相続税法基本通達13-9（相続時精算課税適用者の債務控除）】

法第21条の９第５項に規定する相続時精算課税適用者（以下「相続時精算課税適用者」という。）に係る法第13条第１項及び第２項の規定の適用については、当該相続時精算課税適用者の相続又は遺贈による財産の取得の有無に応じて、それぞれ次に掲げるとおりとなるのであるから留意する。

(1)　相続又は遺贈により財産を取得した相続時精算課税適用者（法第21条の

15第１項に該当する者）　無制限納税義務者である場合には第13条第１項の規定、制限納税義務者である場合には同条第２項の規定が適用される。

（注）　当該相続時精算課税適用者が、相続人に該当せず、かつ、特定遺贈のみによって財産を取得した場合には、同条の規定は適用されないのであるから留意する。

⑵　相続又は遺贈により財産を取得しなかった相続時精算課税適用者（法第21条の16第１項に該当する者）　当該相続に係る被相続人の相続開始の時において法施行地に住所を有する者である場合には第13条第１項の規定、法施行地に住所を有しない者である場合には同条第２項の規定が適用される。

（注）　当該相続時精算課税適用者が、相続人又は包括受遺者に該当しない場合には、同条の規定は適用されないのであるから留意する。

5-2 債務の範囲

ポイント

相続開始日現在、借入金、未払金等被相続人が負担すべき債務は相続税の計算上控除することができます。ただし、控除できる債務には一定の歯止めがあります。

【解　説】

1　債務控除の範囲

(1)　確実な債務

相続開始日現在の被相続人の債務や、債務となりそうな金額は、種々想定されますが、相続税の計算の上で控除できる債務は、確実と認められる債務に限られます（相法14①）。確実ということは「債務の存在が確実であること」と、原則として「債務の金額が確実であること」です。確実な債務であれば、必ずしも書面の証拠を必要としません。なお、債務の金額が確定していなくても、その存在が確実と認められるものについては、相続開始時の現況により、確実と認められる範囲の金額だけを控除できます（相基通14-1）。

また、かつて債務であったが既に消滅時効の完成した債務は、確実と認められる債務に該当しません（相基通14-4）。民法第７章第３節に債権の消滅時効が規定してあり、債権者が権利を主張しないことにより時効となります（民法166）。

(2)　公租公課

①　相続税法第13条の規定により、控除すべき公租公課の金額は、所得税、相続税、贈与税、地価税、再評価税、登録免許税、自動車重量税、消費税、酒税、たばこ税、揮発油税、地方揮発油税、石油

ガス税、航空機燃料税、石油石炭税及び印紙税その他の公租公課の額で次の②を含みます（相法14②）。

② 公租公課の額は、被相続人（遺贈をした者を含みます。）の死亡の際納税義務が確定しているもののほか、相続税の納税義務者が納付する次の税額です。ただし、相続人（相続税法第３条第１項に規定する相続人をいい、包括受遺者を含みます。）の責めに帰すべき事由により納付し、又は徴収されることとなった延滞税、利子税、過少申告加算税、無申告加算税及び重加算税に相当する税額（地方税法の規定による督促手数料、延滞金、過少申告加算金、不申告加算金、重加算金及び滞納処分費の額を含みます。）を含みません（相令３①）。

イ　被相続人の所得に対する所得税額

被相続人の相続人が所得税法第137条の３第２項に規定する納税猶予分の所得税額（贈与等により非居住者に資産が移転した場合の譲渡所得等の特例の適用がある場合の納税猶予）を含まない。ただし、相続人がその後納付することとなった納税猶予分の所得税額については、この限りでない（相令３②）。

ロ　相続若しくは遺贈又は贈与により取得した財産に対する相続税額又は贈与税額

ハ　地価税法に規定する土地等に対する地価税の額

ニ　資産再評価法第３条（基準日）に規定する基準日において有していた資産について、同法第８条第１項（個人の減価償却資産の再評価）若しくは第16条第１項から第３項まで（死亡の場合の再評価の承継）の規定により再評価を行い、又は同法第８条第２項若しくは第９条（個人の減価償却資産以外の資産の再評価）の規定により再評価が行われたものとみなされた場合における再評

価に係る再評価税額

ホ　登記、登録、特許、免許、許可、認可、認定、指定若しくは技能証明に係る登録免許税又は被相続人が受けた自動車検査証の交付、返付、若しくは軽自動車についての車両番号の指定に係る自動車重量税について納税の告知を受けた税額

ヘ　消費税法第２条第１項第８号（定義）に規定する資産の譲渡等（同項第８号の２に規定する特定資産の譲渡等に該当するものを除く。）、若しくは同法第４条第１項（課税の対象）に規定する特定仕入れ又は被相続人の引き取る同法第２条第１項第10号に規定する外国貨物に係る消費税の額

ト　移出し、又は引き取る酒類、製造たばこ、揮発油、石油ガス税法に規定する課税石油ガス又は石油石炭税法に規定する原油、石油製品、ガス状炭化水素若しくは石炭に係る酒税、たばこ税、揮発油税、地方揮発油税、石油ガス税又は石油石炭税の額

チ　航空機燃料に係る航空機燃料税の額

リ　課税文書に係る印紙税の額

ヌ　地方税法に規定する地方団体の徴収金（都及び特別区のこれに相当する徴収金を含む。）の額

2　非課税財産に該当する財産の債務

⑴　墓所、霊廟等に係る債務

墓所、霊廟、祭具やこれらに準ずるものに係る債務は、債務控除の対象になりません（相法13③）。例えば、被相続人の生存中に墓碑を買い入れ、その代金が未払であるような場合、未払代金は債務として控除できません（相基通13-6）。墓碑が非課税財産であることから、その財産に対応する債務が控除できないということです。

⑵　公益を目的とする事業者が取得した財産に係る債務

宗教、慈善、学術その他公益を目的とする事業を行う者が相続等で取得し、事業の用に供する財産などのように、相続税の非課税財産に対する債務の金額は、債務控除の対象となりません（相法13③）。

ただし、公益を目的とする事業を行う者が取得した財産で、取得の日から２年を経過した日において公益事業に供しておらず、相続税の課税価格に算入されたものに対する債務は控除できます（相法12②）。

3　相続を放棄した者の債務控除

債務控除をすることができるのは、相続人又は包括受遺者に限られます。相続を放棄したものは初めから相続人ではないこととなるので、例えば、生命保険金を受け取って相続放棄し、その生命保険金から債務の弁済をしたとしても、相続税の計算上債務控除することはできません。

また、相続人でない特定受遺者が債務を負担したとしても、遺贈財産から債務控除をすることはできません（相法13①）。

4　相続財産に関する費用

相続財産の中から支弁する相続財産に関する費用は、債務とはなりません（相基通13-2）。民法第885条は「相続財産に関する費用は、その財産の中から支弁する。」と規定しています。しかし、これらの費用は相続開始後に相続人が負担すべき費用であり、被相続人の債務ではないことと相続開始の時に現存する債務ではないことから、債務控除はできません。なお、遺言執行費用についても同様、債務控除はできません（1977年（昭和52年）９月29日東京高裁判決）。

民法の相続財産に関する費用とは、次のものがあります。

①　相続の承認又は放棄するまでの間の相続財産の管理費用（民法918）

②　限定承認者の相続財産の管理費用（民法926）

③　相続を放棄した者による相続財産の管理費用（民法940）

④　財産分離の請求後の相続財産の管理費用（民法943、944、950）

⑤　相続財産の清算人の選任に係る費用（民法952）

5　公租公課の異動の場合

課税価格又は相続税額の申告、更正又は決定があった後、債務控除すべき公租公課に異動が生じたときは、当初の課税価格及び相続税額について更正することとなります（相基通14-2）。

（申告及び調査の対応のポイント）

被相続人が負担すべき債務は、相続財産から債務控除できることは当然ですが、医療費等を相続人等が支払った場合はどのように考えるか。医療費等は、その医療を受けるものが負担するのが原則と考えれば、被相続人の債務です。それを相続人等が支払っていれば債務として控除できます。ただし、相続人等が扶養義務の履行として支払ったものであれば、債務控除できないでしょう。この線引きはなかなか難しいものですが、相続税が課税されるほどの財産を所有している者は、自分の医療費を支払うことが先決でしょうから、それを相続人等が支払ったのであれば債務控除しても構わないと考えます。

『参考法令通達等』

【相続税法第14条（控除すべき債務）】

1　前条の規定によりその金額を控除すべき債務は、確実と認められるものに限る。

2　前条の規定によりその金額を控除すべき公租公課の金額は、被相続人の死亡の際債務の確定しているものの金額のほか、被相続人に係る所得税、相続税、贈与税、地価税、再評価税、登録免許税、自動車重量税、消費税、酒税、たばこ税、揮発油税、地方揮発油税、石油ガス税、航空機燃料税、石油石炭税及び印紙税その他の公租公課の額で政令で定めるものを含むものとする。

3　前項の債務の確定している公租公課の金額には、被相続人が、所得税法第137条の２第１項（国外転出をする場合の譲渡所得等の特例の適用がある場合の納税猶予）（同条第２項の規定により適用する場合を含む。第32条第１項第９号イにおいて同じ。）の規定の適用を受けていた場合における同法第137条の２第１項に規定する納税猶予分の所得税額並びに同法第137条の３第１項及び第２項（贈与等により非居住者に資産が移転した場合の譲渡所得等の特例の適用がある場合の納税猶予）（これらの規定を同条第３項の規定により適用する場合を含む。）の規定の適用を受けていた場合における同条第４項に規定する納税猶予分の所得税額を含まない。ただし、同法第137条の２第13項の規定により当該被相続人の納付の義務を承継した当該被相続人の相続人（包括受遺者を含む。以下この項及び同号において同じ。）が納付することとなった同条第１項に規定する納税猶予分の所得税額及び当該納税猶予分の所得税額に係る利子税の額（当該納税猶予分の所得税額に係る所得税の同法第128条（確定申告による納付）又は第129条（死亡の場合の確定申告による納付）の規定による納付の期限の翌日から当該被相続人の死亡の日までの間に係るものに限る。）並びに同法第137条の３第15項の規定により当該被相続人の納付の義務を承継した当該被相続人の相続人が納付することとなった同条第４項に規定する納税猶予分の所得税額及び当該納税猶予分の所得税額に係る利子税の額（当該納税猶予分の所得税額に係る所得税の同法第２編第５章第２節第３款（納付）の規定による納付の期限の翌日から当該被相続人の死亡の日までの間に係るものに限る。）については、この限りでない。

【相続税法基本通達13-2（相続財産に関する費用）】

民法第885条《相続財産に関する費用》の規定により相続財産の中から支弁する相続財産に関する費用は、法第13条第１項第１号に掲げる債務とはならないのであるから留意する。

【相続税法基本通達14-1（確実な債務）】

債務が確実であるかどうかについては、必ずしも書面の証拠があることを必要としないものとする。

なお、債務の金額が確定していなくても当該債務の存在が確実と認められるものについては、相続開始当時の現況によって確実と認められる範囲の金額だけを控除するものとする。

【相続税法基本通達14-2（公租公課の異動の場合）】

課税価格又は相続税額の申告、更正又は決定があった後、法第13条及び第

14条の規定により控除すべき公租公課に異動が生じたときは、当該課税価格及び相続税額について、更正を要するのであるから留意する。

【相続税法基本通達14-4（消滅時効の完成した債務）】

相続の開始の時において、既に消滅時効の完成した債務は、法第14条第１項に規定する確実と認められる債務に該当しないものとして取り扱うものとする。

5-3 遺産分割による債務の負担者の指定

ポイント

債務は、遺産分割の対象になりません。相続開始と同時に相続分の割合で分割されます。ただし、実務的には、債務の負担者を遺産分割で決めているのが実状です。

【解　説】

1　債務の相続性について

包括相続をとる我が国の相続法では、相続において、債務についても相続されることは当然です。しかし、債務の相続についてはいくつかの問題点があります。

⑴　債権者との関係

債権者にとって、被相続人に対する債権を、相続人にどのような請求をすると、確実な回収できるのかが最大の関心事です。不動産移転登記請求のような不可分債務については、特に問題なく相続人全員に対して請求できると考えられます。

金銭債務のような可分債務について、相続人各人に全額請求ができるのでしょうか。債務の取扱いについて、判例は、相続分の割合により相続人間で分割されるという立場をとっています（1930年（昭和５年）12月４日大審院決定)。相続開始と同時に分割され、遺産分割の対象とならないという考え方です。

もし、相続人全員に対して、それぞれ債権総額を請求することができるとすると、債権者にとっては、特定の裕福な相続人から弁済を優先的に主張できることになります。また、逆に相続人の側から見ると、特定の相続人に負担が偏ることもあります。特定の相続人が全額を負担した場合、他の相続人に対する求償権の行使に対して、膨大なエネルギーを要することとなり、あまりにもリスクが大きいことになります。

法定相続分で債務を分担するという考え方は、債権者にとっては請求の相手方と持分が明確になることにより、相続人間においてもバランスがとれるのではないかと考えられます。

⑵　遺産分割における債務の分割

債務を遺産分割において、相続人間で自由に配分することができるのかという問題がありますが、原則として、債務は分割の対象となりません。

債務が遺産分割の対象になるという考え方をとりますと、相続人間で資力のない相続人に対して、恣意的に債務を引き受けさせるということも考えられます。法定相続分に従った分割がなされると期待している債権者からすると、債権者の同意なしに、債権を恣意的に移動させることになります。債務は債権者の同意なしに債務者が自由に処分できないのが財産法上の原則です。債権者としては詐害行為として遺産分割を債権者取消権で取り消すことができると考えられています（民法424）ので、債権者を害することにはならないと考えます。

また、生前の被相続人の意思による相続分の指定があった場合にも同様です。資力のない相続人が債務の大半を引き受けたとすると、上記と同様に、債権者は十分な弁償を受けることができないことになります。このような恣意的な指定を防止するため、債務の相続に関して、被相続人の意思による指定相続分は、債権者に対抗できないと考えられます。

2　遺産分割での取扱い

債務は遺産分割の対象にならないことは述べましたが、まったく俎上に乗らないわけではありません。実務的には遺産分割にあたって、積極財産を配分すると同時に、債務についても負担者を取り決めています。相続人の感情からいっても、債務を誰が引き受けてくれるのかをはっきりさせて、相続財産の確保をしっかり行いたいと思うのは当然です。

しかし前述のように、債権者に対しては、不利な配分を行うことがあり得ると考えられます。債務の分割協議は、あくまでも内部的な相続人間での取決め、という意味でしかないものと考えるべきです。

3　遺産分割において準確定申告により発生した税額の負担割合を特定の者に対して変更できるか

被相続人の死亡に伴う準確定による税額は、相続人間で法定相続分に応じて納付の義務を負います。この場合、遺産分割において納付割合を変更したら課税関係が起きるのでしょうか。

既に述べたように、債務は遺産分割の対象とならないと考えられています。つまり法定相続人が法定相続割合での債務弁済の義務を負うことになります。準確定による税額についても同様でしょう。

この税額を遺産分割協議で特定の相続人が負うことになった場合、債務弁済の義務を免れた相続人に対して贈与税が課税されるという問題が起きます。

例えば、被相続人に譲渡所得があった場合、特定の相続人が準確定において譲渡所得に対応する所得税を負担すると、債務弁済を免れた相続人は贈与税が課税されるという課税関係が発生すると考えます。

（申告及び調査の対応のポイント）

被相続人の債務が遺産分割の対象とならないとすれば、債務を引き受けなかった相続人にとっては、債務が完済されるまで落ち着かない日が続きます。このような場合は、債権者の同意を基に「免責的債務引受契約」を結びます。免責的債務引受契約とは、債務を第三者が引き受けることにより、旧債務者の債務が免責される契約のことをいいます。金融機関からの借入金の場合は、その金融機関に相談します。

『参考法令通達等』

【民法第427条（分割債権及び分割債務）】

　数人の債権者又は債務者がある場合において、別段の意思表示がないときは、各債権者又は各債務者は、それぞれ等しい割合で権利を有し、又は義務を負う。

5-4 保証債務又は連帯債務の債務控除

ポイント

債務控除の対象となる債務は、相続開始時の確実な債務です。

保証債務は相続開始時点での確実な債務ではありませんので原則として、控除できません。ただし、主たる債務者が弁済不能の状態にあるため、保証債務者がその債務を履行しなければならない場合で、かつ、主たる債務者に求償して返還を受ける見込みがない場合には、主たる債務者が弁済不能の部分の金額は債務として控除できます。

連帯債務は、被相続人が負担すべき金額が明らかである場合は、その金額を控除することができます。

【解　説】

1　相続税の計算上控除される債務

⑴　民法における財産・債務の承継

相続人は、相続開始の時から、被相続人の財産に属した一切の権利義務を承継します（民法896）。したがって、所有権や債権のみならず債務、無体財産権等、財産法上の法的地位といえるものはすべてが相続財産となり承継されます。これを包括承継といいます。例えば、被相続人が土地建物を譲渡する契約をして、その物を引き渡す前に死亡した場合、その相続人は、被相続人の売主たる地位を引き継ぐことになります。当然、代金請求権のみならず、その物件の引渡債務その他の権利義務も包括的に相続します。

⑵　相続税の計算における債務

相続税の計算上控除される債務は、被相続人自身の債務です。相続開始日に現に存在するものであり、確実と認められるものに限られます（相法13、14）。債務が確実であるかどうかについては、必ずしも書面の証拠があることを必要としません。なお、債務の金額が確定していなくても債務の存在が確実と認められるものについては、相続開始当時の現況によって確実と認められる範囲の金額だけを控除できます（相基通14-1）。

これは、不確実な債務を相続財産から控除すると、相続人にとっても不確実な債務を承継することになり、相続後にその債務額が変動若しくは消滅するような場合は、課税関係が不安定となります。このようなことを避けるための取扱いです。

2　保証債務

⑴　保証債務とは

保証債務とは、主たる債務者が保証を受けた債務の履行を行わない場合、保証債務者が代わって履行する債務のことをいいます（民法446①）。

一般的には次の流れとなります。

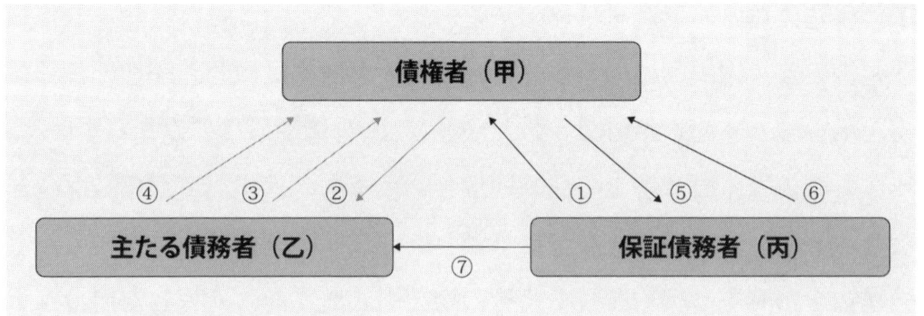

①　保証債務者丙が債権者甲に対し、債務者乙の債務の保証をする

②　乙が甲から借入れをする

③　乙は甲に対し返済する

④　乙の返済が不履行となる

⑤　甲は丙に対し保証債務の履行を求める

⑥　丙は甲に対し弁済する

⑦　丙は乙に対し求償する

⑵　相続税法の取扱い

相続の一般的な効果として、被相続人の一身に専属したもの以外の被相続人の財産に属した一切の権利義務を承継します。保証債務についても同様に相続により相続人に引き継がれると考えられますが、保証債務の履行義務は相続時点では不明確です。債務は主たる債務者が弁済すべきもので、債権者が保証人に債務の履行を請求した時は、保証人はまず主たる債務者に催告すべきことを請求することができます（民法452（催告の抗弁））。また、債権者が主たる債務者に対して催告をした後であっても、保証人が主たる債務者に弁済をする資力があり、かつ、執行が容易であることを証明したときは、債権者はまず主たる債務者の財産について執行しなければなりません（民法453（検索の抗弁））。

そのため、相続開始日現在で確実な債務といえないので、保証債務については相続税の計算上債務控除できません（相基通14-3⑴）。

⑶　保証債務が控除できる場合

保証債務は相続税の計算上債務として控除することはできませんが、主たる債務者の弁済能力や資力は一様ではありません。主たる債務者が実質的に破たんしており、たまたま相続開始日現在に清算等が行われていない状態にあり、相続後に債権者から相続人が債務の弁済を要求されることがあります。このような場合にまで保証債務であるとして一律に債務控除を認めないということは適切ではなく、また、実態に即しているとはいえません。そこで主たる債務者が資力を喪失するなどで、その債務の弁済が不能の状態にある等、次の事実が認められる場合には、主たる債務者が弁済不能の金額は、相続財産から債務として控除することができます（相基通14-3⑴）。

① 主たる債務者が弁済不能の状態にあること

② 保証債務者がその債務を履行しなければならないこと

③ 主たる債務者に対して求償しても返還を受ける見込みがないこと

⑷ 保証債務を控除しないで申告した後、主たる債務者が倒産等した場合

保証債務の事例としては、被相続人が代表者である会社の借入金の保証人になっているケースが多くあります。相続開始の時に保証債務として債務控除しておらず、その後主たる債務者である会社が倒産した場合、相続税の更正の請求により債務控除が適用できるかが問題となります。保証債務は、相続開始の現況で判断します。主たる債務者が保証人の相続開始の時に資力が十分あり、相続後に弁済不能の状況に陥ったとしても、相続開始の現況で判断し、相続後の事情は考慮されません。

3　連帯債務

⑴ 連帯債務とは

連帯債務とは、一つの債務について複数の者が、それぞれ独立して債務の全額を負担する契約のことをいいます。そのうち特定の債務者が債務の履行を行うことにより、その債務が消滅します。債権者は、すべての債権者のために、全部又は一部の履行を請求することができます（民法432）。

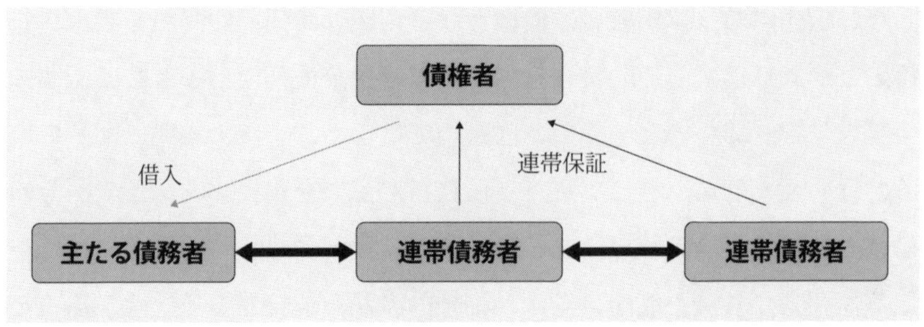

(2)　連帯債務者の求償割合

連帯債務者の一人が全額を弁済した場合、又は自己の財産をもって共同の免責を得たときは、その連帯債務者は、自己の負担部分を超えるかどうかにかかわらず他の連帯債務者に対して支出した財産の額のうち各自の負担部分に応じた額の求償権があります（民法442①）。連帯債務者間の負担割合は契約時に定められますが、契約時に定めがない場合はその利益を受けた割合により、これによっても定まらない場合は均等の割合によります。

なお、連帯債務者の中に償還する資力のない者がいる場合、その償還をすることができない部分は、求償者及び他の資力のある者の間で、各自の負担部分に応じて分割して負担することとなっています（民法444）。

(3)　相続税法の取扱い

連帯債務はその債務を独立して負担しなければならないため、債務額が比較的容易に判断できます。また、複数の連帯債務者がいる場合、連帯債務者間の負担割合が判定できるため、被相続人の負担すべき債務として負担すべき金額を相続財産から控除できます（相基通14-3(2)）。

また、複数の連帯債務者がいるケースで、他の連帯債務者の負担すべき債務についても、次の事実が認められる場合には、弁済不能者の負担すべき金額についても控除することができます（相基通14-3(2)）。

①　連帯債務者のうちに弁済不能の状態にある者（以下「弁済不能者」といいます。）がいること

②　弁済不能者に求償しても弁済を受ける見込みがないこと

③　弁済不能者の負担部分をも負担しなければならないと認められること

（申告及び調査の対応のポイント）

1　保証債務を行ったまま相続開始する事例が多くあります。相続人が保証を継続することに異がなければ問題となりませんが、保証事実は相続されてもその金額が確定しないため相続税の債務控除ができません。譲渡所得の保証債務の特例（所法64②）を適用して債務の弁済をする、主たる債務者に対する求償権の放棄をするなど生前に対策を講じておきます。

2　債務が確実であることは必ずしも書面の証拠を必要としませんが（相基通14-1）、保証債務の場合、主たる債務者の債務超過状態が長く、債務の弁済資力がなく、しかも被相続人が弁済すべきことが確実であり、弁済すべき金額が確定しているため保証債務として控除できたとしても、将来主たる債務者から債務額の弁済が行われる可能性があります。調査の際にそのような危惧があれば、認められる可能性が低くなります。主たる債務者が弁済不能であること、求償権の行使が不能であること等の証拠資料を確実に整えておきます。

『参考法令通達等』

【相続税法基本通達14-3（保証債務及び連帯債務）】

保証債務及び連帯債務については、次に掲げるところにより取り扱うものとする。

⑴　保証債務については、控除しないこと。ただし、主たる債務者が弁済不能の状態にあるため、保証債務者がその債務を履行しなければならない場合で、かつ、主たる債務者に求償して返還を受ける見込みがない場合には、主たる債務者が弁済不能の部分の金額は、当該保証債務者の債務として控除すること。

⑵　連帯債務については、連帯債務者のうちで債務控除を受けようとする者の負担すべき金額が明らかとなっている場合には、当該負担金額を控除し、連帯債務者のうちに弁済不能の状態にある者（以下14-3において「弁済不能者」という。）があり、かつ、求償して弁済を受ける見込みがなく、当該弁済不能者の負担部分をも負担しなければならないと認められる場合には、その負

担しなければならないと認められる部分の金額も当該債務控除を受けようとする者の負担部分として控除すること。

『参考裁決事例』

（保証債務と「確実と認められる」債務）

「確実と認められる」債務とは、債務の存在のみならず履行が確実と認められる債務をいうと解すべきであるから、保証債務（連帯保証債務を含む。以下同じ）は、保証人において将来現実にその債務を履行するか否かが不確実であるばかりでなく、仮に将来その債務を履行した場合でもその履行による損失は、法律上は主たる債務者に対する求償権の行使によって補てんされるので、原則としては「確実と認められる」債務には当たらないが、主たる債務者が弁済不能にあるため保証人がその債務を履行しなければならない場合で、かつ、主たる債務者に求償しても返還を受ける見込みがない場合には、例外的に「確実と認められる」債務に当たると解すべきである。

そして、債務者（主たる債務者）が弁済不能の状態にあるか否かは、一般には、破産、和議、会社更生あるいは強制執行等の手続開始を受け、又は事業閉鎖、行方不明、刑の執行等により、債務超過の状態が相当期間継続しながら、他から融資を受ける見込みもなく、再起の目途が立たないなどの事情により、事実上債権の回収ができない状況にあることが客観的に認められるか否かによると解するのが相当である。

（1996年（平成８年）12月11日　裁決）

（実質的な債務者が被相続人であった場合、その全額を債務控除ができると認められた事例）

一般に連帯債務者間の負担部分は当該債務者の特約（合意）によって定まるのであり、特約がないときは連帯債務により受けた利益の割合によって定まり、なおこれによっても定まらないときは各自が平等の割合により負担するものと解されるところ、本件の場合は、連帯債務者間において負担部分に関する特約は認められないが、当該借入金の運用状況をみると、すべて被相続人が運用し、その運用で得た財産はほとんどが相続財産として申告されており、また、受遺者が運用した事実は認められず、実際に連帯債務により利益を享受したのは被相続人であると認められるから、当該借入金の全額は、被相続人の債務として債務控除するのが相当である。

（1982年（昭和57年）１月14日　裁決）

5-5 合名会社の無限責任社員の債務

ポイント

合名会社の無限責任社員の出資持分に応じた債務金額は、相続税を計算するうえで、債務として控除することができます。

【解　説】

1　合名会社

合名会社とは、会社法において、株式会社、合名会社、合資会社及び合同会社の４形態のひとつとして、また、持分会社（合名会社、合資会社及び合同会社の総称）の一形態として規定されています（会社法２一、575①)。個人事業主の共同事業体的な要素が強く、事業内容としては、個人の資質が大きく影響するため、家族や仲間内での経営に向いている組織体です。

2　無限責任社員

持分会社の設立にあたって、社員の全部が無限責任社員となり、無限責任社員のみで構成されます（会社法576②)。無限責任社員は、字の如く無限責任を負い、原則として各自が業務を執行し、会社を代表します。

無限責任社員は、持分会社がその財産をもってしても債務を完済することができないときは、連帯して債務を弁済する責任を負います（会社法580)。出資の価額を限度として責任を負う株式会社と異なり、合名会社の債務について完済するまで無限の責任を負うことになります。実態は個人事業者と同様です。

3　合名会社の無限責任社員の債務

退社した社員は、その出資の種類を問わず、その持分の払戻しを受けることができます。また、退社した社員と持分会社との計算は、退社の時における持分会社の財産の状況に従うこととなっています（会社法611②）。持分会社の相続開始時点での債権債務を計算した結果、債務超過となっている場合は、その持分に応じた債務額の弁償責任があります。この額は相続税の計算上、債務控除することができます。

（申告及び調査の対応のポイント）

1　持分会社の無限責任社員は会社の債務を完済するまで責任を負いますが､相続税の債務控除の対象は社員の出資持分額が限度と考えます。

2　債務超過の株式会社の出資の場合、その評価額は零が限度ですが、合名会社の出資はマイナス評価となります。相続税調査において財産債務の内容は綿密にチェックされます。

『参考法令通達等』

【会社法第576条第１項、第２項（定款の記載又は記録事項）】

持分会社の定款には、次に掲げる事項を記載し、又は記録しなければならない。

…省略…

2　設立しようとする持分会社が合名会社である場合には、前項第５号に掲げる事項として、その社員の全部を無限責任社員とする旨を記載し、又は記録しなければならない。

【会社法第580条（社員の責任）】

1　社員は、次に掲げる場合には、連帯して、持分会社の債務を弁済する責任を負う。

一　当該持分会社の財産をもってその債務を完済することができない場合

二　当該持分会社の財産に対する強制執行がその効を奏しなかった場合（社員が、当該持分会社に弁済をする資力があり、かつ、強制執行が容易であることを証明した場合を除く。）

２　有限責任社員は、その出資の価額（既に持分会社に対し履行した出資の価額を除く。）を限度として、持分会社の債務を弁済する責任を負う。

『参考裁決事例』

相続税法第13条第１項は、相続により取得した財産については、課税価格に算入すべき価額は、当該財産の価額から、被相続人の債務で相続開始の際現に存するもの等の金額のうち当該相続人の負担に属する部分の金額を控除した金額による旨規定している。

持分会社において、当該持分会社の財産をもってその債務を完済することができない場合には、当該持分会社の社員は連帯してその会社の債務を弁済する責任を負うとされており（会社法第580条第１項第１号）、仮に被相続人がそのような債務を負っていた場合には、同債務は、相続税法第13条第１項第１号に規定する「被相続人の債務」となる。そして、同号に規定する「会社の財産をもってその債務を完済することができない場合」とは、会社が債務超過の状態にある場合を指すのであるから、持分会社の無限責任社員が会社の債務を弁済すべき責任は、会社が債務超過の状態にあり、かつ、会社債務の完済が自ら不能であるときに初めて生じるものと解される。

（2013年（平成25年）９月24日　裁決）

【質疑応答事例】

合名会社等の無限責任社員の会社債務についての債務控除の適用

（照会要旨）

合名会社、合資会社の会社財産をもって会社の債務を完済することができない状態にあるときにおいて、無限責任社員が死亡しました。

この場合、その死亡した無限責任社員の負担すべき持分に応ずる会社の債務超過額は、相続税の計算上、被相続人の債務として相続税法第13条の規定により相続財産から控除することができますか。

（回答要旨）

被相続人の債務として控除して差し支えありません。

（注）　合名会社の財産だけでは、会社の債務を完済できないときは、社員は各々連帯して会社の債務を弁済する責任を負うとされ（会社法580）、退社した社員は、本店所在地の登記所で退社の登記をする以前に生じた会社の債務に対しては、責任を負わなければならない（会社法612①）とされています。

（質疑応答事例：国税庁ホームページ）

5-6 葬式費用の範囲

ポイント

葬式費用は、葬式及びその前後にかかった費用が該当し、法事の費用は認められません。しかし、告別式に引き続いて行った初七日の費用は区分が難しく、告別式の参列者がそのままお焼香等を行うため、葬儀の一連の費用として、葬儀費用に入れて構わないと考えます。

【解　説】

1　葬式とは

(1)　葬式

葬式とは、死者を葬るための儀式であり「葬儀」「葬礼」「弔い」「野辺の送り」ともいいます。葬式は、人の最後で最大のイベントであることから、本人の意向を十分に汲むこともあり、相続人の社会的地位により式典の規模が異なります。また、葬式は非常に宗教色が強く出る儀式であり、宗教、宗派によっても異なります。また、地域により個別性が現れる儀式でもあります。人の死を悼むところは同じであっても、その内容は大きく異なります。近年は葬儀社が取り仕切ることが多くなり、均一的な儀式化しています。それでも、宗教、宗派による区分が行われます。

(2)　近年の葬式

葬式費用を検討する場合、葬式の前後に生じた出費が、通常の葬式に伴うものと認められるものであるかどうかがポイントです。近年、葬式のあり方について様々な議論が沸き起こっています。元来、葬式については地域によって非常に個別性が高く、独自の慣習があるところもあります。また、日本の伝統的葬式といわれてきた通夜、告別式、納骨、初七日に続く法会についてその在り方が見直されていることや、檀家制度や地域共同体の希薄化等から、葬式の形式のみならず内容も変化しています。

地域によっては葬儀の前に遺体を荼毘に付するところや、葬儀に引き続いて親族や友人が集まり、故人を偲ぶ会を催すところもあります。また、近年は家族のみで密葬を行い、後日偲ぶ会などを開くこともあります。このような会は個人の生前の活動を知る友人知人に対して故人を偲んでもらう意味合いで行われるもので、その実態は告別式と変わりません。これら葬儀の前後に行われる慣習的なものの費用は、葬式費用として認められると考えます。

2　相続税の葬式費用

葬式は、死後に残された家族等が、自分たちの意向で執り行うものです。被相続人が、さしたる地位や資産がない者であっても、相続人の社会的地位から大きな葬儀となることもあり、被相続人が著名な政治家や経済人であったとしても、家族親族がひっそりと密葬（家族葬）することもあります。葬式費用は、本来は相続財産とはかかわらないところでの出費であり、相続人の意向により、相続後にいかようにでも支出することができるので、被相続人の債務ではありません。また、被相続人の債務は、相続開始日現在に現に存するもので確実と認められるものに限られており、限定的なものです（相法13、14）。しかし、葬式はどのような形であれ、死に伴って行われることが必然であるので、相続人等の感情を慮って、相続税の計算上は、被相続人の債務として相続財産の価額から控除して課税価格を算出することとしています（相法13①）。

3　具体的な葬式費用

相続税法では葬式費用を控除することは認めていますが、葬式費用とは何かを規定していません。葬式は1で説明したように、非常に宗教性、地域性、個別性が高いため形式や金額による基準を設けることはできません。かといって出費された金額を野放図に認めることは、課税のバランスを欠くことになります。そこで、次のような費用を葬式費用として、相続税の計算の上で控除することが認められています（相基通13-4）。

① 葬式若しくは葬送に際し、又はこれらの前において、埋葬、火葬、納骨又は遺がい若しくは遺骨の回送その他に要した費用

仮葬式と本葬式とを行うものにあっては、その両者の費用を含みます。

通夜から葬儀、告別式にかけての費用が該当します。葬式の前に行う火葬や葬式後に一定の時間をおいて行う納骨費用なども含みます。また、初七日又は四十九日の法要と同時に納骨を行う場合、納骨費用と法事の費用とは適切に区分する必要があります。これらは、一般的には葬儀社に支払う基本的な費用ですので特に問題となることはありません。調査によっても、個別的な中身を精査されることはありません。

② 葬式に際し、施与した金品で、被相続人の職業、財産その他の事情に照らして相当程度と認められるものに要した費用

僧侶に対する読経料などがあります。被相続人の職業、財産その他の事情に照らしてとありますが、相続人の職業等によっても相応の葬儀が行われますが、この場合も含めて判断せざるを得ません。

戒名料は被相続人の職業や社会的位置づけ等に照らして相応のものであれば、施与した金員に該当します。近年は異常に高額な戒名料は見かけませんが、どの程度の金額が相応であるかという線引きは難しいところです。戒名料は葬式に伴う理由のある支出であることから、葬式費用として控除できるものです。通常は特に問題となることはありませんが、被相続人の経歴等からみて不相当に高額である場合や、

不正が行われると見込まれる場合は、調査で指摘を受けます。

③　①又は②に掲げるもののほか、葬式の前後に生じた出費で、通常葬式に伴うものと認められるもの

葬儀に参列した方への会葬御礼や交通費、通夜から告別式にかけてお手伝いをしていただいた町内会や会社の方々への謝礼、その他細々とした費用があります。基本的に葬式に関するものは認められます。

死亡広告費用や会葬御礼についても同様に、葬式の前後に生じた出費で葬式に関する費用です。

参列者の宿泊費についても基本的に該当します。ただ、遠方からの参列者は親族の場合が多いでしょうが、過分な宿泊の費用については該当しません。

④　死体の捜索又は死体若しくは遺骨の運搬に要した費用

4　葬式費用として認められないもの

葬式は非常に個別性が高く、金額や規模が千差万別です。そのため葬式費用に該当するかどうかの判断は、比較的大雑把なところがあります。ただし、葬式費用に該当しないものは限定されていますので、この部分は十分に注意します（相基通13-5）。

①　香典返戻費用

通夜や葬式に参列した方々に対する会葬御礼は、葬式費用として控除できます。受け取った香典に対する返戻も慣習として行われますが、香典の返戻費用は葬式費用に該当しません。香典には課税されませんので、その返戻については控除できないことになります。会葬御礼に、香典返し相応の品を渡す地域があるようですが、常識的な会葬御礼を超える金品の交付は、葬式費用と認められないかもしれません。

②　墓碑及び墓地の買入費並びに墓地の借入料

墓所、霊びょう、祭具などは相続税の非課税財産です（相法12①二）。

被相続人の生存中に墓碑を買い入れ、その代金が未払である場合、相続法第13条第３項本文の規定により、未払代金は債務又は葬式費用として控除できません（相基通13-6）。墓碑等は課税財産とならないことの裏返しでもあります。

③　法会に要する費用

初七日や四十九日等の法会の費用は、葬式費用ではないことから控除できません。近年は葬式に当たって初七日の法事も同時に済ませることが多いですが、葬式費用と区別できない費用については葬式費用として控除することはやむをえないでしょう。

永代供養料は、葬式費用には含まれません。一般に、死者を葬る儀式である葬式とその後の死者の追善供養とは区別されています。

④　医学上又は裁判上の特別の処置に要した費用

5　相続を放棄した者等の債務控除

相続を放棄した者及び相続権を失った者については、債務控除等（相法13）の適用はありませんが、その者が現実に被相続人の葬式費用を負担した場合、その負担額は、その者の遺贈によって取得した財産の価額から債務控除しても差し支えありません（相基通13-1）。

生命保険金を受け取り、相続を放棄した相続人である場合、相続放棄をした者であっても、相続人であることには変わりはなく、遺贈を受けた生命保険金から葬式費用を負担することが想定されます。このような場合、課税財産となった生命保険金額から葬式費用を控除することができます。

申告及び調査の対応のポイント

1　葬式費用の保存

葬式は葬儀屋の手配をし、遺体を運び、会場や会葬御礼等を手配し、通夜、葬儀、告別式、火葬、納骨と短期間のうちに手配と出費が錯綜します。葬式費用として認められるかどうかにかかわらず、支払の領収書は確実に保管します。

『参考法令通達等』

【相続税法基本通達13-4（葬式費用）】

法第13条第１項の規定により葬式費用として控除する金額は、次に掲げる金額の範囲内のものとする。

(1)　葬式若しくは葬送に際し、又はこれらの前において、埋葬、火葬、納骨又は遺がい若しくは遺骨の回送その他に要した費用（仮葬式と本葬式とを行うものにあっては、その両者の費用）

(2)　葬式に際し、施与した金品で、被相続人の職業、財産その他の事情に照らして相当程度と認められるものに要した費用

(3)　(1)又は(2)に掲げるもののほか、葬式の前後に生じた出費で通常葬式に伴うものと認められるもの

(4)　死体の捜索又は死体若しくは遺骨の運搬に要した費用

【相続税法基本通達13-5（葬式費用でないもの）】

次に掲げるような費用は、葬式費用として取り扱わないものとする。

(1)　香典返戻費用

(2)　墓碑及び墓地の買入費並びに墓地の借入料

(3)　法会に要する費用

(4)　医学上又は裁判上の特別の処置に要した費用

【相続税法基本通達13-6（墓碑の買入代金）】

被相続人の生存中に墓碑を買い入れ、その代金が未払であるような場合には、法第13条第３項本文の規定により、当該未払代金は債務として控除しないのであるから留意する。

第6章

遺産分割・未分割

6-1 家庭裁判所に届出しない相続放棄

ポイント

遺産分割で、財産のすべてを特定の相続人が相続すると決めることは珍しくはありません。相続財産を取得しなかった相続人にとっては、相続財産の実質的な放棄です。ただし、被相続人の債務は、法定相続人が法定相続分で負担することになりますので、将来のリスクを負うことになります。

【解　説】

1　相続放棄

遺産を取得する手段には、単純承認（民法920）と限定承認（民法922）があります。取得しない場合は、家庭裁判所に対して相続の放棄の手続きをします（民法938）。相続の放棄をした場合、その者は初めから相続人とならなかったものとみなされます（民法939）。こうすることにより、被相続人の債権者との関係を断つことになります。

相続人は、相続開始の時から、被相続人の財産に属した一切の権利義務を承継します（民法896）。被相続人の相続財産だけではなく、債務についても無限に相続することになります。相続財産に比して、債務が過大である場合は、相続した相続人が自己の固有財産から、被相続人の債務を負担することになります。被相続人の権利と義務を相続することは、被相続人の財産にかかる経済関係をはっきりさせることでもあります。そのため、被相続人の財産を取得しない、つまり放棄をする場合は、家庭裁判所に申し立てて、放棄の事実を明確にすることになります。

2　事実上の放棄

相続放棄を検討するに当たって、家庭裁判所の手続きが煩雑であることから、事実上の放棄という手段があります。

①　特別受益証明書

民法第903条に、特別受益者の相続分として、被相続人から遺贈、婚姻、養子縁組又は生計の資本として贈与を受けた者がいるときは、その価額を加えたものを相続財産とみなし、その価額が法定相続分の価額に等しいか超えているときは、その者について、相続分はないものとすると定められています。この事実を証するものとして「相続分皆無証明書」、「相続分不存在証明書」又は「特別受益証明書」（以下、「特別受益証明書等」といいます。）があります。特別受益証明書等により煩雑な手続を回避して、簡単に遺産分割と相続手続ができます。家庭裁判所の手続を経ず事実上の相続放棄と同じ効果があり、また熟慮期間を経過しても活用できますので、この特別受益証明書等を各相続人から取得すれば、遺産分割をしなくとも土地建物の相続登記ができます。

②　遺産分割による事実上の放棄

遺産分割は、相続人全員による合意が必要です。遺産分割の形式は定まっていませんが、どのような分割方法であっても、原則として有効といわれます。相続人全員が合意に達した場合、原則として、遺産分割のやり直しや変更はできません。当然、この合意に基づいて、土地建物等の登記が行われます。それほど重みのある合意であるともいえます。

相続財産を取得しない一つの方法として、遺産分割により、特定の一人の相続人に財産を集中させる方法があります。被相続人の財産はすべて長男が相続する、として長男及び他の相続人が署名押印すれば、結果として、他の共同相続人が遺産を放棄したことになります。

3　事実上の放棄のリスク

特別受益証明書又は遺産分割協議書により、相続財産を取得しない場合、その経済的効果は、相続人の立場から見れば相続の放棄と同様です。この方法は、裁判所に申し立てる相続の放棄と異なり、手続が簡便であることと、熟慮期間（民法915）である３か月を超えても構わないという点にあります。

しかし、債権者から見れば、債権を執行する相手が事実上の放棄をした場合、請求先が消滅してしまうことになります。このため、債務に関しては遺産分割の対象にならず、被相続人の債務は法定相続人が、法定相続分で負担することになります。債務の負担を、支払能力がない相続人に押し付ける等、勝手な遺産分割を行ったとしても債権者を保護できるからです。

遺産分割等による事実上の放棄を行ったとしても、債権者との関係からは、債務は法定相続分で残ります。事実上の放棄は「相続財産はいらないが、債務は引き受けます」という遺産分割となります。これを回避するためには、相続人間で「免責的債務引受契約」を、債権者の承諾の上で行う必要があります。

（申告及び調査の対応のポイント）

特別受益証明書等は、生前に被相続人から十分な援助を受けていた前提で作成されるものです。生前に贈与や援助を受けていなかった相続人に対してサインを強く求めることは、後日のトラブルとなりかねません。

6-2 遺産分割のやり直し

ポイント

遺産分割のやり直しは、原則としてできません。ただし、分割に関する根本的事項の錯誤等があった場合で、相続人全員が了解すればできないことではありません。

【解　説】

1　遺産分割

遺産分割は、相続人全員の了解により成立するものです。一度有効に成立した遺産分割を再分割する行為は、いつまでも財産の安定性が保てず、第三者に利害が及ぶこともあります。そのため遺産分割は原則としてやり直しができません。

一度成立した遺産分割の再分割は、相続人が取得した財産を無償による移転、若しくは理由のない移転を行ったとみなされます。当事者が個人であるため、実務上は贈与税若しくは譲渡所得等の課税対象となります。

2　再分割の可能性

遺産分割は一度成立すると、再分割はできないのかという疑問が生じます。

相続人が欠ける等、遺産分割の要件を満たしていない場合は、もとより無効な遺産分割であるため、再分割は可能です。

また、相続人全員で合意に達した後の再分割については、その可能性を全く否定されるものではありません。例えば、当初の分割協議では予想されない事態の発生等、相続後にやむを得ない事情等が生じた場合です。遺産分割は共同相続人間の自由な意思に基づいて行われる私的合意である以上、錯誤や事実誤認等の発生は予想されることです。

そのためこのような場合、相続人全員の合意で再分割を行う場合は、その再分割に至った事情を総合勘案して認めざるを得ないこともあるようです。

3　配偶者の税額軽減

相続等により財産を取得した配偶者がいる場合、当初の分割で配分した財産を、再分割により配分した財産については、「分割」により取得した財産とはならないため、配偶者の税額軽減の適用ができないことに注意してください（相基通19の2-8）。

申告及び調査の対応のポイント

1　遺産の再分割

遺産分割が完了した後に、遺産内容の誤認や錯誤があることが結構あります。その後、相続税の是正を求めても、遺産分割そのものが民法上の行為であるため、その適否判断が税務署の調査官では困難な場合が多いようです。遺産分割は一回限りであるという覚悟で行うべきものです。

また、特定の相続人からの要求によって再分割をしてしまうと、後日、他の相続人から再分割の要請が来ることも想定されます。

2　財産別の遺産分割

財産別に遺産分割を行い、その都度分割協議書を作成することが可能かという相談事例があります。何度も協議を行うことは実際的ではないこと、財産債務のバランスを見極めることが難しくなること、財産価額が協議の都度変動することもあり得ること等から、トラブルとなる可能性が高いため極力避けるべきです。

『参考法令通達等』

【相続税法基本通達19の2-8（分割の意義）】

法第19条の２第２項に規定する「分割」とは、相続開始後において相続又は包括遺贈により取得した財産を現実に共同相続人又は包括受遺者に分属させることをいい、その分割の方法が現物分割、代償分割若しくは換価分割であるか、またその分割の手続が協議、調停若しくは審判による分割であるかを問わないのであるから留意する。

ただし、当初の分割により共同相続人又は包括受遺者に分属した財産を分割のやり直しとして再配分した場合には、その再配分により取得した財産は、同項に規定する分割により取得したものとはならないのであるから留意する。

『参考裁判事例』

共同相続人の全員が、既に成立している遺産分割協議の全部又は一部を合意により解除した上、改めて遺産分割協議をすることは、法律上、当然には妨げられるものではなく、上告人が主張する遺産分割協議の修正も、右のような共同相続人全員による遺産分割協議の合意解除と再分割協議を指すものと解されるから、原判決がこれを許されないものとして右主張自体を失当とした点は、法令の解釈を誤ったものといわざるを得ない。

（1990年（平成２年）９月27日　最高裁判決）

『文書回答事例（抜粋）』

（相続財産の全部についての包括遺贈に対して遺留分減殺請求に基づく判決と異なる内容の相続財産の再配分を行った場合の課税関係について）

⑵　相続税の課税財産

ロ　相続税の課税財産は、相続又は遺贈により取得した財産であり（相法２）、この場合の相続により取得した財産とは、遺産の分割の遡及効により、一般的には遺産の分割により取得した財産となります。

そして、協議による遺産の分割は被相続人が遺言で禁じた場合を除く外、何時でもすることができるところ（民法907）、相続税法基本通達19の2-8は「法第19条の２第２項に規定する『分割』とは、相続開始後において相続又は包括遺贈により取得した財産を現実に共同相続人又は包括受遺者に分属させることをいい、その分割の方法が現物分割、代償分割若しくは換価分割であるか、またその分割の手続が協議、調停若しくは審判による分割であるかを問わないのであるから留意する。ただし、当初の分割により共同相続人又は包括受遺者に分属した財産を分割のやり直しとして再配分した場合には、その再配分により取得した財産は、同項に規定する分割により取得したものとはならないのであるから留意する。」ことを明らかにしています。

このため、当初の遺産分割などにより取得した財産について、各人に具体的に帰属した財産を分割のやり直しとして再配分した場合には、一般的には、共同相続人間の自由な意思に基づく贈与又は交換等を意図して行われるものであることから、その意思に従って贈与又は交換等その態様に応じて贈与税又は譲渡所得等の所得税の課税関係が生ずることとなります。

ただし、共同相続人間の意思に従いその態様に応じた課税を行う以上、当初の遺産分割協議後に生じたやむを得ない事情によって当該遺産分割協議が合意解除された場合などについては、合意解除に至った諸事情から贈与又は交換の有無について総合的に判断する必要があると考えます。

また、当初の遺産分割による財産の取得について無効又は取消し得べき原因がある場合には、財産の帰属そのものに問題があるので、これについての分割のやり直しはまだ（当初の）遺産の分割の範ちゅうとして考えるべきであると思われます。

（2010年（平成22年）3月2日　名古屋国税局）

6-3 代償分割の課税価格

ポイント

代償分割は、ある相続人が特定の財産を取得する代償として他の共同相続人に金銭又は財産を交付する遺産分割のことをいいます。遺産の全部又は一部を代償分割することは、実務的に行われています。代償分割の対象財産が土地等の場合、相続税額の調整計算が必要となります。

【解　説】

1　代償分割とは

代償分割とは、共同相続人又は包括受遺者のうち1人又は数人が相続又は包括遺贈により財産の現物を取得し、その者が、他の共同相続人又は包括受遺者に対して債務（以下「代償債務」といいます。）を負担する分割の方法をいいます。

2　代償分割による場合

遺産分割は相続財産を分割するものであり、代償分割により取得する財産は相続財産ではありませんが、遺産分割が困難な財産を、均等若しくは協議に則った配分をするための現実的な解決方法でもあります。家事審判及び家事調停においても「特別の事情があると認めるときは、遺産の分割の方法として、共同相続人の一人又は数人に他の共同相続人に対する債務を負担させて、現物の分割に代えることができる。」（家事事件手続法195）としています。この場合の特別な事由とは次の①～④までのいずれかに該当し、かつ、債務負担者に支払能力がある場合のことをいいます（2000年（平成12年）年9月7日最高裁決定)。

①　現物分割が不可能な場合

② 現物分割が可能であっても、分割後の財産の経済的価値を著しく損なうような場合

③ 現物分割は可能であり、②のような事情もないが、特定の遺産に対する特定の相続人の利用を保護する必要がある場合

④ 当事者間に合意が成立しているか、少なくとも、代償分割をすることについて異議がない場合

3　代償分割があった場合の課税価格

代償分割における代償金を支払った者と受け取った者の価格は、次のとおりです（相基通11の2-9）。この場合の代償財産の価額は、代償分割の対象となった財産を現物で取得した者が、他の共同相続人又は包括受遺者に対して負担した債務の額の相続開始の時における金額によります（相基通11の2-10）。

相続人	課税価格
① 代償財産の交付を受けた者	・相続等により取得した現物の財産の価額と、交付を受けた代償財産の価額との合計額
② 代償財産の交付をした者	・相続等により取得した現物の財産の価額から、交付をした代償財産の価額を控除した金額

4　時価との乖離がある場合

代償分割により代償金の授受が行われた場合、その課税価格は代償金を交付した相続人と受領した相続人とで調整を行います。代償財産の価額（時価）と相続税評価額は異なります。特に主要な財産である土地及び有価証券等の価額は、相続開始時の価額と代償分割が確定した時の価額とが異なります。この場合、相続税の課税価格に不公平が生じないよう時価とのバランスを取る必要があり、下記の合理的な計算方法によることが認められています（相基通11の2-10）。

① 共同相続人及び包括受遺者の全員の協議に基づいて、次のイ又はロの方法で計算した場合、その申告した額によることができま

す。

イ　次の②に準じて計算する方法

ロ　他の合理的方法

② ①以外の場合で、代償債務の額が、代償分割の対象となった財産が特定され、かつ、その財産の代償分割の時における通常の取引価額を基として決定されている場合には、その代償債務の額に、代償分割の対象となった財産の相続税評価額が代償分割の時の時価に占める割合を掛けて求めることもできます（相基通11の2-10）。

相続税の課税価格は相続開始の時の価額によります。そのため、相続開始から相当期間が経過した後に分割が確定するなどの場合は、財産の価額が大きく異なる場合があります。相続開始時の時価とその後の分割が確定した時の時価とに乖離が生じている場合に、次の算式により代償債務の額を調整します。

$$A \times \frac{C}{B}$$

A：代償債務の額

B：代償債務の額の決定の基となった代償分割の対象となった財産の代償分割の時における価額（時価）

C：代償分割の対象となった財産の相続開始の時における価額（財産評価基本通達の定めにより評価した価額）

5　代償金が分割で支払われる場合の調整計算

(1)　年賦払の代償金

代償金は、遺産分割が確定したと同時に全額受け取る場合と、将来にわたって年賦で受け取る場合とでは、その現在価値が異なります。この金額を調整して、相続税の課税価格とするのが合理的です。

代償債務の支払いを定額の年賦で行う場合、複利年金現価により計算します。

(2)　事例

被相続人Ａの相続人は、配偶者Ｂ、子Ｃ及びＤの３人です。総遺産価額は２億円ですが、財産の大半が土地であるためＣが財産をすべて取得し、Ｄには代償金を渡す代償分割をすることにしました。Ｃは現金がないため、毎年500万円を10年間、Ａの命日に支払うことにしました。

この事例では、10年間の均等払いですので、複利年金現価率を用いて現在価格の計算をします。代償債務の金額は利息の取決めがないので、基準年利率0.75％の複利年金現価率を用いて計算します。

代償金	500万円／年	利率	0.75％／年
支払年数	10年	複利年金原価率	9.6

代償債権（Ｄの課税価格）

500万円×9.6＝4,800万円

Ｃの課税価格

２億円−4,800万円＝１億5,200万円

申告及び調査の対応のポイント

1　代償分割は相続財産の多寡にかかわらず利用されています。特に相続税の基礎控除が減額され課税割合が高まっている現状では、主な相続財産が被相続人の自宅であることが多くなるため、遺産分割が困難となるケースが増えるでしょう。相続人の１人が被相続人と同居していた場合は自宅を処分できないので、代償分割が活用される場面が増加することが予想されます。

代償分割の利点は次の通りです。

①　相続財産のうち土地建物等、不動産等の割合が大きい場合

土地建物等の割合が大きく相続人間の主張が強い場合や、主な相続財産が土地だけの場合等で分割が困難な場合に用いられます。

② 非上場株式のように細分化することによるデメリットが大きい財産を分割する場合

主な財産が換金できない非上場会社の株式の分割についても代償分割の方法が有効です。会社を承継する相続人が株式を取得した場合、他の相続人が取得する財産がほとんどないような場合です。

③ 納税資金が不足する場合

取得した相続財産に対応する相続税の納税資金が不足する場合、代償金を充当することができます。むしろ、納税資金を最初に検討して代償金の調整をすることが多いでしょう。

2　代償金の支払いは、後日のトラブルを回避するために、できるだけ現金で一括授受が望ましいです。分割の場合は何らかの担保を付します。支払いが滞った場合に対応するためです。相続人当事者間では言い出しにくいことなので、アドバイスが必要です。

『参考法令通達等』

【相続税法基本通達11の2-9（代償分割が行われた場合の課税価格の計算）】

代償分割の方法により相続財産の全部又は一部の分割が行われた場合における法第11条の２第１項又は第２項の規定による相続税の課税価格の計算は、次に掲げる者の区分に応じ、それぞれ次に掲げるところによるものとする。

⑴ 代償財産の交付を受けた者　相続又は遺贈により取得した現物の財産の価額と交付を受けた代償財産の価額との合計額

⑵ 代償財産の交付をした者　相続又は遺贈により取得した現物の財産の価額から交付をした代償財産の価額を控除した金額

（注）「代償分割」とは、共同相続人又は包括受遺者のうち１人又は数人が相続又は包括遺贈により取得した財産の現物を取得し、その現物を取得した者が他の共同相続人又は包括受遺者に対して債務を負担する分割の方法をいうのであるから留意する。

【相続税基本通達11の2-10（代償財産の価額）】

11の2-9の⑴及び⑵の代償財産の価額は、代償分割の対象となった財産を現物で取得した者が他の共同相続人又は包括受遺者に対して負担した債務（以下

「代償債務」という。）の額の相続開始の時における金額によるものとする。

ただし、次に掲げる場合に該当するときは、当該代償財産の価額はそれぞれ次に掲げるところによるものとする。

⑴　共同相続人及び包括受遺者の全員の協議に基づいて代償財産の額を次の⑵に掲げる算式に準じて又は合理的と認められる方法によって計算して申告があった場合　当該申告があった金額

⑵　⑴以外の場合で、代償債務の額が、代償分割の対象となった財産が特定され、かつ、当該財産の代償分割の時における通常の取引価額を基として決定されているとき　次の算式により計算した金額

$$A \times \frac{C}{B}$$

（注）　算式中の符号は、次のとおりである。

Aは、代償債務の額

Bは、代償債務の額の決定の基となった代償分割の対象となった財産の代償分割の時における価額

Cは、代償分割の対象となった財産の相続開始の時における価額（評価基本通達の定めにより評価した価額をいう。）

【家事事件手続法第195条（債務を負担させる方法による遺産の分割）】

家庭裁判所は、遺産の分割の審判をする場合において、特別の事情があると認めるときは、遺産の分割の方法として、共同相続人の一人又は数人に他の共同相続人に対する債務を負担させて、現物の分割に代えることができる。

『参考裁判事例』

（代償分割が認められる場合）

家事審判規則第109条は「家庭裁判所は、特別の事由があると認めるときは、遺産分割の方法として、共同相続人の１人又は数人に他の共同相続人に対し債務を負担させて、現物をもってする分割に代えることができる。」と定めており、代償分割が許される場合を「特別の事由」がある場合に限っている。

そして、家事審判規則第109条にいう「特別の事由」が認められるのは、〈１〉現物分割が不可能な場合、〈２〉現物分割が可能であっても、分割後の財産の経済的価値を著しく損なうような場合、〈３〉現物分割は可能であり、〈２〉のような事情もないが、特定の遺産に対する特定の相続人の利用を保護する必要がある場合、〈４〉当事者間に合意が成立しているか、少なくとも、代償分割をすることについて異議がない場合等のいずれかの場合であり、かつ、債務負担を命ぜられる者に支払能力がある場合であることが必要だとされている。

（2000年（平成12年）９月７日　最高裁決定）

6-4 未分割の場合の申告手続き

ポイント

相続税の申告期限まで遺産分割ができない場合は、配偶者に対する相続税額の軽減や小規模宅地等についての相続税の課税価格の計算の特例等（以下「配偶者の税額軽減等」といいます。）は適用できません。ただし、相続税の申告期限後３年以内に遺産分割ができると見込まれる場合は「申告期限後３年以内の分割見込書」を、申告書と同時に提出します。

【解　説】

1　相続財産が未分割の場合

相続財産は、原則として民法の規定による相続人に、法定相続分割合で帰属します。しかし、現実は相続人全員の話合いにより、分割する財産を決定します（民法907①）。これが遺産分割協議です。近年、納税者の権利意識が高まっていることや、様々な媒体から手軽に的確な情報を収集できること等から、相続財産の分割も、配偶者や長男が当然のように高い分割割合を主張できる時代ではなくなっています。家庭裁判所の遺産分割に関する調停件数の増加がそれを表しています。相続財産は高額となり、相続人の生活状態も千差万別であり、財産争いが長期にわたることも往々にしてあります。

相続税には、被相続人の財産形成に大いに寄与があると認められる配偶者に対する相続税の負担軽減措置や、事業承継や財産承継のための小規模宅地等の課税価格の計算の特例が設けられています。税務上の特例は､特例適用要件を満たし､かつ申告期限内に申告することが要件となっています。相続税においても例外ではなく、配偶者の税額軽減等は、申告期限内に遺産分割をすることが要件です。

しかし、相続税は、被相続人の死という一つの現象で納税義務者が複数発生することが多くあります。そのため、財産の分割でもめることがあり、税法もこのことを想定しています。そこで、申告期限内に遺産分割が確定しておらず、未分割で申告した場合でも、申告期限後３年以内に分割が確定した場合、特例の適用が認められます。

2　遺産が未分割の場合の相続税の申告

(1)　相続税の申告

相続税の申告書は、相続の開始があったことを知った日の翌日から10か月以内に納税地の税務署長に提出しなければなりません（相法27①）。

財産の全部又は一部について申告期限までに遺産分割が成立しない場合、民法の規定による相続分又は包括遺贈の割合に従って財産を取得したものとして課税価格を計算し、相続税の総額及び納付する税額を算出します（相法55、民法900他）。

(2)　遺産が未分割の場合に適用できない特例等

相続財産が申告期限までに分割されていない場合、次の特例等は適用できません。このうち⑤～⑪は申告期限内に遺産分割ができない場合は、その後に分割したとしても適用できないことに注意してください。

特　例	条文	参　考
①　配偶者に対する相続税額の軽減	相法19の２①	・申告期限後３年以内の分割が要件である。
②　小規模宅地等についての相続税の課税価格の計算の特例	措法69の４①④	
③　特定計画山林についての相続税の課税価格の計算の特例	措法69の５①③	

④　特定事業用資産についての相続税の課税価格の計算の特例	所得税法等の一部を改正する法律（平成21年法律第13号）による改正前の措法69の５①	
⑤　農地等についての相続税の納税猶予及び免除	措法70の６①⑤	・申告期限までに分割できない場合は認められない。
⑥　山林についての相続税の納税猶予及び免除	措法70の６の６①⑧	
⑦　特定の美術品についての相続税の納税猶予及び免除	措法70の６の７①⑦	
⑧　個人事業者の事業用資産についての相続税の納税猶予及び免除	措法70の６の10①⑦	
⑨　非上場株式等についての相続税の納税猶予及び免除（一般措置）	措法70の７の２①⑦	
⑩　非上場株式等についての相続税の納税猶予及び免除の特例（特例措置）	措法70の７の６①⑤	
⑪　医療法人の持分についての相続税の納税猶予及び免除	措法70の７の12①④	
⑫　物納	相法42	・未分割財産は、管理処分不適格財産に該当する。

⑶　未分割でも適用できる取扱い

遺産分割が申告期限までにできず、未分割として法定相続分割合で申告する場合であっても、次の取扱いは適用できます。

○相続税額の加算（相法18）
○相続開始前７年（2023年（令和５年）12月31日までは３年）以内の贈与加算（相法19）
○未成年者控除（相法19の３）
○障害者控除（相法19の４）

○相次相続控除（相法20）
○在外財産に対する相続税額の控除（相法20の２）
○延納（相法38）

⑷　申告期限後３年以内に遺産分割が見込まれる場合

相続税の申告期限後３年以内に遺産分割が確定した場合、配偶者の税額軽減等の特例の適用が認められます。特例の適用を受けるためには、相続税の申告期限内に国税庁様式「申告期限後３年以内の分割見込書」（P208）を、相続税の申告書と同時に提出します。

申告及び調査の対応のポイント

1　税法における特例や軽減措置は原則として、特例の適用条件を満たし、申告期限内に申告書を提出することとなっています。相続税においても例外ではなく、配偶者が取得する財産や小規模宅地等に該当する財産を申告期限内に確定する等申告書を提出するための相続人等の努力が求められます。

2　未分割の場合、配偶者の税額軽減等の適用が受けられないため、申告期限までの短期間のうちに、高額な納税資金を準備しなければなりません。相続人に対して遺産分割が申告期限内にまとまらない場合のリスクを早期に伝えておく必要があります。

『参考法令通達等』

【民法第907条第１項（遺産の分割の協議又は審判）】

共同相続人は、次条第１項の規定により被相続人が遺言で禁じた場合又は同条第２項の規定により分割をしない旨の契約をした場合を除き、いつでも、その協議で、遺産の全部又は一部の分割をすることができる。

【相続税法第55条（未分割遺産に対する課税）】

相続若しくは包括遺贈により取得した財産に係る相続税について申告書を提

出する場合又は当該財産に係る相続税について更正若しくは決定をする場合において、当該相続又は包括遺贈により取得した財産の全部又は一部が共同相続人又は包括受遺者によってまだ分割されていないときは、その分割されていない財産については、各共同相続人又は包括受遺者が民法（第904条の２（寄与分）を除く。）の規定による相続分又は包括遺贈の割合に従って当該財産を取得したものとしてその課税価格を計算するものとする。ただし、その後において当該財産の分割があり、当該共同相続人又は包括受遺者が当該分割により取得した財産に係る課税価格が当該相続分又は包括遺贈の割合に従って計算された課税価格と異なることとなった場合においては、当該分割により取得した財産に係る課税価格を基礎として、納税義務者において申告書を提出し、若しくは第32条第１項に規定する更正の請求をし、又は税務署長において更正若しくは決定をすることを妨げない。

【相続税法基本通達55-1（「民法の規定による相続分」の意義）】

法第55条本文に規定する「民法（第904条の２を除く。）の規定による相続分」とは、民法第900条から第902条まで及び第903条に規定する相続分をいうのであるから留意する。

通信日付印の年月日	（確　認）		番　　号
年　月　日			

被相続人の氏名 ＿＿＿＿＿＿＿＿＿＿

申告期限後３年以内の分割見込書

相続税の申告書「第11表（相続税がかかる財産の明細書）」に記載されている財産のうち、まだ分割されていない財産については、申告書の提出期限後３年以内に分割する見込みです。

なお、分割されていない理由及び分割の見込みの詳細は、次のとおりです。

1　分割されていない理由

………………………………………………

………………………………………………

………………………………………………

………………………………………………

………………………………………………

2　分割の見込みの詳細

………………………………………………

………………………………………………

………………………………………………

………………………………………………

………………………………………………

3　適用を受けようとする特例等

⑴　配偶者に対する相続税額の軽減（相続税法第19条の２第１項）

⑵　小規模宅地等についての相続税の課税価格の計算の特例
（租税特別措置法第69条の４第１項）

⑶　特定計画山林についての相続税の課税価格の計算の特例
（租税特別措置法第69条の５第１項）

⑷　特定事業用資産についての相続税の課税価格の計算の特例
（所得税法等の一部を改正する法律（平成21年法律第13号）による改正前の租税特別措置法第69条の５第１項）

（資４－21－Ａ４統一）

（裏）

記載方法等

この書類は、相続税の申告書の提出期限までに相続又は遺贈により取得した財産の全部又は一部が分割されていない場合において、その分割されていない財産を申告書の提出期限から３年以内に分割し、①相続税法第19条の２の規定による配偶者の相続税の軽減、②租税特別措置法第69条の４の規定による小規模宅地等についての相続税の課税価格の計算の特例又は③租税特別措置法第69条の５の規定による特定事業用資産についての相続税の課税価格の計算の特例の適用を受けようとする場合に使用してください。

1　この書類は、相続税の申告書に添付してください。

2　「１　分割されていない理由」欄及び「２　分割の見込みの詳細」欄には、相続税の申告期限までに財産が分割されていない理由及び分割の見込みの詳細を記載してください。

3　「３　適用を受けようとする特例等」欄は、該当する番号にすべて○を付してください。

4　遺産が分割された結果、納め過ぎの税金が生じた場合には、分割の日の翌日から４か月以内に更正の請求をして、納め過ぎの税金の還付を受けることができます。また、納付した税金に不足が生じた場合には、修正申告書を提出することができます。

5　申告書の提出期限から３年以内に遺産が分割できない場合には、「遺産が未分割であることについてやむを得ない事由がある旨の承認申請書」をその提出期限後３年を経過する日の翌日から２か月以内に相続税の申告書を提出した税務署長に対して提出する必要があります。

　この承認申請書の提出が期間内になかった場合には、相続税法第19条の２の規定による配偶者の相続税の軽減、租税特別措置法第69条の４の規定による小規模宅地等についての相続税の課税価格の計算の特例及び租税特別措置法第69条の５の規定による特定事業用資産についての相続税の課税価格の計算の特例の適用を受けることはできません。

6-5 申告期限から３年を超えて未分割である場合

ポイント

「申告期限後３年以内の分割見込書」は、相続税の申告期限後３年以内に遺産を分割することにより、配偶者の税額軽減等が適用できます。申告期限後３年を過ぎても分割ができない場合は「遺産が未分割であることについてやむを得ない事由がある旨の承認申請書」を提出しなければなりません。この書類を規定の期限内に提出しない場合は、遺産分割が成立したとしても、配偶者の税額軽減等を適用することはできません。

【解　説】

1　法定申告期限から３年以内の分割見込

配偶者の税額軽減等の特例の適用は、原則として相続税の申告期限から３年以内に分割が確定した場合に認められます。税額の確定が不安定な状態を、何年も放置できないことによります。

2　相続税の申告期限後３年以内に遺産分割ができない場合

相続税の申告期限内に申告書と同時に「申告期限後３年以内の分割見込書」を提出している場合でも、争いが長期にわたり、申告期限後３年以内に分割が確定しないこともあります。この場合は、期限内申告であれば適用できたはずの配偶者の税額軽減等の適用ができず、結果的に期限内申告で納税した税額が確定することとなります。

申告期限内に遺産分割が成立していれば、相続税の負担は大きく軽減されます。申告期限後であっても、３年以内に遺産分割がまとまれば、配偶者の税額軽減等の特例を適用することにより、当初申告において法定相続分で納付した相続税額が減額となり、更正の請求により相続税が還付されます。

3　遺産が未分割であることについてやむを得ない事由がある場合

⑴　遺産が未分割であることについてやむを得ない事由がある旨の承認申請書

漫然と協議を重ねて年月を浪費している場合は別として、相続人間の争いが高じて訴訟になっている等、申告期限後３年以内に遺産分割がまとまらないことに、やむを得ない事由がある場合があります。

相続税の申告期限から３年を経過する日においても遺産分割ができない場合、国税庁様式「遺産が未分割であることについてやむを得ない事由がある旨の承認申請書」（以下「承認申請書」といいます。(P218)）を提出します（相法19の２③）。

⑵　やむを得ない事由と財産の分割ができることとなった日

遺産分割がまとまらないことについて、やむを得ない事由がある場合とは、次のことをいいます。また、やむを得ない事由が解消して、遺産の分割ができるようになった場合は、その日から４か月以内に更正の請求ができますが、その日とは次の日のことをいいます（相法19の２②かっこ書き、相令４の２）。

やむを得ない事由	財産の分割ができることとなった日
①　申告期限の翌日から３年を経過する日において、相続又は遺贈に係る訴えが提起されている場合	・判決の確定又は訴えの取下げの日、その他訴訟の完結の日
②　申告期限の翌日から３年を経過する日において、和解、調停、又は審判の申立てがされている場合	・和解若しくは調停の成立、審判の確定又はこれらの申立ての取下げの日、これらの申立てに係る事件の終了の日

③　申告期限の翌日から３年を経過する日において、遺産分割の方法の指定・分割の禁止等の規定により、相続の承認若しくは放棄の期間が伸長されている場合	・分割の禁止がされている期間又は伸長がされている期間が経過した日
④　分割が遅延したことについて、税務署長がやむを得ない事情があると認める場合	・事情の消滅の日

(3)　税務署長がやむを得ない事情があると認める場合

上記(2)④の、相続税の申告期限後３年を経過する日においても遺産分割が遅延したとして、税務署長がやむを得ない事情があると認める場合とは、次に掲げる事情のことをいいます（相基通19の2-15）。税務署長が任意に認めることではなく、客観的に遺産分割ができない場合のことをいい、やむを得ない事情が限定されています。

①　申告期限の翌日から３年を経過する日において、共同相続人又は包括受遺者の一人又は数人が行方不明又は生死不明であり、かつ、その者に係る財産管理人が選任されていない場合

②　申告期限の翌日から３年を経過する日において、共同相続人又は包括受遺者の一人又は数人が精神又は身体の重度の障害疾病のため加療中である場合

③　申告期限の翌日から３年を経過する日前において、共同相続人又は包括受遺者の一人又は数人が法施行地外にある事務所若しくは事業所等に勤務している場合又は長期間の航海、遠洋漁業等に従事している場合において、その職務の内容などに照らして、申告期限の翌日から３年を経過する日までに帰国できないとき

④　申告期限の翌日から３年を経過する日において、相続税法施行

令第４条の２第１項第１号から第３号までに掲げる事情又は①から③までに掲げる事情があった場合、申告期限の翌日から３年を経過する日以後にその事情が消滅し、かつ、その事情の消滅前又は消滅後新たに同項第１号から第３号までに掲げる事情又は①から③までに掲げる事情が生じたとき

4　提出手続き

⑴　提出期限

この承認申請書は、法定申告期限から３年を経過する日の翌日から２か月を経過する日までに提出しなければなりません（相令４の２②）。

３年を経過する日において、遺産分割が成立しなかったことについて、やむを得ない事情があることの証明が必要であるため、３年を経過する日より早く提出することはできないことに注意してください。

⑵　期限内に提出しなかった場合

承認申請書を期限内に提出しなかった場合は、提出しなかったことについての宥恕規定はないので、配偶者の税額軽減等の適用は認められません。

⑶　やむを得ない事情の内容説明

３年を経過する日において、遺産分割ができなかったことについて、やむを得ない事情を証する書類を添付して提出します（相規１の６②）。

①　訴えが提起されていることを証する書類
②　和解、調停、審判の申立てがされていることを証する書類
③　分割が禁止されていること等を証する書類
④　財産の分割がされなかった事情の詳細を記載した書類

⑷　提出者

遺産分割が成立して、配偶者の税額軽減等の適用を受けることができることになった相続人が提出します。

⑸　適用を受ける特例ごとの承認申請書の提出

この承認申請書は「配偶者の税額軽減」「小規模宅地等の特例」等適用を受けようとする特例ごとに作成して提出します。

5　期間延長承認又は却下の判断

税務署長がそれぞれの事情を検討の上承認若しくは却下の判断を行い通知することとなっています。申請書の提出があった日の翌日から２か月を経過する日までに、承認又は却下の処分がなかったときは、その日においてその承認があったものとみなされます（相令４の２④）。

この規定は、未分割案件に対する税務署長の放置も許さないとしたものと考えられます。

申告及び調査の対応のポイント

1　未分割で申告する場合、配偶者の税額軽減や小規模宅地等の特例の適用が受けられないため、申告期限までの短期間のうちに、高額な納税資金を準備しなければなりません。相続人に対して遺産分割が相続税の申告期限内にまとまらない場合のリスクを、早期に説明しておく必要があります。この取扱いは、相続税を扱う者の最大のリスクの一つです。

2　分割が確定するまで長期にわたる場合、その間の相続財産の管理や運用に様々なロスやリスクが生じます。また、相続税の申告期限後３年を経過する日においても遺産分割が成立しなかった場合には承認申請書を定められた期限内に提出することや遺産分割が確定した際の修正申告や更正の請求等の期日管理を確実に行います。

『参考法令通達等』

【相続税法第19条の2第2項（配偶者に対する相続税額の軽減）】

2　…省略…

ただし、その分割されていない財産が申告期限から3年以内（当該期間が経過するまでの間に当該財産が分割されなかったことにつき、当該相続又は遺贈に関し訴えの提起がされたことその他の政令で定めるやむを得ない事情がある場合において、政令で定めるところにより納税地の所轄税務署長の承認を受けたときは、当該財産の分割ができることとなった日として政令で定める日の翌日から4月以内）に分割された場合には、その分割された財産については、この限りでない。

【相続税法施行令第4条の2（配偶者に対する相続税額の軽減の場合の財産分割の特例）】

1　法第19条の2第2項に規定する政令で定めるやむを得ない事情がある場合は、次の各号に掲げる場合とし、同項に規定する政令で定める日は、これらの場合の区分に応じ当該各号に定める日とする。

一　当該相続又は遺贈に係る法第19条の2第2項に規定する申告期限（以下次項までにおいて「申告期限」という。）の翌日から3年を経過する日において、当該相続又は遺贈に関する訴えの提起がされている場合（当該相続又は遺贈に関する和解又は調停の申立てがされている場合において、これらの申立ての時に訴えの提起がされたものとみなされるときを含む。）

判決の確定又は訴えの取下げの日その他当該訴訟の完結の日

二　当該相続又は遺贈に係る申告期限の翌日から3年を経過する日において、当該相続又は遺贈に関する和解、調停又は審判の申立てがされている場合（前号又は第4号に掲げる場合に該当することとなった場合を除く。）

和解若しくは調停の成立、審判の確定又はこれらの申立ての取下げの日その他これらの申立てに係る事件の終了の日

三　当該相続又は遺贈に係る申告期限の翌日から3年を経過する日において、当該相続又は遺贈に関し、民法第908条第1項若しくは第4項（遺産の分割の方法の指定及び遺産の分割の禁止）の規定により遺産の分割が禁止され、又は同法第915条第1項ただし書（相続の承認又は放棄をすべき期間）の規定により相続の承認若しくは放棄の期間が伸長されている場合（当該相続又は遺贈に関する調停又は審判の申立てがされている場合において、当該分割の禁止をする旨の調停が成立し、又は当該分割の禁止若しくは当該期間の伸長をする旨の審判若しくはこれに代わる裁判が確定した

ときを含む。）　当該分割の禁止がされている期間又は当該伸長がされている期間が経過した日

四　前３号に掲げる場合のほか、相続又は遺贈に係る財産が当該相続又は遺贈に係る申告期限の翌日から３年を経過する日までに分割されなかったこと及び当該財産の分割が遅延したことにつき税務署長においてやむを得ない事情があると認める場合　その事情の消滅の日

2　法第19条の２第２項に規定する相続又は遺贈に関し同項に規定する政令で定めるやむを得ない事情があることにより同項の税務署長の承認を受けようとする者は、当該相続又は遺贈に係る申告期限後３年を経過する日の翌日から２月を経過する日までに、その事情の詳細その他財務省令で定める事項を記載した申請書を当該税務署長に提出しなければならない。

3　税務署長は、前項の申請書の提出があった場合において、承認又は却下の処分をするときは、その申請をした者に対し、書面によりその旨を通知する。

4　第２項の申請書の提出があった場合において、当該申請書の提出があった日の翌日から２月を経過する日までにその申請につき承認又は却下の処分がなかったときは、その日においてその承認があったものとみなす。

【相続税法基本通達19の2-15（やむを得ない事情）】

法施行令第４条の２第１項第４号に規定する「相続又は遺贈に係る財産が当該相続又は遺贈に係る申告期限の翌日から３年を経過する日までに分割されなかったこと及び当該財産の分割が遅延したことにつき税務署長においてやむを得ない事情があると認める場合」とは、次に掲げるような事情により客観的に遺産分割ができないと認められる場合をいうものとする。

⑴　当該申告期限の翌日から３年を経過する日において、共同相続人又は包括受遺者の一人又は数人が行方不明又は生死不明であり、かつ、その者に係る財産管理人が選任されていない場合

⑵　当該申告期限の翌日から３年を経過する日において、共同相続人又は包括受遺者の一人又は数人が精神又は身体の重度の障害疾病のため加療中である場合

⑶　当該申告期限の翌日から３年を経過する日前において、共同相続人又は包括受遺者の一人又は数人が法施行地外にある事務所若しくは事業所等に勤務している場合又は長期間の航海、遠洋漁業等に従事している場合において、その職務の内容などに照らして、当該申告期限の翌日から３年を経過する日までに帰国できないとき

⑷　当該申告期限の翌日から３年を経過する日において、法施行令第４条の２

第１項第１号から第３号までに掲げる事情又は⑴から⑶までに掲げる事情があった場合において、当該申告期限の翌日から３年を経過する日後にその事情が消滅し、かつ、その事情の消滅前又は消滅後新たに同項第１号から第３号までに掲げる事情又は⑴から⑶までに掲げる事情が生じたとき

『参考裁判事例』

（宥恕規定は、例外であり、規定がないものについては、特例の適用が認められない）

本来、法令の規定によって負担すべきものとされる租税債務の軽減等に関し、当事者の手続上の懈怠について定められた宥恕の規定は、原則に対する例外を定めたものであり、宥恕を認めるべき場合には、手続における恣意的運用を排除した公平な取扱いを行う意味からも、法規に明文をもって規定されるのが通例であり、それ故、明文の規定の有無によって、宥恕の取扱いを異にするのは当然であって、このような取扱いが税務行政の公平を欠くとは到底いえない。

（2001年（平成13年）８月24日　東京地裁判決　TAINS 乙251-8961）

税務署受付印

遺産が未分割であることについてやむを得ない事由がある旨の承認申請書

※欄は記入しないでください

＿＿年＿＿月＿＿日提出

〒
住　所
（居所）＿＿＿＿＿＿＿＿＿＿＿＿＿＿

＿＿＿＿＿＿＿＿税務署長

申請者　　氏　名＿＿＿＿＿＿＿＿＿＿＿＿＿＿

（電話番号　　　　－　　　－　　　　）

遺産の分割後、
- ・配偶者に対する相続税額の軽減（相続税法第19条の２第１項）
- ・小規模宅地等についての相続税の課税価格の計算の特例（租税特別措置法第69条の４第１項）
- ・特定計画山林についての相続税の課税価格の計算の特例（租税特別措置法第69条の５第１項）
- ・特定事業用資産についての相続税の課税価格の計算の特例（所得税法等の一部を改正する法律（平成21年法律第13号）による改正前の租税特別措置法第69条の５第１項）

の適用を受けたいので、

遺産が未分割であることについて、
- ・相続税法施行令第４条の２第２項
- ・租税特別措置法施行令第40条の２第23項又は第25項
- ・租税特別措置法施行令第40条の２の２第８項又は第11項
- ・租税特別措置法施行令等の一部を改正する政令（平成21年政令第108号）による改正前の租税特別措置法施行令第40条の２の２第19項又は第22項

に規定する

やむを得ない事由がある旨の承認申請をいたします。

1　被相続人の住所・氏名

住　所＿＿＿＿＿＿＿＿＿＿＿＿＿＿　氏　名＿＿＿＿＿＿＿＿＿＿＿＿

2　被相続人の相続開始の日　平成・令和＿＿年＿＿月＿＿日

3　相続税の申告書を提出した日　平成・令和＿＿年＿＿月＿＿日

4　遺産が未分割であることについてのやむを得ない理由

（注）やむを得ない事由に応じてこの申請書に添付すべき書類
①　相続又は遺贈に関し訴えの提起がなされていることを証する書類
②　相続又は遺贈に関し和解、調停又は審判の申立てがされていることを証する書類
③　相続又は遺贈に関し遺産分割の禁止、相続の承認若しくは放棄の期間が伸長されていることを証する書類
④　①から③までの書類以外の書類で財産の分割がされなかった場合におけるその事情の明細を記載した書類

○　相続人等申請者の住所・氏名等

住　所　（　居　所　）	氏　　名	続　柄

○　相続人等の代表者の指定　　代表者の氏名＿＿＿＿＿＿＿＿＿＿＿＿

関与税理士		電話番号	

※	通信日付印の年月日	（確認）	名簿番号
	年　月　日		

（資４－22－１－Ａ４統一）　（令3.3）

（裏）

記載方法等

この承認申請書は、相続税の申告書の提出期限後３年を経過する日までに、相続又は遺贈により取得した財産の全部又は一部が相続又は遺贈に関する訴えの提起などのやむを得ない事由により分割されていない場合において、その遺産の分割後に①相続税法第19条の２の規定による配偶者に対する相続税額の軽減、②租税特別措置法第69条の４の規定による小規模宅地等についての相続税の課税価格の計算の特例、③租税特別措置法第69条の５の規定による特定計画山林についての相続税の課税価格の計算の特例又は④所得税法等の一部を改正する法律（平成21年法律第13号）による改正前の租税特別措置法第69条の５の規定による特定事業用資産についての相続税の課税価格の計算の特例の適用を受けるために税務署長の承認を受けようとするとき、次により使用してください。

なお、小規模宅地等についての相続税の課税価格の計算の特例、特定計画山林についての相続税の課税価格の計算の特例又は特定事業用資産についての相続税の課税価格の計算の特例の適用を受けるためにこの申請書を提出する場合において、その特例の適用を受ける相続人等が２人以上のときは各相続人等が「○相続人等申請者の住所・氏名等」欄に連署し申請してください。ただし、他の相続人等と共同して提出することができない場合は、各相続人等が別々に申請書を提出することもできます。

1　この承認申請書は、遺産分割後に配偶者に対する相続税額の軽減、小規模宅地等についての相続税の課税価格の計算の特例、特定計画山林についての相続税の課税価格の計算の特例又は特定事業用資産についての相続税の課税価格の計算の特例の適用を受けようとする人が納税地（被相続人の相続開始時の住所地）を所轄する税務署長に対して、申告期限後３年を経過する日の翌日から２か月を経過する日までに提出してください。

このため、提出先の「＿＿＿＿税務署長」の空欄には、申請者の住所地（居所）地を所轄する税務署名ではなく、被相続人の相続開始時の住所地を所轄する税務署名を記載してください。

なお、この承認申請書は、適用を受けようとする特例の種類（配偶者に対する相続税額の軽減・小規模宅地等についての相続税の課税価格の計算の特例・特定計画山林についての相続税の課税価格の計算の特例・特定事業用資産についての相続税の課税価格の計算の特例）ごとに提出してください。このとき｛　｝内の該当しない特例の文言及び条項を二重線で抹消してください。

2　「４　遺産が未分割であることについてのやむを得ない理由」欄には、遺産が分割できないやむを得ない理由を具体的に記載してください。

3　「（注）やむを得ない事由に応じてこの申請書に添付すべき書類」欄は、遺産が分割できないやむを得ない事由に応じて該当する番号を○で囲んで表示するとともに、その書類の写し等を添付してください。

6-6 未分割であった時に受け取った家賃の申告

ポイント

未分割財産から生ずる果実は、民法の規定による相続分割合で、相続人に帰属します。所得税の申告は法定相続分割合で行い、分割が確定した場合でも、相続の時に遡って更正の請求等はできません。

【解　説】

1　未分割財産の帰属

財産の分割は、相続開始の時に遡って効力を生じます。ここでいう財産とは、相続開始時の被相続人に帰属する財産のことをいいます。その時に存在した財産及び債務等は相続開始の時を基準として分割されます。ただし、第三者の権利を害することはできません（民法909）。

2　相続後に生じた果実の帰属

相続開始後の未分割状態にある財産は、相続人の共有となります。そして、その相続分に応じて、被相続人の権利義務を承継します（民法898、899）。相続開始後に生じた不動産所得、利子所得等いわゆる法定果実は、分割された財産の取得者に帰属します。帰属の始期は分割された時点です。未分割状態にある財産は、分割が確定するまでは、相続人全員の法定相続分に応じて共有となります。未分割財産から生じる果実は、法定相続人に法定相続分で帰属します。当然、未分割状態にあるときの法定果実についての所得税の確定申告は、各相続人が法定相続分割合で行います。

3　分割が確定した場合の更正の請求等

不動産所得等の申告を、法定相続分割合で行った後、遺産分割が確定した場合、不動産所得が生じる財産を取得しなかった相続人は、所得税の更正の請求ができるかという問題が起きます。遺産分割の対象となる財産は、被相続人が死亡したときに被相続人に帰属する財産です。相続財産から生じる果実については、取得する者が確定するまでは、法定相続分で帰属しますので、相続開始から遺産分割が確定する前の間の果実は、法定相続人に法定相続分で帰属するため、果実の所得の帰属を是正することはできません。

（申告及び調査の対応のポイント）

遺産分割が確定するまでの果実は法定相続分割合で帰属しますが、相続開始の翌日や１、２週間程度で、遺産分割がまとまることはほとんどありません。必ず、相応の時間が経過します。実務的には相続開始後短期間で、かつ、所得税の確定申告前に遺産分割が確定したのであれば、財産を取得した相続人が相続開始の時に遡って取得したとして申告を行っても差し支えないと考えます。ただし、その間の収入や経費については相続人間で調整する必要があります。

『参考裁判事例』

（未分割状態にあるときの金銭債権は、相続分に応じて確定的に取得する）

遺産は、相続人が数人あるときは、相続開始から遺産分割までの間、共同相続人の共有に属するものであるから、この間に遺産である賃貸不動産を使用管理した結果生ずる金銭債権たる賃料債権は、遺産とは別個の財産というべきであって、各共同相続人がその相続分に応じて分割単独債権として確定的に取得するものと解するのが相当である。遺産分割は、相続開始の時にさかのぼってその効力を生ずるものであるが、各共同相続人がその相続分に応じて分割単独債権として確定的に取得した上記賃料債権の帰属は、後にされた遺産分割の影響を受けないものというべきである。

　したがって、相続開始から本件遺産分割決定が確定するまでの間に本件各不動産から生じた賃料債権は、被上告人及び上告人らがその相続分に応じて分割単独債権として取得したものであり、本件口座の残金は、これを前提として清算されるべきである。

（2005年（平成17年）９月８日　最高裁判決）

6-7 限定承認と所得税の申告

ポイント

限定承認は、被相続人の財産及び債務を清算します。譲渡所得の対象となる資産については、時価で譲渡があったとみなして譲渡所得の課税対象となります。

【解　説】

1　限定承認

相続財産を取得する方法として、単純承認と、限定承認と２つの方法があります。一般的には、すべての財産と債務を引き継ぐ単純承認をしますが、債務の金額が財産の金額を上回る可能性がある場合、単純承認をすると、後日予想外の債務が出現する等、相続人が不利益を被ることがあります。このような場合、相続によって取得した財産の価額を限度として、債務を弁済する相続である限定承認をします（民法922）。

相続開始があったことを知った時から３か月以内に、財産及び債務を調査し、家庭裁判所に限定承認の申立てをしなければなりません。限定承認の期限の延伸は認められます（民法915①）が、準確定申告は４か月以内に行わなければなりません。

2　限定承認が行われた場合の譲渡所得の課税

(1)　譲渡所得の申告

限定承認するのは財産の額に対して債務額が超過するおそれがあるためです。財産価額及び債務の確定を行いますが、債務は単純な債務のほか、被相続人が負担すべき税額も含まれます。限定承認は、被相続人の所有する財産の清算をします。限定承認があった場合、相続財産に含まれる譲渡所得の課税対象財産について、その時における時価により譲渡があったものとみなし、相続開始があった日の翌日から４か月以内に被相続人を譲渡者として、準確定申告をし、所得税額を確定させます（所法124）。この時点で、キャピタルゲインを清算することになり、この所得税が、被相続人の債務として加算されます。

⑵　相続人が取得した財産

限定承認により引き継いだ相続財産は、限定承認の時に、時価で取得したことになります。相続人が、その財産を換価処分する場合もあります。この時の財産の取得の日は、相続開始日で、取得価額は限定承認時点の時価によります（所法60④）。例えば、限定承認で土地を取得した場合、この土地は、相続により取得した土地ではなく、限定承認により時価で取得したことになります。

譲渡益が発生する場合、所有期間によって分離短期譲渡所得又は分離長期譲渡所得に区分されます。

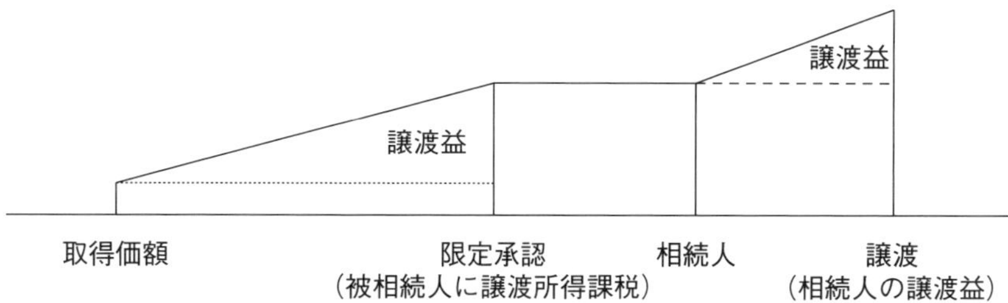

申告及び調査の対応のポイント

1　限定承認の申立期限は、自己のために相続の開始があったことを知った時から３か月以内です（民法924）。それまでに財産・債務を確定しなければならないため、時間の余裕がありません。準確定申告は、相続開始があったことを知った日の翌日から４か月以内であるため、原則としてそれまでにみなし譲渡所得の対象となる財産の時価を算定しなくてはなりません。

2　みなし譲渡所得に対応する所得税は、相続税の課税の計算上の債務となります。みなし譲渡財産の価額は時価ですが、相続財産は財産評価基本通達による価額であることに注意してください。

3　限定承認は共同相続人全員の申立てが必要であり（民法923）、合意しない相続人がいる場合、単純承認か放棄か早期の決断を迫られます。

『参考法令通達等』

【所得税法第59条第１項（贈与等の場合の譲渡所得等の特例）】

次に掲げる事由により居住者の有する山林（事業所得の基因となるものを除く。）又は譲渡所得の基因となる資産の移転があった場合には、その者の山林所得の金額、譲渡所得の金額又は雑所得の金額の計算については、その事由が生じた時に、その時における価額に相当する金額により、これらの資産の譲渡があったものとみなす。

一　贈与（法人に対するものに限る。）又は相続（限定承認に係るものに限る。）若しくは遺贈（法人に対するもの及び個人に対する包括遺贈のうち限定承認に係るものに限る。）

二　著しく低い価額の対価として政令で定める額による譲渡（法人に対するものに限る。）

第7章
相続税の計算

7-1 相続放棄があった場合の相続税の計算

ポイント

相続放棄があった場合、民法の取扱いでは、放棄した相続人は初めから相続人ではなかったものとして取り扱います。相続税の計算においては、放棄がなかったものとして相続人の数を計算します。相続人３人のうち２人が相続放棄したとしても、基礎控除は4,800万円（3,000万円＋600万円×３）です。

これは、基礎控除を計算するときの相続人の数だけではなく、生命保険金等の非課税の計算の場合も同様の取扱いとなります。

【解　説】

1　相続放棄があった場合の民法の取扱い

相続の放棄があった場合、民法の取扱いは相続放棄をした相続人は初めから相続人ではなかったこととみなされます（民法939）。この場合の放棄とは、家庭裁判所に申述したものをいい（民法938）、遺産分割等において実質的に財産を取得しなかった場合は該当しません。

2　相続放棄があった場合の相続税法の取扱い

⑴　相続税法の取扱い

相続税法では民法の取扱いと異なり、相続人の数の計算においてはその放棄がなかったものとして取り扱います（相法15）。

相続税の基礎控除を計算する場合、相続人各人の課税価格の合計額から3,000万円（定額控除）と600万円に相続人の数を乗じた金額（人的控除）の合計額を控除します。ここにおける相続人とは民法第886条以降に規定する相続人のことをいいます。基礎控除額の計算における人的控除の相続人の数には、相続開始の時に法定相続人がいる場合、その数で計算します。

⑵　民法と取扱いが異なる理由

相続放棄があった場合、民法では相続を放棄した相続人は初めから相続人とならないことになり、相続税の計算における基礎控除も適用できないことになります。

相続財産を取得しない場合、相続放棄の他に遺産分割において実質的に財産を取得しないという方法を選択することもできます。相続放棄した場合は基礎控除が適用できず、遺産分割において相続財産を取得しない場合は適用できるとすると、その手段を知っているか否かで他の相続人の相続税の負担が相違します。また、相続放棄することにより他の相続人が相続財産を取得することになった場合、他の相続人の数により相続税の計算が異なることになってしまいます。例えば配偶者及び子がおらず兄弟が５人いる者が死亡し相続人が父親だけである場合、父親が相続放棄すると相続人は子５人となり相続人の数が増加します。このように相続人を調整することで相続税額を恣意的に変動させることができることになってしまうための取扱いと考えられます。

3　相続放棄があった場合の具体的取扱い

相続の放棄があった場合の相続人の数の計算は、基礎控除だけではなく、次の相続税の総額の計算等にも適用されます。

影響項目	内容	条文
・遺産に係る基礎控除	法定相続人１人につき600万円を控除する。	相法15②
・相続税の総額の計算	相続放棄がなかったものとした法定相続人の数で計算する。	相法16
・生命保険金等の非課税の規定	法定相続人１人につき500万円の非課税の適用がある。	相法12①五

・退職金等の非課税の規定	法定相続人１人につき500万円の非課税の適用がある。	相法12①六

4　事例

被相続人Ａの相続人は配偶者Ｂ、子Ｃ、Ｄ及びＥの４人です。Ａは事業をやっており多額の借金があったことから、Ｂが事業と借金を相続し子らは相続放棄しました。

このケースでは、民法の取扱いでは、相続放棄があった場合、放棄した相続人は初めから相続人ではなかったものとして取り扱います。この場合、相続人はＢ及びＡの父となります。

相続税の計算においては、Ｃ、Ｄ及びＥの放棄がなかったものとして相続人の数を計算します。配偶者及び子３人が相続放棄したとしても、基礎控除を5,400万円（3,000万円＋600万円×４）として控除します。

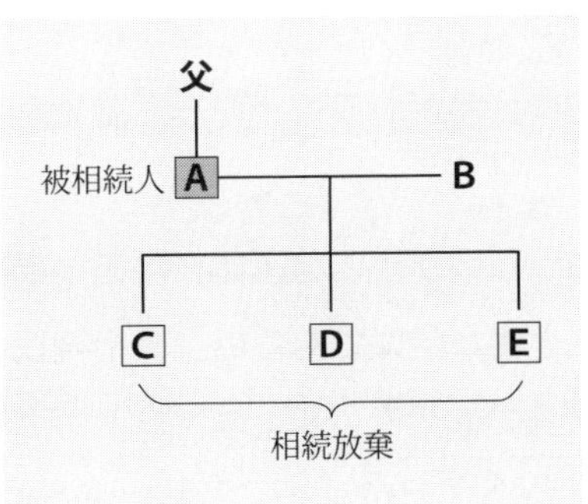

『参考法令通達等』

【民法第939条（相続の放棄の効力）】

相続の放棄をした者は、その相続に関しては、初めから相続人とならなかったものとみなす。

7-2 胎児がいる場合の相続人及び申告

ポイント

民法の規定では、胎児はすでに生まれたものとみなしますが、相続税法では、相続税の申告期限までに生まれていない者を納税義務者とすることができないことから、相続人の数に算入しません。生を受けたことがはっきりした時に申告手続をします。

【解　説】

1　胎児がいる場合の相続人

民法では、胎児はすでに生まれたものとみなし、死んで生まれた場合には相続人とならないとしています（民法886）。民法では、相続財産の分割という実利的な行為があることから、胎児の権利を保全したものでしょう。

相続税は、申告期限という重要な区切りがあります。申告期限において、相続人となるべき者が胎児である場合、相続税の申告は、胎児がいないものとして相続人の数等を計算します（相基通15-3）。胎児は、必ずしも生きて生まれないことがあり、また、まだ生まれていない場合、自己のために相続が開始したことを知る由がありません。そこで、仮の措置として胎児はいないものとして計算します。

2　申告期限において胎児がいる場合の申告書

⑴　胎児がいる場合

相続開始の時に胎児である場合、法定代理人が遺産分割して、胎児が取得する財産に対して納税したとしても、死んで生まれた場合に更正の請求や修正申告等煩雑な手続が生じます。そこで、申告書提出の時（更正又は決定をする時を含みます。）に生まれているかどうかで次の手続きをします（相基通11の2-3）。

申告の時	申告手続き
生まれている場合	胎児を法定相続人として計算する。
生まれていない場合	胎児がいないものとして、他の共同相続人の相続分によって計算する。

3　胎児が生まれた場合の相続税の申告

(1)　胎児の相続税の申告

胎児が生まれ、相続税の納税義務者となる場合、法定代理人がその胎児の生まれたことを知った日の翌日から10か月以内に申告書を提出しなければなりません（相基通27-4(6)）。

(2)　相続税の申告をしていた相続人等の更正の請求

胎児が生まれたことにより、基礎控除等が変動します。当然、税額が異動することになります。胎児が生まれる前に、申告と納税が済んでいた相続人等は、相続税額が減額となる場合は、胎児の出生の日の翌日から４か月以内に更正の請求ができます（相法32①二）。更正の請求ができる相続税法の特則として規定されている、相続税法第32条第１項第２号に「その他の事由により相続人に異動を生じたこと」とあるのは、胎児が出生した場合を含みます（相基通32-1）。

4　胎児が生まれたものとして計算した場合の申告期限の延長

相続開始の時に相続人となるべき胎児があり、その胎児が生まれたものとして課税価格及び相続税額を計算した場合、相続等により財産を取得したすべての者が相続税の申告書を提出する義務がなくなることが想定されます。このような場合、通則法基本通達（徴収部関係）の「第11条関係」の「１（災害その他やむを得ない理由）の(3)」に該当するものとして、胎児以外の相続人その他の者に係る申告書の提出期限は、これらの者の申請に基づき、その胎児の生まれた日後２か月の範囲内で延長することができます（相基通27-6）。

この規定は、当然のことながら、胎児を含めたところで算出してもなお、相続税額が発生し、相続税申告書の提出義務がなくならない場合は、延長は認められません。

『参考法令通達等』

【相続税法基本通達11の2-3（胎児が生まれる前における共同相続人の相続分）】

相続人のうちに民法第886条《相続に関する胎児の権利能力》の規定により既に生まれたものとみなされる胎児がある場合で、相続税の申告書提出の時（更正又は決定をする時を含む。）においてまだその胎児が生まれていないときは、その胎児がいないものとした場合における各相続人の相続分によって課税価格を計算することに取り扱うものとする。

【相続税法基本通達15-3（胎児がある場合の相続人の数）】

相続人となるべき胎児が相続税の申告書を提出する日までに出生していない場合においては、当該胎児は法第15条第１項に規定する相続人の数には算入しないことに取り扱うものとする。

【相続税法基本通達27-6（胎児がある場合の申告期限の延長）】

相続開始の時に相続人となるべき胎児があり、かつ、相続税の申告書の提出期限までに生まれない場合においては、当該胎児がないものとして相続税の申告書を提出することになるのであるが、当該胎児が生まれたものとして課税価格及び相続税額を計算した場合において、相続又は遺贈により財産を取得したすべての者が相続税の申告書を提出する義務がなくなるときは、これらの事実は、通則法基本通達（徴収部関係）の「第11条関係」の「１（災害その他やむを得ない理由）の(3)」に該当するものとして、当該胎児以外の相続人その他の者に係る相続税の申告書の提出期限は、これらの者の申請に基づき、当該胎児の生まれた日後２月の範囲内で延長することができるものとして取り扱うものとする。

7-3 養子の数の制限

ポイント

相続税の計算において基礎控除額等の計算をする場合、養子の数のカウントは、被相続人に実子がいるときは１人、実子がいないときは２人までです。

また、養子が複数いる場合は、どの養子をカウントするのかということではなく、全体として１人若しくは２人の制限となります。これは相続税の計算の措置であり、民法上の養子を否定するものではありません。

【解　説】

1　養子

成年に達した者は、養子縁組をすることができ、養子は縁組の日から養親の嫡出子の身分を取得します（民法809）。子供のいない夫婦や事業の継続等財産の承継対策に活用されています。養親及びその血族との間でも血族と同一の親族関係者となります（民法727）。

養子の権利は実子と異ならず、養親の財産を実子と等分で取得することができます。

2　相続税対策としての養子縁組

(1)　経緯

昭和の終わりのバブルの頃、地価が異常に上昇し、相続税の課税標準である財産評価基準における路線価もそれに引きずられて上昇しました。都市部郊外の土地所有者にとって、広い土地を多く所有していることから相続税対策が急務でした。様々な対策のうちで効果的な手段が、子の配偶者や孫をまとめて養子縁組することでした。養子縁組により相続人の数が増加することは、基礎控除が増え、課税価格がそれだけ減少します。相続人１人当たりの累進税率の緩和となり、大きな減税効果がありました。ただし、養子縁組の中には、相続開始直前で被相続人の判断能力が疑わしいときの縁組であることも多く、被相続人の意思に基づかないと調査で指摘されるケースもありました。

⑵　養子の数の制限の理由

基礎控除等人的控除を適用する上で養子の数に制限がないとすると、次の弊害が生じます。

①　相続税の基礎控除、生命保険金及び退職金の非課税の金額が増加し、課税遺産総額が減少する

②　相続税の総額の計算に際して１人当たりの取得金額が減少するため、累進税率の緩和となる

③　被相続人の意思が反映されない養子縁組もある

極端な養子縁組による租税回避行為が目に余る事態となったため、1988年（昭和63年）に税制改正が行われ、相続税の計算における養子の数が制限されました。

3　基礎控除等を計算をする上での養子の数の制限

⑴　制限される養子の数

相続税は、総遺産価額から債務・葬式費用を控除し、正味の財産価額（課税価格）から基礎控除を差し引いた金額に、税率を乗じて計算します。

基礎控除には、定額控除と相続人の数に応じた法定相続人比例控除があり、次の計算式で求めます（相法15①）。

3,000万円＋600万円×法定相続人の数

法定相続人とは、民法に規定されている相続人のことをいいますが、養子も法定相続人となります（民法887、889、890）。基礎控除を計算する上で養子がいる場合、法定相続人の数の計算において次の区分に応

じる養子の数に限られます（相法15②）。

① 被相続人に実子がいる場合、又は実子がなく、養子の数が１人の場合

養子の数は１人

② 被相続人に実子がなく、養子の数が２人以上である場合

養子の数は２人

下図のように、養子が長男の妻、孫Ａ及び孫Ｂと３人いますが、相続税の基礎控除を計算する上での養子の数は１人です。いずれかの養子をカウントするのではなく、数だけが制限されます。相続人としての民法上の権利は実子と同等です。

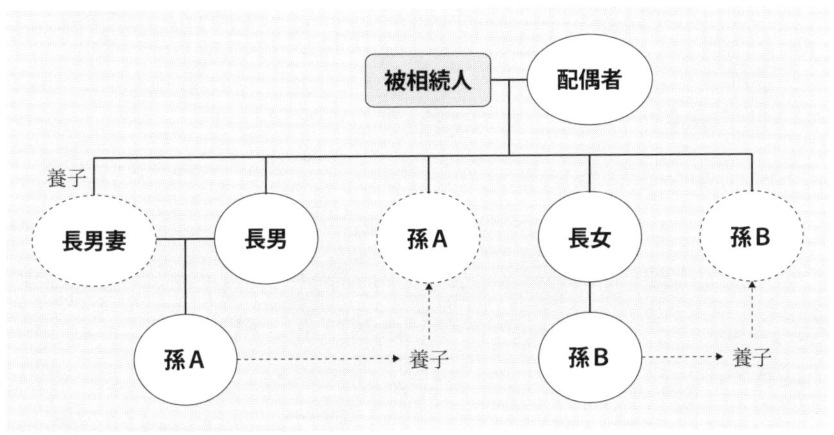

⑵ 養子の数が制限される規定

養子の数が制限されるのは基礎控除だけではなく、次の規定による計算においても制限されます。

① 生命保険金等の非課税限度額（相法12①五イ）

法定相続人１人につき500万円です。

② 退職手当金等の非課税限度額（相法12①六イ）

法定相続人１人につき500万円です。

4　実子とみなされる養子

制限される養子は、単純な養子のことをいいます。次の養子は実子とみなされます（相法15③、相令３の２）。

①　民法第817条の２第１項に規定する特別養子縁組による養子となった者

②　被相続人の配偶者の実子で、被相続人の養子となった者

③　被相続人と被相続人の配偶者との婚姻前に、被相続人の配偶者の特別養子縁組により養子となった者で、婚姻後に被相続人の養子となった者

④　被相続人の実子、若しくは養子又は直系卑属が相続開始前に死亡し、又は相続権を失ったため相続人となったその者の直系卑属（代襲相続人）

5　兄弟姉妹が相続人である場合

相続人（相続の放棄があった場合には、その放棄がなかったものとした場合における相続人をいいます。）が兄弟姉妹であり、そのうちに被相続人の親と養子縁組をしたことにより相続人となった者がいることがあります。この場合は相続税法第15条第２項に規定する「当該被相続人に養子がある場合」に該当しません（相基通15-5）。

（申告及び調査の対応のポイント）

1　養子縁組は、養親及び養子の意思により何人でも構いませんが、相続税の計算を行う上では一定の歯止めがあります。また、相続人の数が制限される規定は基礎控除額の計算だけではないことに注意してください。

2　法定相続人の数の制限のある養子であるか、又は実子とみなされる養子であるのかは相続税の計算の上で大きな影響があるので十分に検

討します。例えば、配偶者の死亡後にその配偶者の連れ子２名を養子にした場合、配偶者が死亡していたとしても婚姻関係は終了していないので、その養子は婚姻期間中に養子縁組したことになり、実子とみなされます(相基通15-6)。この場合は、養子の数の制限を受けません。

3　民法上は養子縁組を行う相手の数の制限はありません。養子縁組のトラブルは多く、孫養子の場合は親の兄弟、つまり叔父や叔母と兄弟になり、扶養義務が生じます（民法877①）。煩雑な親族関係が生じるとともに、税が絡むとさらに複雑になります。身分関係を変更してまでも相続税対策をしなければならないか、その適否を十分に検討した上で行うことです。

『参考法令通達等』

【相続税法第15条（遺産に係る基礎控除）】

1　相続税の総額を計算する場合においては、同一の被相続人から相続又は遺贈により財産を取得した全ての者に係る相続税の課税価格（第19条の規定の適用がある場合には、同条の規定により相続税の課税価格とみなされた金額。次条から第18条まで及び第19条の２において同じ。）の合計額から、3,000万円と600万円に当該被相続人の相続人の数を乗じて算出した金額との合計額（以下「遺産に係る基礎控除額」という。）を控除する。

2　前項の相続人の数は、同項に規定する被相続人の民法第５編第２章（相続人）の規定による相続人の数（当該被相続人に養子がある場合の当該相続人の数に算入する当該被相続人の養子の数は、次の各号に掲げる場合の区分に応じ当該各号に定める養子の数に限るものとし、相続の放棄があった場合には、その放棄がなかったものとした場合における相続人の数とする。）とする。

一　当該被相続人に実子がある場合又は当該被相続人に実子がなく、養子の数が１人である場合　１人

二　当該被相続人に実子がなく、養子の数が２人以上である場合　２人

3　前項の規定の適用については、次に掲げる者は実子とみなす。

一　民法第817条の２第１項（特別養子縁組の成立）に規定する特別養子縁組による養子となった者、当該被相続人の配偶者の実子で当該被相続人の養子となった者その他これらに準ずる者として政令で定める者

二　実子若しくは養子又はその直系卑属が相続開始以前に死亡し、又は相続権を失ったため民法第5編第2章の規定による相続人（相続の放棄があった場合には、その放棄がなかったものとした場合における相続人）となったその者の直系卑属

【相続税法基本通達15-5（「当該被相続人に養子がある場合」の意義）】

被相続人の民法第5編第2章《相続人》の規定による相続人（相続の放棄があった場合には、その放棄がなかったものとした場合における相続人をいう。以下15-5において同じ。）が兄弟姉妹である場合は、その相続人の中に当該被相続人の親と養子縁組をしたことにより相続人となった者があるときであっても、法第15条第2項に規定する「当該被相続人に養子がある場合」に該当しないのであるから留意する。

7-4 不当減少養子

ポイント

相続開始の直前に養子縁組を行い、養子となった者が相続財産を全く取得していないような場合、養子縁組の合理的な理由が判然としません。このような養子縁組は、基礎控除を増やし、相続税率の緩和を狙って行われたとみなされ、相続税の計算上養子の数を否認される可能性があります。

【解　説】

1　不当減少養子とは

相続税の基礎控除を計算する上で、被相続人に実子がいる場合又は実子がなく、養子が1人である場合は養子の数は1人、実子がなく、養子の数が2人以上である場合は2人まで法定相続人の数に算入することができますが（相法15②）、どのような場合でも必ず認められるわけではありません。その養子の数を認めて相続人の数として計算することが、相続税の負担を不当に減少させる結果となると認められる場合は、税務署長は、その養子（以下「不当減少養子」といいます。）の数を算入しないで相続税額を計算します（相法63）。民法上の養子であることには違いありませんが、租税回避行為とみられます。

2　不当減少養子のケース

不当減少養子として養子の数が否認されるケースは、相続税法第63条の趣旨から考えて、養子縁組することにより相続人となった合理的理由がない場合、相続税の負担を軽減するのみの養子縁組をしたと考えられる場合などがあります。具体的には個々の事例を検討することになります。

【不当減少養子事例として想定されるもの】

① 相続人の配偶者等を養子にし、財産を分与しない場合

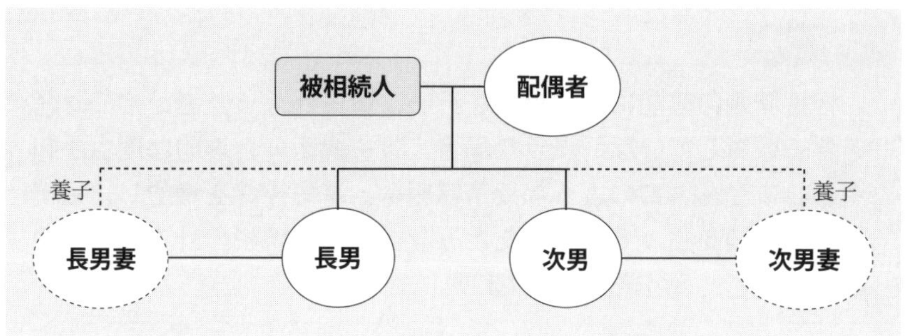

② 法定相続人がいるのにさしたる理由もなく知人等を養子にし、少額の財産を分与する場合

③ 遠方に居住する親戚を理由もなく養子にする場合

3　不当減少養子と認定された場合の相続税の計算の影響

不当減少養子として否認される項目は「生命保険金等の非課税限度額」、「退職手当金等の非課税限度額」、「基礎控除額」、「相続税の総額の計算」に限られます（相基通63-1）。

また、不当減少養子と認定された者がいる場合、相続人の数に算入する養子の数は、その不当減少養子を除いた養子の数を基として計算することとなります（相基通63-2）。他の養子については影響が及ばない措置です。

なお、この場合、相続税法第15条第３項の規定により、実子とみなされる養子は除かれます（本章7-3「４」参照)。

（申告及び調査の対応のポイント）

養子縁組を行って、それが相続財産を不当に減少させる場合の事例が少ないので明確な基準が判然としません。事実認定の問題です。

生前から長男の配偶者を養子にするといっていましたが、たまたま亡くなる数日前に養子縁組を行いました。その後の遺産分割協議でその養子が法定相続分の財産を取得したような場合、不当減少養子と認定するのは困難かもしれません。

税務調査においては、細かな事実を積み上げて相続税を不当に減少するための養子縁組であると認定することが考えられます。不当減少養子でない場合は、その縁組に合理的な理由があることを立証する必要があります。

『参考法令通達等』

【相続税法第63条（相続人の数に算入される養子の数の否認）】

第15条第２項各号に掲げる場合において当該各号に定める養子の数を同項の相続人の数に算入することが、相続税の負担を不当に減少させる結果となると認められる場合においては、税務署長は、相続税についての更正又は決定に際し、税務署長の認めるところにより、当該養子の数を当該相続人の数に算入しないで相続税の課税価格（第19条又は第21条の14から第21条の18までの規定の適用がある場合には、これらの規定により相続税の課税価格とみなされた金額）及び相続税額を計算することができる。

【相続税法基本通達63-1（相続人の数に算入される養子の数の否認規定の適用範囲）】

法第63条の規定が適用される事項は、法第12条第１項第５号の保険金の非課税限度額、同項第６号の退職手当金等の非課税限度額、法第15条第１項の遺産に係る基礎控除額及び法第16条の相続税の総額に関する事項に限られるのであるから留意する。

【相続税法基本通達63-2（被相続人の養子のうち一部の者が相続税の不当減少につながるものである場合）】

被相続人の養子（法第15条第３項の規定により実子とみなされるものを除く。）のうちに法第63条の規定による相続税の負担を不当に減少させる結果となると認められる養子（以下63-2において「不当減少養子」という。）がある場合には、法第15条第２項に規定する相続人の数に算入する養子の数は、当該不当減少養子を除いた養子の数を基とするのであるから留意する。

7-5 災害により相続財産が毀損した場合

ポイント

相続税は相続開始日現在、被相続人に帰属する財産に対して課税されますが、申告期限前に財産が災害によって消失した場合、被害を受けた部分を控除して計算できます。相続税の申告書に①この規定の適用を受ける旨、②被害の状況及び③被害を受けた部分の価額を記載して申告します。

なお、相続税の申告期限後に被害があった場合でも、その日以後に納付すべき税額のうち、被害を受けた部分に相当する税額が免除されます。

【解　説】

1　災害等にあった場合

相続税の課税財産は、原則として相続開始日に被相続人が所有していた財産です。相続税の申告期限は、相続の開始があったことを知った日の翌日から10か月以内です（相法27）。その間に相続財産が災害により消失又は甚大な被害を受けることがあります。また、相続税の申告期限を過ぎた場合でも、同様の被害が想定されます。被災した財産を相続した相続人等に一般の財産と同様の課税は酷です。そこで、相続開始後に災害により相続財産が甚大な被害を受けた場合、「災害被害者に対する租税の減免、徴収猶予等に関する法律」（以下「災害減免法」といいます。）により、被害を受けた時点で被害の内容に応じて減免措置があります。災害を受けた時が、相続税又は贈与税の申告書の提出期限前（災害減免法第６条の適用）又は提出期限後（同法第４条の適用）のどちらかにより計算が異なります。この取扱いは相続税又は贈与税に適用され、要件は同じです。

なお災害とは、震災、風水害、落雷、火災その他これらに類する災害のことをいいます（災害減免法１）。

2　被害を受けたときが、相続税等の申告書の提出期限前の場合（課税財産価額の減免）

(1)　適用対象者

①　相続税の納税義務者で、相続又は遺贈（贈与者の死亡により効力を生ずる贈与を含みます。②及び**3**(1)についても同様です。）により取得した財産が災害により甚大な被害を受けた者

②　贈与税の納税義務者で、贈与により取得した財産が災害により甚大な被害を受けた者

(2)　減免される価額

相続若しくは遺贈又は贈与により取得した財産（以下「相続財産等」といいます。）が、災害で甚大な被害を受けたときが、相続税等の申告書の提出期限前である場合、被害を受けた部分の価額を控除して相続税等の課税価額を計算します（災害減免法６）。

被害を受けた価額とは次の額をいい、どちらかに該当すれば適用できます（災害減免令12①②）。

①　全財産基準

相続税等の課税価格の計算の基礎となるべき財産の価額のうち、被害を受けた部分の価額の割合が10分の１以上であること。

この場合の相続財産の価額は、債務控除した後の価額のことをいいます。

②　動産基準

相続税等の課税価格の計算の基礎となるべき動産等の価額のうち、被害を受けた動産等の価額の割合が10分の１以上であること。

動産等とは、動産（金銭及び有価証券を除きます。）、不動産（土地及び土地の上に存する権利を除きます。）及び立木をいいます（次項**3**(2)において同じ）。

(3) 具体的な計算

被害を受けた部分の価額の計算は、次の通りです。

相続財産等の価額＊1	－	被害を受けた部分の価額＊2	＝	相続税等の課税価格に算入する価額

＊1　「相続財産等の価額」のうち相続税の場合、申告書第11表の価額（相続税評価額）のことをいいます。小規模宅地等の特例等の課税価格の計算の特例の適用がある場合、特例適用後の価額です。

＊2　「被害を受けた部分の価額」は、被害を受けた財産ごとに被害割合を乗じた価額です。また、相続税の場合、申告書第11表の価額（相続税評価額）のことをいいます。小規模宅地等の特例等の課税価格の計算の特例の適用がある場合、特例適用後の価額です。

被害を受けた相続財産等の価額	×	被害割合＊3	＝	被害を受けた部分の価額

＊3　被害割合の計算

被害額（保険金や損害賠償金等による補填額を控除した金額）及び被害があった時の時価（被害を受ける直前の価額）が明らかな場合は、次の算式によります。

$$\frac{\text{被害額}}{\text{被害があった時の時価}}=\text{被害割合}$$

(4) 減免の手続

災害減免法の適用を受ける場合、相続税又は贈与税の申告書に次の事項を記載しなければなりません（災害減免法12③、相法27、28、29）。

① 相続財産が災害等により毀損したため、災害減免法の適用を受けること

②　被害の状況

③　被害を受けた部分の価額

具体的には国税庁様式「災害減免法第６条の規定による相続税・贈与税の財産の価額の計算明細書」を活用します（P248）。

なお、申告書を提出しなかったことについて、正当な事由があると認められる者が、申告書の提出期限後に提出した場合も含まれます。

3　被害を受けたときが、相続税の申告書の提出期限後の場合（納税額の減免）

⑴　適用対象者

①　相続税の納税義務者で、相続又は遺贈により取得した財産が災害により甚大な被害を受けた者

②　贈与税の納税義務者で、贈与により取得した財産が災害により甚大な被害を受けた者

⑵　減免される税額

相続財産等が、災害等で甚大な被害を受けたときが、相続税等の申告書の提出期限後である場合は、被害のあった日以後に納付すべき相続税等のうち、被害を受けた部分に相当する税額が免除されます（災害減免法４、同令11）。被害のあった日以後に納付すべき相続税等とは、具体的には延納中の税額や農地等についての相続税の納税猶予の特例の適用を受けている税額をいいます。

被害を受けた価額とは上記**2**⑵に同じです。

具体的には、次の算式によります。

被害があった日以後に納付すべき相続税等の額＊1　－　$\frac{\text{被害を受けた部分の価額}}{\text{課税価格の計算の基礎となった財産の価額＊2}}$　＝　免除される相続税等の額

＊１　①「被害のあった日以後に納付すべき相続税等」とは、延納中の税額

や延納又は物納の許可前の徴収猶予中の税額、農地等についての相続税等の納税猶予の特例の適用を受けている税額等をいいます。

② 延納中の税額とは、被害があった日以後に分納期限が到来する税額をいいます。

③ 既に納付済みの税額や滞納となっている税額は含みません。

④ 相続税等とは、本税のことをいいます。延滞税・利子税、過少申告加算税、無申告加算税及び重加算税は除かれます。

＊２ ① 「課税価格の計算の基礎となった財産の価額」は、相続税の場合、申告書第１表の「④純資産価額」の金額に相当する金額です。

② 相続税の申告書第１表の「②相続時精算課税適用財産の価額」の金額がある場合は、「④純資産価額」から「②相続時精算課税適用財産の価額」を差し引きます。

⑶ 減免の手続

災害減免法の適用を受ける場合、災害の止んだ日から２か月以内に、申請書に次の事項を記載して所轄税務署長に提出しなければなりません（災害減免令11②）。

① 相続財産が災害等により毀損したため、災害減免法の適用を受けること

② 被害の状況

③ 被害を受けた部分の価額

具体的には国税庁様式「災害減免法第４条の規定による相続税・贈与税の免除承認申請書」を活用します（P249）。

申告及び調査の対応のポイント

1 相続開始後に災害等により相続財産に甚大な被害を受けることは非常に稀かもしれませんが、延納の場合は長期にわたりますのでこの規定を知っておいて損はありません。贈与税についても同様の取扱いです。

2　相続税等の申告期限後に災害があった場合、災害の止んだ日から２か月以内に申請書を提出しなければなりません。提出を忘れてこの日を超えた場合、宥恕規定はありません。

様式や計算方法等、詳細は国税庁ホームページで確認できます。

3　特定非常災害により被災した土地、土地の上に存する権利及び非上場株式等については、租税特別措置法第69条の６及び第69条の７において課税価額の計算が規定されています。この特例は、災害減免法と併用適用ができます。詳細は、拙著「一般動産・知的財産権・その他の財産の相続税評価ポイント解説」（税務研究会）を参照してください。

相続人又は受贈者　氏名＿＿＿＿＿＿＿＿＿＿

災害減免法第６条の規定による相続税・贈与税の財産の価額の計算明細書

私は、＿＿＿＿＿＿＿＿＿により被害を受けたので、災害被害者に対する租税の減免、徴収猶予等に関する法律第６条の規定による相続税・贈与税の軽減措置の適用を受けます。

1　被害を受けた部分の価額の計算等

（書ききれない場合は、「被害を受けた部分の価額の計算等(続)（災害減免法第６条）」に記載してください。）

項目＼番号		1	2	3	4	計
被害を受けた財産（注1）	所在地					
	区分(注2)	動産等・その他	動産等・その他	動産等・その他	動産等・その他	
	種類					
	細目					
①　相続・受贈時の財産の価額(注3)		円	円	円	円	
②　被害があったときの時価　※		(　　)	(　　)	(　　)	(　　)	※　かっこ内には、面積や取得時期等の計算の参考事項を記載してください。
③　②を基とした被害額(注4)						
④　保険金等で補てんされた金額						
⑤　差引被害額（③－④）						
⑥　被害を受けた財産の被害割合		%	%	%	%	
⑦　被害を受けた部分の価額（①×⑥）		円	円	円	円	(A)　円
⑧　被害の状況（被害の程度）						(B)　(A)のうち動産等
⑨　差引財産の価額（①－⑦）						

（注）1　被害を受けた財産には、相続税の場合は相続時精算課税適用財産や純資産価額に加算される暦年課税分の贈与財産は含まれません。
　　2　「動産等」とは、動産（金銭及び有価証券を除きます。）、不動産（土地及び土地の上に存する権利を除きます。）及び立木をいいます。また、「動産等・その他」の該当する方を○で囲んでください。
　　3　①の「財産の価額」は、相続税の場合は、申告書第11表の「価額」（相続税の評価額）となります。なお、租税特別措置法第69条の４《小規模宅地等についての相続税の課税価格の計算の特例》などの課税価格の計算の特例の適用を受けている場合は、適用後の価額となります。
　　4　③の「被害」とは、例えば、建物、家庭用財産及び車両等の損壊又は滅失等の物的な損害をいい、経済的価値の減少（地価の下落等）は含まれません。

2　適用要件の判定

項目	全財産を基とした計算	動産等を基とした計算	判定（注）左の(C)及び(D)の	
①課税価格の計算の基礎となった財産の価額	円	円		
②被害を受けた部分の価額	1の(A)	1の(B)	いずれかが10%以上 ⇩	いずれも10%未満 ⇩
③被害割合（②÷①）	(C)　%	(D)　%	適用有り	適用無し

（注）「判定」欄で「適用有り」の場合には、災害減免法第６条の適用がありますので、「１の⑨　差引財産の価額」を相続税の申告書第11表又は贈与税の申告書第１表（及び第２表）の「財産の価額」欄に記載します。

※　この計算明細書は、相続税又は贈与税の申告書等に添付してください。

（資17－22－Ａ４統一）

＿＿＿＿＿＿税 務 署 長

提出年月日　令和＿＿年＿＿月＿＿日

申請者　氏　名 ＿＿＿＿＿＿＿＿＿＿＿＿
〒
住　所 ＿＿＿＿＿＿＿＿＿＿＿＿
（電話番号　　－　　－　　）

連絡先 ＿＿＿＿＿＿＿＿＿＿＿＿
（電話番号　　－　　－　　）

法人番号
（申請者が法人等の場合は法人番号を記載してください。）

災害減免法第４条の規定による相続税・贈与税の免除承認申請書

私は、下記のとおり＿＿＿＿＿＿＿により被害を受けたので、災害被害者に対する租税の減免、徴収猶予等に関する法律第４条の規定により（相続税／贈与税）の免除申請をします。

記

1　税 目 等

税　目	相続税・贈与税	被相続人・贈与者	（氏名）		
			（住所）		
相続開始・受贈年月日	昭和 平成　・　・ 令和		申告書の提出年月日	昭和 平成　・　・ 令和	延納申請中・延納中・物納申請中・納税猶予・その他

2　被害を受けた部分の価額の計算等（裏面「２」に記載してください。）

3　適用要件の判定（裏面「３」に記載してください。）

4　免除を受けようとする税額の計算

① 被害のあった日以後に納付すべき税額	円
② 課税価格の計算の基礎となった財産の価額	円
③ 被害を受けた部分の価額（裏面2の(A)）	円
④ 免除を受けようとする税額（①×③÷②）	円

（注）1　①欄の税額には、滞納中の税額、延滞税、利子税及び加算税は含まれません。
2　②欄は、相続税の場合は申告書第１表の「④純資産価額」の金額に相当する金額を記載します。なお、相続税の申告書第１表の「②相続時精算課税適用財産の価額」の金額がある場合には、「④純資産価額」から「②相続時精算課税適用財産の価額」を差し引いた後の金額を記載します。
3　④欄は、１円未満の端数金額を切り捨てます。

※	通信日付印の年月日	（確　認）	整 理 番 号	番号確認
	年　月　日			

※欄は記入しないでください。

（資17－18－Ａ４統一）　（令3.3）

（裏　面）

2　被害を受けた部分の価額の計算等
（書ききれない場合は、「被害を受けた部分の価額の計算等(続)（災害減免法第４条申請）」に記載してください。）

項目 ＼ 番号		1	2	3	4	計
被害を受けた財産（注1）	所在地					
	区分(注2)	動産等・その他	動産等・その他	動産等・その他	動産等・その他	
	種類					
	細目					
① 相続・受贈時の財産の価額(注3)		円	円	円	円	
② 被害があったときの時価 ※		（　）	（　）	（　）	（　）	※ かっこ内には、面積や取得時期等の計算の参考事項を記載してください。
③ ②を基とした被害額（注4)						
④ 保険金等で補てんされた金額						
⑤ 差引被害額（③－④）						
⑥ 被害を受けた財産の被害割合		%	%	%	%	
⑦ 被害を受けた部分の価額（①×⑥）		円	円	円	円	(A)　円
⑧ 被害の状況（被害の程度）						(B)　(A)のうち動産等

(注) 1　被害を受けた財産には、相続税の場合は相続時精算課税適用財産や純資産価額に加算される暦年課税分の贈与財産は含まれません。
2　「動産等」とは、動産（金銭及び有価証券を除きます。）、不動産（土地及び土地の上に存する権利を除きます。）及び立木をいいます。また、「動産等・その他」の該当する方を○で囲んでください。
3　①の「財産の価額」は、相続税の場合は、申告書第11表の「価額」（相続税の評価額）となります。
なお、租税特別措置法第69条の４《小規模宅地等についての相続税の課税価格の計算の特例》などの課税価格の計算の特例の適用を受けている場合は、適用後の価額となります。
4　③の「被害」とは、例えば、建物、家庭用財産及び車両等の損壊又は滅失等の物的な損害をいい、経済的価値の減少（地価の下落等）は含まれません。

3　適用要件の判定

項目	全財産を基とした計算	動産等を基とした計算	判定（注3） 左の(C)及び(D)の	
① 課税価格の計算の基礎となった財産の価額	(注1)　円	(注2)　円		
② 被害を受けた部分の価額	2の(A)	2の(B)	いずれかが10%以上 ⇩	いずれも10%未満 ⇩
③ 被害割合（②÷①）	(C)　%	(D)　%	適用有り	適用無し

(注)1　①の「全財産を基とした計算」欄には、相続税の場合は申告書第１表の「④純資産価額」の金額に相当する金額を記載します。なお、相続税の申告書第１表の「②相続時精算課税適用財産の価額」の金額がある場合には、「④純資産価額」から「②相続時精算課税適用財産の価額」を差し引いた後の金額を記載します。
2　①の「動産等を基とした計算」欄には、相続税の場合は申告書第11表の財産の価額(2の(注3)参照)のうち、動産等の価額の合計額を記載します。
3　「判定」欄で「適用有り」の場合には、災害減免法第４条の適用がありますので、「４免除を受けようとする税額の計算」の各欄を記載します。

『参考法令通達等』

【災害被害者に対する租税の減免、徴収猶予等に関する法律第４条】

相続税又は贈与税の納税義務者で災害に因り相続若しくは遺贈（贈与者の死亡に因り効力を生ずる贈与を含む。以下第６条第１項において同じ。）又は贈与（贈与者の死亡に因り効力を生ずる贈与を除く。以下第６条第２項において同じ。）に因り取得した財産について相続税法第27条から第29条までの規定による申告書の提出期限後に甚大な被害を受けたものに対しては、政令の定めるところにより、被害があった日以後において納付すべき相続税又は贈与税（延滞税、利子税、過少申告加算税、無申告加算税及び重加算税を除く。）のうち、被害を受けた部分に対する税額を免除する。

【災害被害者に対する租税の減免、徴収猶予等に関する法律第６条】

1　相続税の納税義務者で災害に因り相続又は遺贈に因り取得した財産について相続税法第27条又は第29条の規定による申告書の提出期限前に甚大な被害を受けたものの納付すべき相続税については、当該財産の価額は、政令の定めるところにより、被害を受けた部分の価額を控除した金額により、これを計算する。

2　前項の規定は、贈与税の納税義務者で災害に因り贈与に因り取得した財産について相続税法第28条の規定による申告書の提出期限前に甚大な被害を受けたものの納付すべき贈与税について準用する。

【災害被害者に対する租税の減免、徴収猶予等に関する法律施行令第11条】

1　相続税又は贈与税の納税義務者で、相続若しくは遺贈（贈与者の死亡により効力を生ずる贈与を含む。次条第１項において同じ。）又は贈与（贈与者の死亡により効力を生ずる贈与を除く。次条第２項において同じ。）により取得した財産について相続税法第27条から第29条までの規定による申告書の提出期限後に災害により被害を受けた場合において次の各号に掲げる要件のいずれかに該当するものに対しては、法第４条の規定により、被害のあった日以後において納付すべき相続税又は贈与税（延滞税、利子税、過少申告加算税、無申告加算税及び重加算税を除く。）のうち、その税額にその課税価格の計算の基礎となった財産の価額（相続税法第13条の規定による債務控除をする場合においては、当該債務控除後の価額。第１号において同じ。）のうちに被害を受けた部分の価額（保険金、損害賠償金等により補てんされた金額を除く。以下この条及び次条において同じ。）の占める割合を乗じて計算した金額に相当する税額を免除する。

一　相続税又は贈与税の課税価格の計算の基礎となった財産の価額のうちに被害を受けた部分の価額の占める割合が10分の１以上であること。

二　相続税又は贈与税の課税価格の計算の基礎となった動産（金銭及び有価証券を除く。）、不動産（土地及び土地の上に存する権利を除く。）及び立木（以下この条及び次条において「動産等」という。）の価額のうちに当該動産等について被害を受けた部分の価額の占める割合が10分の１以上であること。

2　法第４条の規定の適用を受けようとする者は、その旨、被害の状況及び被害を受けた部分の価額を記載した申請書を、災害のやんだ日から２月以内に、納税地の所轄税務署長に提出しなければならない。

【災害被害者に対する租税の減免、徴収猶予等に関する法律施行令第12条】

1　相続税の納税義務者で、相続又は遺贈により取得した財産について相続税法第27条又は第29条の規定による申告書の提出期限前に災害により被害を受けた場合において次の各号に掲げる要件のいずれかに該当するものの納付すべき相続税については、これらの事由により取得した財産の価額は、法第６条第１項の規定により、被害を受けた部分の価額を控除して、これを計算する。

一　相続税の課税価格の計算の基礎となるべき財産の価額（相続税法第13条の規定による債務控除をすべき金額がある場合においては、当該債務控除後の価額）のうちに被害を受けた部分の価額の占める割合が10分の１以上であること。

二　相続税の課税価格の計算の基礎となるべき動産等の価額のうちに当該動産等について被害を受けた部分の価額の占める割合が10分の１以上であること。

2　前項の規定は、贈与税の納税義務者で、贈与により取得した財産について相続税法第28条の規定による申告書の提出期限前に災害により被害を受けた場合において次の各号に掲げる要件のいずれかに該当するものの納付すべき贈与税について、これを準用する。

一　贈与税の課税価格の計算の基礎となるべき財産の価額のうちに被害を受けた部分の価額の占める割合が10分の１以上であること。

二　贈与税の課税価格の計算の基礎となるべき動産等の価額のうちに当該動産等について被害を受けた部分の価額の占める割合が10分の１以上であること。

3　法第６条の規定の適用を受けようとする者は、相続税法第27条から第29条までの規定による申告書（これらの申告書を提出しなかったことについて正当な事由があると認められる者がこれらの申告書の提出期限後に提出した申告書を含む。）に、その旨、被害の状況及び被害を受けた部分の価額を記載しなければならない。

7-6 資産移転の時期の選択により中立的な税制の構築

ポイント

2023年（令和５年）度税制改正において、相続税の課税について「資産移転の時期の選択により中立的な税制」が構築されました。この税制は、相続開始前３年以内の贈与財産の価額を相続税の課税価格に加算する制度の年限を４年延ばし「相続開始前７年以内」としたものです。暦年課税を活用し財産の移転を図っていた相続税対策を少々絞ることを目的としたもので、今後の相続税対策に大きな影響があります。相続開始前の年を延ばしたと同時に、相続時精算課税においては、110万円の基礎控除を創設しました。相続税の課税対象となる贈与財産を、より長期間にわたって相続税の課税対象とする方向が明確となりました。

【解　説】

1　相続税の課税

相続税は、本来被相続人が相続開始時に所有していた財産に対して課税されます。しかし、相続税の課税を回避するため、生前に財産を分散させることにより、課税対象財産を減じることができます。相続税は、所得税の補完税といわれるように、生前の経済活動等による蓄積に対してまとめて課税することを本旨としています。そのため、生前の財産の分散に対しては高率の贈与税を課税することで､歯止めをかけています。高率の贈与税ではありますが、贈与者の財産に対する想定相続税率より低い税率で贈与することによる相続税の緩和を図る手法は、相続税対策の基本です。

しかし、このような相続税対策を講じることができるのは、一定の財産を所有する階層であり、本来負担すべき相続税を免れているとの批判もありました。相続税の負担率と、相続を受けた人の過去一定期間における贈与税の負担率を実際の申告と比較したデータがあります（税制調査会資料）。これによりますと、相続税の対象となる者であっても、相続税の課税価格が３億円以下である場合、贈与税の負担率が相続税の負担率を上回っています。３億円超の場合、贈与税の負担率が相続税の負担率を下回っていますので、相続税対策を十分に講じていることが分かります。

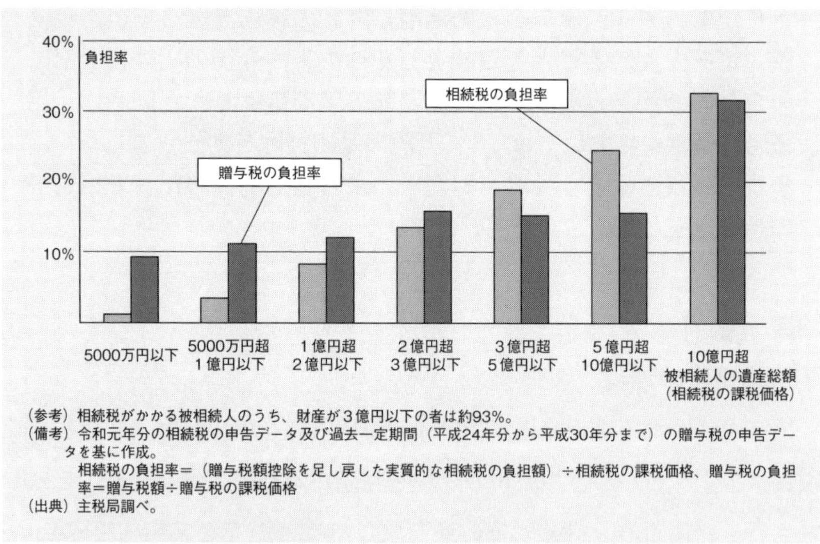

（参考）相続税がかかる被相続人のうち、財産が３億円以下の者は約93%。
（備考）令和元年分の相続税の申告データ及び過去一定期間（平成24年分から平成30年分まで）の贈与税の申告データを基に作成。
相続税の負担率＝（贈与税額控除を足し戻した実質的な相続税の負担額）÷相続税の課税価格、贈与税の負担率＝贈与税額÷贈与税の課税価格
（出典）主税局調べ。

2　資産移転の時期の選択

生前に分散した財産のすべてを相続税の課税財産に持ち戻して、相続税の税率で計算することが相続税の本来の姿です。贈与がいつ行われたとしても、贈与者の相続税の計算においてその一生涯の贈与財産の価額を加算して相続税の計算をすることを「資産移転の時期の選択に中立的な税制」といいます。

この税制を推進する大きな理由は次の通りです。

○　財産の移転の時期、回数及び金額にかかわらず、納税義務者にとって、財産の総額に対する税負担が一定となる。

○　税負担を意識して財産の移転の時期を計る必要がなく、ニーズに即した移転が促される。

○　相続税の税率より低い贈与税の税率を適用した、意図的な税負担の回避が防止される。

一生涯の贈与財産を加算することを「中立的」とすれば、期限を区切った加算は「より中立的」と表現するのでしょう。令和３年度及び令和４年度与党税制改正大綱では「資産移転の時期の選択に中立的」の表現が続きました。令和５年度では「中立的」が「より中立的」として、この時点で「中立的」であることを微妙に変更しています。「より」が入ったことで、将来的に「より」を外す改正がありうることを念頭に置く必要があります。

我が国の加算方式について考えるに、改正前の暦年課税は相続開始前３年以内なので「中立的」とはいえませんでした。アメリカでは一生涯の加算、ドイツでは相続開始前10年以内の加算となっており、欧米諸国と比較すると加算期間が非常に短いことが分かります。また相続時精算課税は、相続時精算課税を選択した年分以降は「より中立的」となりますが、選択は受贈者の判断になることから制度としては中途半端なものであり、そもそも相続税対策の手段とはならない制度です。

日本及び欧米諸国の課税方式は次の通りです。

国名	相続・贈与税の課税方式の比較		資産移転時期の選択
日本	・暦年課税	相続開始前３年以内の贈与財産を相続税の課税価格に加算（改正前）	中立的でない
		相続開始前７年以内の贈与財産を相続税の課税価格に加算（改正後）	より中立的である
	・相続時精算課税	選択した年分以後の贈与財産を全て相続財産価額に加算	中立的である
アメリカ	・一生涯の累積贈与額を相続財産価額に加算		中立的である
ドイツ	・相続開始前10年以内の贈与財産を相続財産価額に加算		より中立的である
フランス	・相続開始前15年以内の贈与財産を相続財産価額に加算		より中立的である

3　資産移転の時期の選択により中立的な税制

令和５年度の税制改正において「資産移転の時期の選択により中立的な税制」が導入されました。この税制は暦年課税をより厳しくし、相続時精算課税を緩和したことから、相続時精算課税に誘導しているものです。改正の大要は次の通りです。改正の詳細は別途解説します。

①　暦年課税

イ　相続開始前３年以内の贈与加算を、前７年以内とした。

ロ　相続開始前３年を超え、前７年以内の贈与により取得した財産の価額の合計額から100万円を控除した残りの金額を、相続税の課税価格に加算する。

②　相続時精算課税

イ　毎年の贈与価格から110万円の基礎控除が適用できることとした。

ロ　特定贈与者の相続財産には、基礎控除を適用した残額を加算する。

申告及び調査の対応のポイント

相続開始前７年以内の贈与財産の価額が相続財産に加算されるため、早期に相続税対策を講じる必要が出てきました。また、相続時精算課税は、受贈財産価額のみならず、相続時精算課税を選択した年分以後の贈与財産は、たとえ数万円であっても相続財産に加算しなければならないといった、煩わしい取扱いでもありました。改正により、相続時精算課税に110万円の基礎控除が創設され、110万円部分は相続財産に加算しなくてよくなったことから相続税対策としても活用できる制度になりました。

しかし、相続税対策として暦年課税又は相続時精算課税のどちらが効果的かは、判断が難しくなりました。

7-7 相続開始前７年以内の贈与加算

ポイント

相続等により財産を取得した者が、相続開始前７年以内に被相続人から受けた贈与がある場合、その価額を相続税の課税価格に加算して相続税の計算をします。贈与税の基礎控除以下の贈与財産でも、加算します。贈与税の申告があり、贈与税額がある場合、相続税からその贈与税が控除されます。

2024年（令和６年）１月１日以後の贈与に係る財産については、相続開始前７年の贈与加算です。ただし、相続開始前３年を超えて７年に至るまでに贈与された財産についてはその期間の合計額から100万円を控除した金額が加算されます。

【解　説】

1　相続開始前の贈与加算

⑴　相続開始前の贈与加算とは

相続等により財産を取得した者が、相続開始前７年以内に、被相続人から贈与により財産を取得したことがある場合、その財産の価額を相続税の課税価格に加算した価額を相続税の課税価格とみなして、相続税の計算をします（相法19①）。

相続開始前の贈与財産の加算の基本は、民法における特別受益からきています。しかし、実務的には、相続対策の一環として、相続直前の財産の移転が多くみられることから、相続税の累進税率の適用による税負担が軽減されて、公平を欠く結果となることを考慮し、その制限として加算するという側面があるようです。

相続財産に加算される贈与財産	**民法における特別受益（民法903①）**	・被相続人から遺贈を受けた財産、婚姻、養子縁組又は生計の資本として贈与された財産
	相続税法における加算（相法19、21の15、21の16）	・相続開始前７年以内に贈与を受けた財産 ・相続時精算課税を選択して贈与を受けた財産

2　相続開始前３年以内の加算の改正

2023年（令和５年）12月31日までは、相続開始前３年以内に被相続人から贈与があった場合の相続税の課税価格に加算する制度となっていました。この規定を見直し、2024年（令和６年）１月１日以後の贈与に係る相続税については、次のように改正されました。

①　相続開始前７年以内に贈与により取得した財産の価額を、相続税の課税価格に加算します。

相続開始前３年以内の加算を４年延伸しました。

②　相続開始前３年を超え、相続開始前７年以内の贈与により取得した財産の価額の合計額から100万円を控除した残りの金額を、相続税の課税価格に加算します。少額な贈与金額の７年間の追求が煩雑であるため定額控除となったものです。

③　相続開始前３年以内の贈与財産は従来通りの加算です。少額な贈与財産についても加算の対象であることに留意します。基礎控除以下の金額についても加算の対象です。

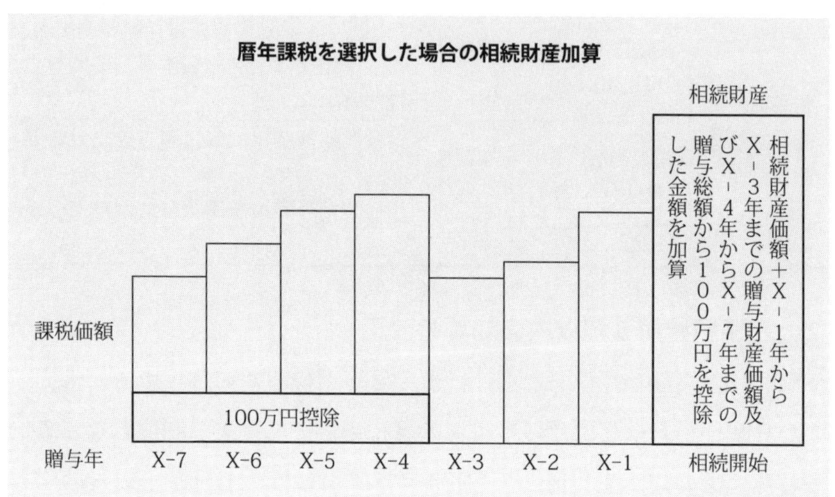

3　加算される期間

⑴　暦年贈与による加算のイメージ

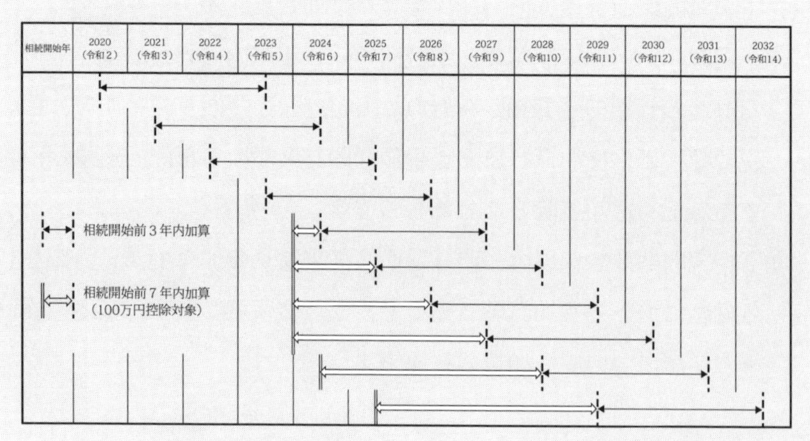

⑵　加算する期間の経過措置

相続財産に加算する期間は次の通り相続開始時期により異なります（令和５年度改正法附則19①②③）。

相続開始日	加算期間
2024年（令和６年）１月１日 ～2026年（令和８年）12月31日	相続開始から遡って３年目の応当日から相続開始日まで
2027年（令和９年）１月１日 ～2030年（令和12年）12月31日	2024年（令和６年）１月１日から相続開始日まで
2031年（令和13年）１月１日以後	相続開始から遡って７年目の応当日から相続開始日まで

4　具体的加算

(1)　相続財産に加算する者

贈与者の相続財産に相続開始前７年以内の贈与を受けた財産価額を加算するのは、次の要件に該当する者です。

①　相続等により財産を取得した者であること

被相続人から生前に贈与を受けていた者が相続財産を取得した場合、加算の対象となります。相続財産を取得しなかった者は、加算しません。

相続税法第19条でいう「財産」とは、相続税の非課税財産及びみなし相続財産も含まれることに留意します。例えば、ある相続人が相続開始前７年以内に土地建物の贈与を受けており、相続財産からは墓地だけを相続する場合、墓地は非課税財産ですが相続財産です。この相続人は相続開始前７年以内に贈与により取得した財産を、相続税の課税価格に加算することになります。相続税法第12条（相続税の非課税財産）は「次に掲げる財産の価額は、相続税の課税価格に算入しない」となっており、非課税財産は相続財産であるが、財産の価額を算入しないだけであることに留意します。

②　相続の開始前７年以内に、被相続人から贈与により財産を取得したこと

相続人であっても、相続財産を取得しない場合は加算しないこと

に留意します。相続人でなくても、遺贈により財産を取得した者は、相続開始前7年以内に贈与を受けていればその価額を相続税の課税価格に加算します。

また、贈与により取得した財産の価額は問いません。贈与された財産の価額が贈与税の基礎控除以下で、贈与税の申告が不要であった場合でも、相続開始前3年以内の贈与は、贈与を受けた価額をすべて加算し、3年を超え7年以内の贈与はその間の合計額から100万円を控除した価額を加算します。相続開始前7年以内の贈与については、贈与税の申告に当たって基礎控除を適用していたとしても、基礎控除はなかったものとしてすべて加算するという考え方です。

⑵　相続開始前7年以内とは

相続開始前7年以内とは、相続開始の日から遡って7年目の応答日から、相続開始の日までをいいます。その日以後の贈与があれば、その価額を相続財産に加算します。したがって、相続開始前7年を超える同一年中の贈与があった場合であっても、その贈与財産は、相続財産に加算しません。

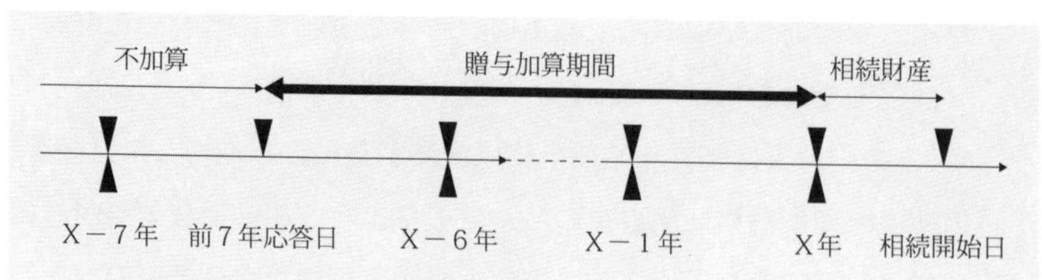

5　相続開始前7年以内の贈与の具体的加算

⑴　贈与の態様別のフロー

相続開始前7年以内の贈与があった場合、贈与税の申告の有無により、次の通り加算の手順が異なります。特に、贈与金額が基礎控除を超えており、贈与税の申告が必要な場合は、贈与事実の確認と申告を行うことが必須です。

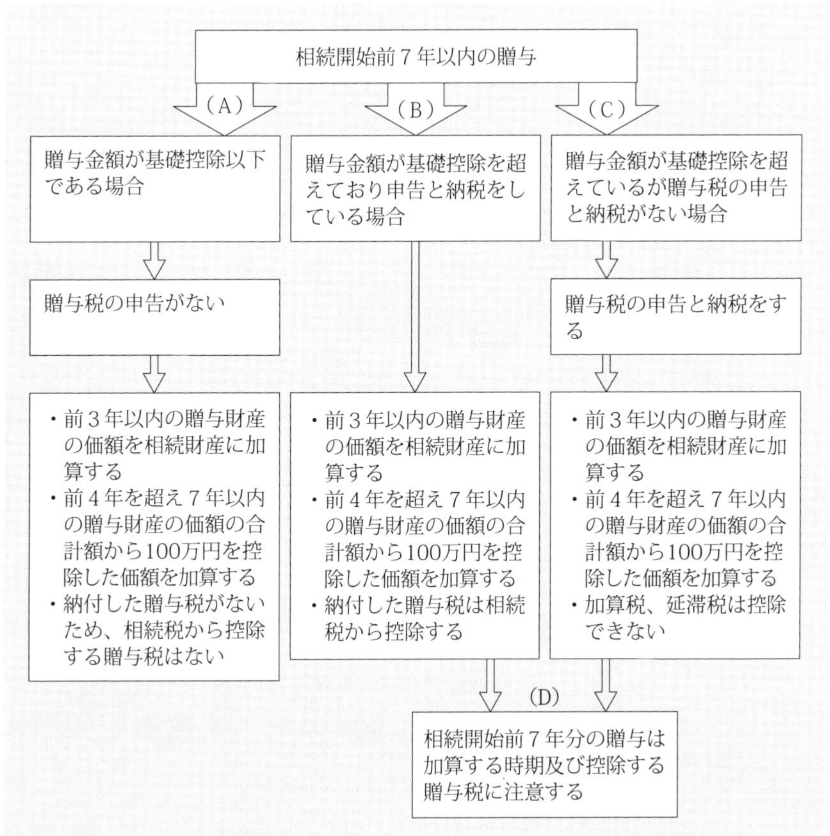

(2)　具体的な加算の方法

相続開始前７年以内の贈与について、相続税申告書に加算する手順は次の通りです。なお、①から④までの区分は上記(1)の区分と同じです。

①　贈与金額が贈与税の基礎控除以下である場合(A)

贈与金額が贈与税の基礎控除以下である場合であっても、贈与財産の価額を加算します。

イ　贈与財産の明細及び価額を「相続税申告書第14表１（純資産価額に加算される暦年課税分の贈与財産価額及び特定贈与財産価

額の明細)」に記載する。

ロ　贈与金額が贈与税の基礎控除以下である場合、贈与税の申告は不要である。

②　贈与金額が贈与税の基礎控除を超えており、贈与税の申告と納税をしている場合(B)

贈与金額が贈与税の基礎控除を超えており、贈与税の申告と納税をしている場合、贈与税申告書を基に贈与財産の価額を加算する。

イ　贈与財産の明細及び価額を「相続税申告書第14表１」に記載する。

ロ　贈与税の申告内容・納付税額・提出先税務署名等を「相続税申告書第４表の２（暦年課税分の贈与税額控除額の計算書)」に記載する。

ハ　納付した贈与税額は「相続税申告書第１表⑫（暦年課税分の贈与税額控除額)」で控除する。控除される贈与税は相続税額が限度である。控除しきれなかった贈与税は、還付されない。

③　贈与金額が贈与税の基礎控除額を超えているが、贈与税の申告と納税をしていない場合(C)

贈与税が無申告であることから、贈与税の申告と納税を行ったうえで、贈与価額を相続財産に加算する。

イ　贈与があった年分の贈与税の申告と納税を行う。

この場合、無申告加算税と延滞税が賦課される。

ロ　贈与税申告書に基づき受贈財産の明細及び税額等を「相続税申告書第４表の２」及び「相続税申告書第14表１」に記載する。

ハ　納付した贈与税額は「相続税申告書第１表⑫」で相続税から控除する。控除される贈与税は、相続税額が限度である。控除しきれなかった贈与税は還付されない。

この場合、無申告加算税及び延滞税は控除できないことに留意する（相法19①カッコ書き）。

④　贈与税の申告があり、同一年中に相続開始前７年以内の贈与と７年を超える贈与がある場合(D)

贈与税は個人が１年間に受けた贈与財産の合計額から基礎控除した課税価格を基に計算する。

被相続人から贈与を受けたもの以外にも贈与を受けている場合があり、また被相続人から贈与を受けた場合でも相続開始前７年以内に該当するものと外れるものがある。贈与税は１年間の贈与財産に対して計算されているので、相続開始前７年以内に該当する分の贈与税額を按分計算して控除する。

申告及び調査の対応のポイント

1　相続開始前７年以内の加算は、誤りの多い手続きです。相続税の申告書で相続開始前７年以内の贈与加算をしても、過年分の贈与税の申告書の提出と納税を行っていない事例があります。贈与税の基礎控除を超えている場合、贈与税の申告をせずに、贈与価格を相続財産に加算し、贈与税を相続税から控除することはできないことに注意します。

2　相続開始前７年以内に贈与があった場合は、贈与税の対象とならない場合でも、相続財産に加算します。

3　相続開始後に、被相続人から相続人等に対し資金の異動があることを把握した場合、次の点に注意して贈与事実の有無を判断します。

①　資金の移動の把握

被相続人の生前の普通預金通帳及び定期預金通帳等を確認し、高額な出金と相続人口座への入金等の有無を検討します。

②　贈与事実の確定

相続人等に対し資金の移動があることを把握した場合、その金銭の異動が贈与又は名義預金の設定であるかを判断しなければなりません。資金の移動は必ずしも贈与とは限りません。判断は難しくなります。

③　贈与税の申告と納税

相続人等に確認した結果、贈与事実が明確である場合、修正申告又は期限後申告をします。後日加算税や延滞税の通知が来ることを、必ず伝えます。

4　改正の影響

①　相続開始前７年以内の贈与財産は定額控除部分を除いて相続税の課税価格に加算されることになりました。相続財産は基礎控除以内でも、暦年課税分の贈与財産を加えることにより相続税の発生する件数が増加することが想定されます。もっとも、この効果を狙って改正された制度でしょう。

②　贈与による相続財産の調整は相続税対策の基本です。相続開始前７年を超えると相続財産に加算しなくてよくなるためです。加算される期間が延長されたことにより、効果的な相続税対策としての贈与税の活用は萎むでしょう。しかし、長寿社会の成員として、先を見越した早期の贈与の活用の提案の有用性は失われたわけではありません。

『参考法令通達等』

【相続税法第19条第１項（相続開始前７年以内に贈与があった場合の相続税額）】

相続又は遺贈により財産を取得した者が当該相続の開始前７年以内に当該相続に係る被相続人から贈与により財産を取得したことがある場合においては、その者については、当該贈与により取得した財産（第21条の２第１項から第３

項まで、第21条の３及び第21条の４の規定により当該取得の日の属する年分の贈与税の課税価格計算の基礎に算入されるもの（特定贈与財産を除く。）に限る。以下この条及び第51条第２項において同じ。）（以下この項において「加算対象贈与財産」という。）の価額（加算対象贈与財産のうち当該相続の開始前３年以内に取得した財産以外の財産にあっては、当該財産の価額の合計額から100万円を控除した残額）を相続税の課税価格に加算した価額を相続税の課税価格とみなし、第15条から前条までの規定を適用して算出した金額（加算対象贈与財産の取得につき課せられた贈与税があるときは、当該金額から当該財産に係る贈与税の税額（第21条の８の規定による控除前の税額とし、延滞税、利子税、過少申告加算税、無申告加算税及び重加算税に相当する税額を除く。）として政令の定めるところにより計算した金額を控除した金額）をもって、その納付すべき相続税額とする。

『参考裁決事例』

（相続開始前３年以内の贈与加算をする理由）

相続税法第19条第１項は、相続又は遺贈により財産を取得した者が、その相続開始前３年以内にその相続に係る被相続人から贈与により財産を取得している場合の相続税の課税価格及び納付税額の計算方法について規定するものであり、当該規定の趣旨は、相続税法が採用している相続税の累進税率の適用による税負担が、財産を生前贈与することによって軽減されて公平を欠く結果となることを考慮し、相続開始前３年以内の贈与財産の価額を相続税額の計算上、相続財産の価額に加算することにより所要の調整をすることにあると解される。

（1998年（平成10年）３月11日　裁決）

7-8 相続開始年中の贈与の加算

ポイント

相続等により財産を取得した者が、相続開始の年中に被相続人から贈与を受けていた場合、贈与財産の価額を相続税の課税価格に加算します。贈与税の申告は不要です。相続等により財産を取得しなかった場合は、加算は不要ですが、贈与税の申告が必要です。

【解　説】

1　相続開始年中の贈与

(1)　贈与財産が相続財産に加算されない場合

被相続人からの贈与であっても、税法固有の技術的な問題や相続人等の感情を考慮して、相続財産に加算されない場合があります。相続税法では「相続又は遺贈により財産を取得した者が相続開始の年において相続に係る被相続人から受けた贈与により取得した財産の価額で第19条の規定により相続税の課税価格に加算されるものは…贈与税の課税価格に算入しない」（相法21の２④）として、相続等により財産を取得した者が、相続開始の年に受けた贈与財産は、贈与税の課税価格に算入せず、相続税の課税対象となることを規定しています。

ただし、贈与を受けた財産は相続税の課税対象となりますが、相続財産となるわけではないことに留意します。贈与を受けた者の、相続財産の取得の有無により取扱いが異なります。

相続財産の取得	相続財産に対する加算の有無	贈与税の申告
①　相続財産を取得した場合	・贈与財産を相続税の課税価格に加算する	・贈与税の申告不要
②　相続財産を取得しなかった場合	・贈与財産を相続税の課税価格に加算しない	・その年の受贈財産価格が110万円を超えた場合、贈与税の申告をする

⑵　相続開始年中の贈与財産を加算しない理由

被相続人から相続開始前７年以内に贈与を受けた財産の価額は、相続税の課税価格に加算して相続税を計算します（相法19①）。そして納付した贈与税は相続税から控除します。贈与税は、その年中に受けた贈与財産の価額が基礎控除額110万円を超えた場合、申告と納税の義務が生じます。相続開始年中（生前）に贈与があったとしても、その年分の贈与税はその年が終了する12月31日を経過しないと計算できません。例えば、１月10日に被相続人から贈与を受けて、被相続人が２月10日に死亡したとします。その後、被相続人以外から別途贈与を受けることが想定されます。被相続人から生前贈与を受けた贈与財産に対する贈与税額は、相続開始時点で計算できないことになります。

2　贈与を受けた財産に対する小規模宅地等の特例

相続開始年中の贈与は、法技術的に相続財産として計算するものです。贈与財産であることには変わりはありません。そのため、居住用財産を贈与した年中に贈与者が死亡した場合、小規模宅地等の特例に該当する宅地であっても、特例を適用することはできません。小規模宅地等の特例は、相続等により取得した宅地に適用されるものであるからです（措法69の４①）。

3　相続等により財産を取得しなかった場合

相続財産を取得しなかった者が、相続開始年中に被相続人から贈与を受けていた場合、取得した財産は贈与税の課税価格に算入されます。暦年課税又は相続時精算課税の別に応じて、次のように取り扱われます（相基通21の2-3）。

(1)　暦年課税の場合

相続開始前7年以内の贈与加算の規定は適用されず、贈与により取得した財産の価額は、贈与税の課税価格に算入されます。

(2)　相続時精算課税をすでに選択していた場合

相続税法第21条の10の規定により、贈与により取得した財産の価額は、贈与税の課税価格に算入され、その価額を相続税の課税価格に加算します。相続税法第28条第4項の規定により贈与税の申告書の提出を要しません。

(3)　相続時精算課税を新たに選択する場合

相続開始の年に、被相続人からの贈与により財産を取得した者が、贈与を受けた年より前の年に相続時精算課税選択届出書を提出していない場合、新たに相続時精算課税の適用を受けるためには、相続時精算課税選択届出書を提出しなければなりません。その価額を相続税の課税価格に加算します。

4　相続開始年中に被相続人以外から贈与があった場合

相続開始のあった年中の被相続人からの贈与は、相続税の課税価格に加算され、贈与税の課税価格に算入されません。被相続人以外から受けた贈与財産については、その価額を受贈した年の翌年3月15日までに、贈与税の申告をします。他の者から贈与を受けた財産に対して、贈与税の基礎控除を適用できます。

『参考法令通達等』

【相続税法第21条の2第4項（贈与税の課税価格）】

相続又は遺贈により財産を取得した者が相続開始の年において当該相続に係

る被相続人から受けた贈与により取得した財産の価額で第19条の規定により相続税の課税価格に加算されるものは、前３項の規定にかかわらず、贈与税の課税価格に算入しない。

【相続税法第28条第４項（贈与税の申告書）】

特定贈与者からの贈与により第21条の９第３項の規定の適用を受ける財産を相続時精算課税適用者が取得した場合において、当該特定贈与者が当該贈与をした年の中途において死亡したときは、当該贈与により取得した財産については、第１項の規定は、適用しない。

【相続税法基本通達21の2-3（相続又は遺贈により財産を取得しなかった者の贈与税の課税価格）】

相続開始の年において、当該相続に係る被相続人からの贈与により財産を取得した者が当該被相続人からの相続又は遺贈により財産を取得しなかった場合の贈与税の課税価格は、法第21条の５から第21条の７までの規定（措置法第70条の２の５の規定を含む。以下「暦年課税」という。）の適用を受けるもの又は相続時精算課税の適用を受けるもののいずれであるかに応じて、それぞれ次に掲げるとおりとなるのであるから留意する。

⑴　暦年課税

法第21条の２第４項の規定は適用されず、当該贈与により取得した財産の価額は、贈与税の課税価格に算入される。

⑵　相続時精算課税

法第21条の10の規定により、当該贈与により取得した財産の価額は、贈与税の課税価格に算入されるが、法第28条第４項の規定により贈与税の申告書の提出を要しない。この場合、当該財産の価額について贈与税の更正又は決定は行わないのであるから留意する。

（注）　相続開始の年において当該相続に係る被相続人からの贈与により財産を取得した者で当該贈与を受けた年より前の年に当該被相続人からの贈与により取得した財産について相続時精算課税選択届出書を提出していないものが、当該財産について相続時精算課税の適用を受けるためには、相続時精算課税選択届出書を提出しなければならないのであるから留意する。

7-9 相続開始前７年以内に贈与で配偶者控除を適用していた場合

ポイント

贈与税の配偶者控除の適用を受けた財産は、相続税の課税価格に加算しません。ただし、配偶者控除の金額は2,000万円までです。2,000万円を超える部分については、相続開始前７年以内の贈与であれば、相続財産に加算します。

【解　説】

1　贈与税の配偶者控除

贈与税の配偶者控除とは、婚姻期間が20年以上の贈与した配偶者（以下「贈与配偶者」といいます。）から、居住用不動産又は居住用不動産を取得するための金銭の贈与を受けた配偶者は、その贈与を受けた価額から2,000万円までの金額を控除できる特例です（相法21の６）。

要件は次の通りです。

①　婚姻期間が20年以上の贈与配偶者からの贈与であること
②　受贈財産は、次の要件を満たすものであること
　イ　土地もしくは土地の上に存する権利又は家屋（以下「居住用不動産」といいます。）
　ロ　居住用不動産を取得するための金銭
③　居住用不動産は次の要件を満たすこと
　イ　専ら居住の用に供すること
　ロ　国内にあること

④　同一の贈与配偶者から以前に贈与を受けた財産について、この特例を適用していないこと
⑤　贈与を受けた日の属する年の翌年３月15日までに居住の用に供すること
⑥　金銭の贈与を受けた場合、贈与を受けた日の属する翌年３月15日までに居住用不動産を取得して居住の用に供すること
⑦　⑤⑥以後も引続き居住の用に供する見込みであること
⑧　贈与を受けた年の翌年に贈与税の申告をすること

2　贈与税の配偶者控除を適用していた場合の相続財産の加算

配偶者控除の適用を受けて財産を取得した場合は、相続税の課税価格に加算しません（相法19②）。相続開始前７年以内の贈与財産であっても加算しません。これは配偶者の生活の保証と安定のために生前に贈与したことを考慮して、贈与者の相続財産に加算しないこととしたものです。

3　相続開始前７年以内に贈与税の配偶者控除を適用していたが、受贈財産価額が2,000万円を超えていた場合

配偶者控除の限度額は2,000万円です。贈与税の配偶者控除の適用を受けていたとしても、2,000万円を超えた金額は、配偶者控除の金額ではないことから、相続税の課税価格に加算します。超えた金額が、贈与税の基礎控除以内であっても加算の対象です。

例えば、次の例のように贈与税の申告において贈与税が零であったとしても、配偶者控除の金額は2,000万円であり、それを超える金額は相続開始前７年以内の贈与加算の対象です。

・X0年５月　居住用財産（評価額2,100万円）の贈与を受ける。

・X1年	贈与税の申告 （配偶者控除及び基礎控除を適用して納税額は零である）
・X2年	贈与者死亡 相続開始前７年以内の加算金額は100万円である。

4　相続開始の年に贈与を受け、配偶者控除を適用する場合

⑴　配偶者控除の適用

相続開始年中に贈与を受けた財産に対して、配偶者控除の要件に該当したことから配偶者控除の適用を受ける場合は、他の贈与財産と異なり相続税の課税価格に加算しません（相法19②二）。

この場合は、相続税申告書第14表にその旨を記載し、贈与税の申告を行う必要があります（相令４②）。贈与税の配偶者控除の適用要件である必要書類と贈与税の申告書を提出します（相規１の６①）。

⑵　配偶者控除の金額

相続開始年中の贈与の場合、配偶者控除の適用を受けられるのは2,000万円までです。2,000万円を超える部分は通常の加算です。

『参考法令通達等』

【相続税法第19条第２項（相続開始前７年以内に贈与があった場合の相続税額）】

前項に規定する特定贈与財産とは、第21条の６第１項に規定する婚姻期間が20年以上である配偶者に該当する被相続人からの贈与により当該被相続人の配偶者が取得した同項に規定する居住用不動産又は金銭で次の各号に掲げる場合に該当するもののうち、当該各号に掲げる場合の区分に応じ、当該各号に定める部分をいう。

一　当該贈与が当該相続の開始の年の前年以前にされた場合で、当該被相続人の配偶者が当該贈与による取得の日の属する年分の贈与税につき第21条の６第１項の規定の適用を受けているとき　同項の規定により控除された金額に相当する部分

二　当該贈与が当該相続の開始の年においてされた場合で、当該被相続人の

配偶者が当該被相続人からの贈与について既に第21条の６第１項の規定の適用を受けた者でないとき（政令で定める場合に限る。）同項の規定の適用があるものとした場合に、同項の規定により控除されることとなる金額に相当する部分

【相続税法施行令第４条第２項（相続税額から控除する贈与税相当額等）】

法第19条第２項第２号に規定する政令で定める場合は、同号の被相続人の配偶者が、法第27条第１項の規定による申告書（当該申告書に係る期限後申告書及びこれらの申告書に係る修正申告書を含む。）又は国税通則法第23条第３項（更正の請求）に規定する更正請求書に、法第19条第２項に規定する居住用不動産又は金銭につきこれらの財産の価額を贈与税の課税価格に算入する旨その他財務省令で定める事項を記載し、財務省令で定める書類を添付して、これを提出した場合とする。

7-10 相続税の課税価格からの債務控除

ポイント

債務の金額が、相続財産の価額を超えてマイナスとなった場合は、財産価額（純資産価額）を零と見ますので贈与価額から控除できません。相続開始前７年以内の贈与財産価額は、零に加算されて計算されます。

【解　説】

1　相続開始前７年以内の贈与加算額からの債務控除

相続財産価額より債務の金額が多いため、結局債務の金額だけが残り、相続税の課税対象とならない場合があります。しかし、相続財産を取得している場合、相続開始前７年以内に贈与を受けた財産の価額を相続税の課税価格に加算します。相続税の課税価格に相続開始前７年以内の贈与加算額があっても、相続財産から控除しきれなかった債務は、贈与財産の価額から控除することはできません（相基通19-5）。相続財産のマイナスは考慮されず零と見ますので、相続開始前７年以内に贈与を受けた価額が残ります。

2　相続時精算課税適用財産価額からの債務控除

相続等により財産を取得した相続時精算課税適用者は、相続税の課税価格に加算した相続時精算課税適用財産から債務控除することができます（相法21の15②）。また、相続財産を取得しなかった相続時精算課税適用者についても、相続等により財産を取得したとみなされますので同様に債務控除ができます（相法21の16①）。

申告及び調査の対応のポイント

1　申告書作成ソフトで入力し作成するため、ほとんど計算誤りをすることはありませんが、勘違いをすることが多い取扱いです。

2　相続開始前７年以内の贈与加算を適用するのは「相続又は遺贈により財産を取得した者」のみです（相法19）。財産の取得がない場合、７年以内の贈与加算だけを行うことができません。ただし、相続時精算課税を適用して贈与税の申告を行っている場合は、相続時精算課税を選択した時からの贈与財産はすべて加算することに注意してください（相基通21の15-1）。

『参考法令通達等』

【相続税法基本通達19-5（債務の通算）】

　加算対象贈与財産の価額を相続税の課税価格に加算した場合においても、その加算した財産の価額からは法第13条第１項、第２項又は第４項に規定する控除はしないことに留意する。

7-11 相続時精算課税贈与の加算

ポイント

相続時精算課税を選択した年分以後の贈与財産の価額は、相続財産を取得したか否かにかかわらず特定贈与者の相続財産にすべて加算します。贈与財産が数万円程度であっても、すべて加算します。

2024年（令和６年）１月１日以後の贈与については、相続時精算課税を適用した場合、110万円の基礎控除が適用できることとなりました。

【解　説】

1　相続時精算課税の要件

⑴　概要

贈与税の原則は暦年課税ですが、一定の要件のもと、相続時精算課税制度を選択して申告することができます。相続時精算課税を適用するためには、贈与税の申告書と同時に「相続時精算課税選択届出書」を申告期限内に提出します。この「相続時精算課税選択届出書」を提出した者を「相続時精算課税適用者」といいます。その届出に係る贈与者は「特定贈与者」といいます。

特別控除額は特定贈与者ごとに2,500万円で、特定贈与者が死亡したときに、特定贈与者の相続財産に、相続時精算課税に係る贈与財産を加算して相続税を計算します。

⑵　適用要件

要件は次の通りです（相法21の９）。

区　分	要　件
特定贈与者	①　贈与した年の１月１日において、60歳以上であること。 ②　贈与したときにおいて、受贈者の父母又は祖父母であること。
相続時精算課税適用者	①　贈与を受けた年の１月１日において、18歳以上であること。 ②　贈与を受けたときにおいて、贈与者の直系卑属である推定相続人又は孫であること。
特別控除	特定贈与者ごとに、2,500万円である。
基礎控除	①　１年間の受贈価額から、110万円を控除する。2024年（令和６年）１月１日以後に取得した財産に適用される。 ②　１年間の基礎控除が110万円であることから、複数の者からの贈与について相続時精算課税を適用する場合、按分計算をする。
その他	①　最初の贈与を行った年の翌年の申告期限内に「相続時精算課税選択届出書」を提出する。 ②　一度この特例を選択すると、その贈与者から受ける贈与財産については、すべて相続時精算課税が適用され、暦年課税に戻ることはできない。 ③　この特例は、贈与者毎に選択できる。 ④　戸籍謄本等法定要件を証明する書類を提出する。
税　率	特別控除額2,500万円を超えた部分は、20％の税率を適用する。

2　相続時精算課税の要点

⑴　相続時精算課税の特徴

相続時精算課税は、特定贈与者に相続が開始した時に相続財産に贈与財産をすべて加算して相続税の計算をする制度です。次の特徴があります。

①　相続時精算課税選択届出書（以下「届出書」といいます。）を提出した年分以後の贈与財産はすべて相続時精算課税の適用を受けることから、数万円の贈与であっても、その贈与が十数年前であっても相続税の課税価格に加算します。

②　後年になって相続時精算課税の不都合に気が付いても、暦年課税に戻ることができません。

③　特定贈与者の相続財産を取得したか否かにかかわらず、贈与財産

の価額を相続税の課税価格に加算します。

④　相続財産に加算する金額は、贈与を受けた時の価額です。そのため、特定贈与者の相続時に全額費消していたとしても、相続税の課税対象となります。

⑤　孫でも適用できますが、孫は祖父母の相続財産に贈与価額を加算し、相続税が算出される場合、代襲相続人を除き相続税額の２割加算となります。

⑵　相続時精算課税の不都合

相続時精算課税は、届出書を提出した年分以後の贈与財産をすべて加算することから「資産移転の時期の選択に中立的な税制」でしょう。2003年（平成15年）の創設当初は、暦年課税の特例として、順調な滑り出しでしたが、近年は適用件数の伸びが落ちています。相続税は、生前の贈与財産をできるだけ相続財産に取り込む方向で各国の税制が構築されています。我が国の税制においても、その方向に走る予定だったのでしょうが、息切れがしています。その理由は、次の通りです。

①　この制度は全く相続税対策に使えない。

②　届出書を提出した年分以後の少額の贈与財産もすべて相続財産に加算されることから、調査で多額の申告漏れを指摘される可能性がある。

③　費消した財産についても加算しなければならないことから、贈与された金銭を使えない。

④　相続時精算課税を勧める場合であっても、この制度に対する納税者の理解の程度が判断できない。税理士の説明責任を問われる可能性がある。

3　制度の改正

(1)　相続時精算課税の基礎控除の創設

令和５年度の税制改正において、2024年（令和６年）１月１日以後に相続時精算課税適用者が特定贈与者から贈与を受けた場合、基礎控除110万円を適用できることとなりました。暦年課税の基礎控除とは別に適用されます。

相続時精算課税を適用した場合、平均寿命が男女ともに80歳を超えている現状から、適用開始から相続まで20年30年に及ぶことが想定されます。特別控除2,500万円を超えた年分以降の贈与は控除がないことから、数万円の贈与でも贈与税の申告と納税が必要でした。このような少額贈与を数十年にわたって補足管理することは実際的ではないことから、少額免除の意味合いを含めて新設されたものです。

特定贈与者の相続財産には、基礎控除額を適用した残額を加算します。

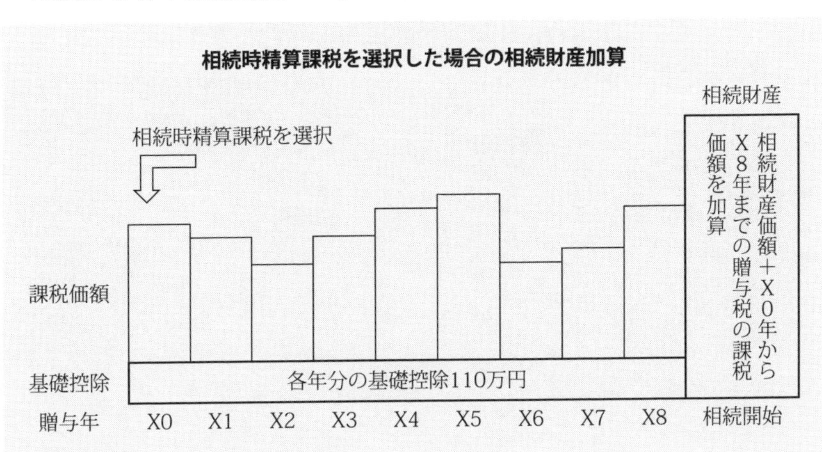

(2)　特定贈与者が複数いる場合

相続時精算課税の基礎控除は、暦年課税の基礎控除と同様、その年分に贈与を受けた金額の合計額から控除することになるため、複数の特定贈与者から贈与を受けた場合でもその合計額から110万円を控除します

（措法70の３の２）。複数の特定贈与者から控除する金額は、按分計算をします（措令40の５の２）。

特定贈与者ごとの計算式は次の通りです。

$$\text{特定贈与者の控除金額}=110\text{万円}\times\frac{\text{その特定贈与者の課税価格}}{\text{すべての特定贈与者の課税価額の合計額}}$$

申告及び調査の対応のポイント

相続時精算課税に110万円の基礎控除が創設されたことで、適用件数は伸びることでしょう。しかも、110万円は相続財産に加算されません。これが、特定贈与者が生きている間毎年使えます。110万円ぎりぎりの贈与であれば非常に使い勝手がよさそうです。110万円を超える金額の贈与の可能性がある場合は、どうでしょう。相続時精算課税は、一生涯の適用で、暦年課税に戻ることはできません。また、相続時精算課税適用者が先に死亡した場合、相続時精算課税の権利と義務は相続人に引き継がれる等様々な制約があります。単に目先の110万円に惑わされることなく、十分に吟味して選択します。

7-12 特定贈与者が死亡した場合

ポイント

相続時精算課税を適用して納付した贈与税は、相続税から控除し、控除しきれなかった贈与税は還付されます。相続税が課税されない場合、相続税の申告書を提出することにより、贈与税が還付されます。相続開始日の翌日から起算して５年を経過する日まで、いつでも提出できます。

【解　説】

1　相続税の申告期限

相続税の申告期限は相続の開始があったことを知った日の翌日から10か月以内です（相法27①）。相続時精算課税適用者に係る相続の開始があったことを知った日は、特定贈与者が死亡したこと又は特定贈与者について民法第30条（失踪の宣告）の規定による失踪の宣告に関する審判の確定のあったことを知った日です（相基通27-4）。

2　相続時精算課税の特定贈与者が死亡した場合

⑴　相続財産に加算する暦年課税及び相続時精算課税の相違

贈与を受けた財産の価額を相続財産に加算するか否かは、暦年課税では相続財産の取得の有無により異なり、相続時精算課税はすべて相続財産に加算します。

贈与税課税区分／財産の取得	暦年課税（相続開始前７年以内）	相続時精算課税
相続財産を取得する	加算する（相法19①）	加算する（相法21の15①）
相続財産を取得しない	加算しない（相法19①）	加算する（相法21の16①）

⑵ 贈与財産を加算した場合の具体的な流れ

特定贈与者が死亡した場合、次の流れにより相続税の申告又は贈与税の還付を請求します。

① 相続時精算課税に係る贈与税の税額があり、相続税が課税される場合（下表（A）。以下同じ。）

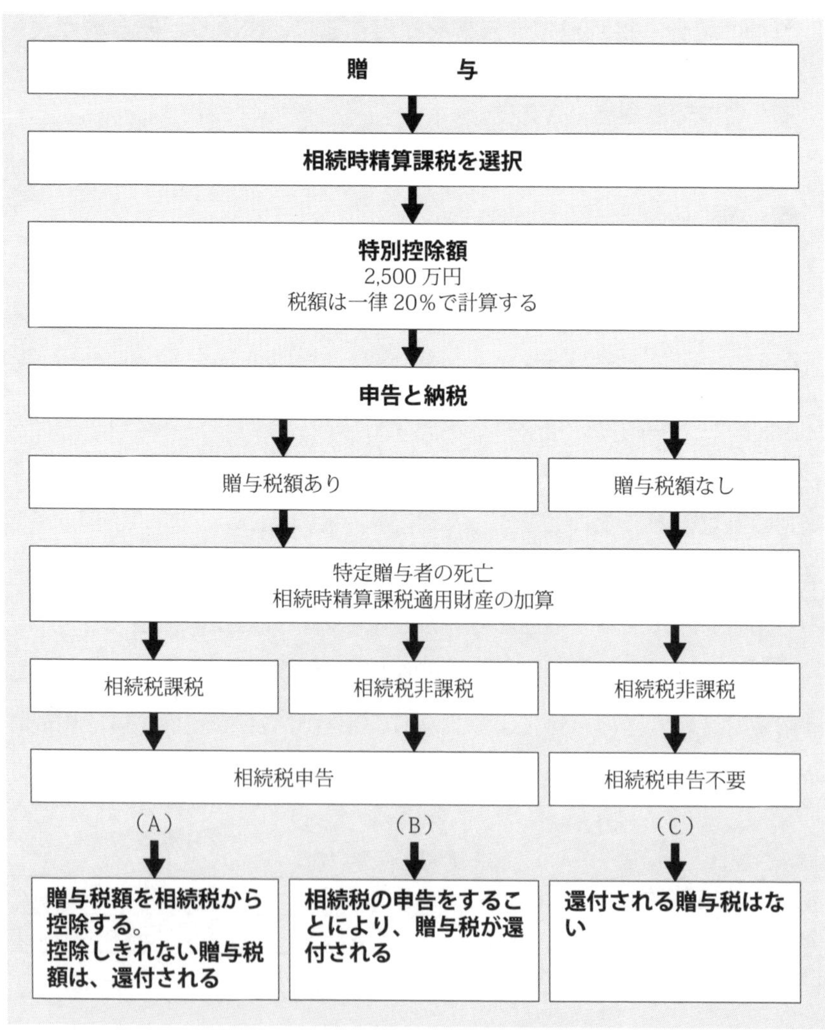

算出された相続税額から、贈与税額（外国税額控除前の税額とし、延滞税、利子税、加算税等に相当する税額を除きます。）に相当する金額を控除して計算します。

控除しきれない贈与税額があるときは、その控除しきれなかった金額に相当する税額の還付を受けるため、相続税の申告書を提出できます（相法27③、33の２①）。

② 相続時精算課税に係る贈与税の税額があり、相続税が課税されない場合（B）

特定贈与者の相続財産が、相続税の課税価格に満たないことから、相続税の申告の必要がない場合があります。この時、すでに納税した相続時精算課税適用分の贈与税額がある場合には、上記①と同様、相続税の申告書を提出することにより、贈与税の還付請求ができます。

なお、還付金に係る国に対する請求権は、その請求をすることができる日から５年間行使しないことによって時効により消滅することとされています（通則法74①）。したがって、上記①②の相続税の還付申告書は、特定贈与者の相続開始の日の翌日から起算して５年を経過する日まで提出することができます（相基通27-8）。相続税の申告書の提出期限（相続の開始があったことを知った日の翌日から10か月以内）には縛られません。

③ 相続時精算課税に係る贈与税の税額がなく、相続税が課税されない場合（C）

相続税の手続きは必要ありません。税務署に、特定贈与者が死亡したことを通知する必要もありません。

3　贈与年中に、特定贈与者が死亡した場合

贈与年中に、特定贈与者が死亡した場合、「相続時精算課税選択届出

書（以下「届出書」といいます。)」は、特定贈与者の相続税の納税地の所轄税務署長にしなければなりません（相令５)。同年中に父及び母から贈与を受けたが、届出書を提出する前に父が死亡した場合、届出書の提出先は父又は母からの贈与により異なることに注意します。

贈与者		「届出書」の提出先	根拠条文
父	死亡	被相続人の納税地の税務署長	相令５③
母	生存	受贈者の納税地の税務署長	相令５①

（申告及び調査の対応のポイント）

1　相続税の課税価格に相続時精算課税を適用した贈与財産価額を加算して、相続税の計算を行った結果、相続税が課税されないことがあります。元来、相続税で精算する目的の税制ですので、相続税の対象にならない場合は、贈与税は過分に納付したことになりますので、相続税の申告書を提出することにより贈与税が還付されます。

　この場合の相続税の申告は、相続開始直後から提出できます。還付請求ですので、相続開始の翌日から起算して５年を経過する日までいつでも提出することができます。

2 「相続の開始があったことを知った日」により相続税の申告期限が異なり、失踪宣告があった場合等、特定の場合については相続税法基本通達27-4により取り扱われています（第８章8-1参照)。

『参考法令通達等』

【相続税法第27条第３項（相続税の申告書)】

　相続時精算課税適用者は、第１項の規定により申告書を提出すべき場合のほか、第33条の２第１項の規定による還付を受けるため、第21条の９第３項の規定の適用を受ける財産に係る相続税の課税価格、還付を受ける税額その他財務省令で定める事項を記載した申告書を納税地の所轄税務署長に提出することができる。

【相続税法第33条の２第１項（相続時精算課税に係る贈与税額の還付）】

税務署長は、第21条の15から第21条の18までの規定により相続税額から控除される第21条の９第３項の規定の適用を受ける財産に係る贈与税の税額（第21条の８の規定による控除前の税額とし、延滞税、利子税、過少申告加算税、無申告加算税及び重加算税に相当する税額を除く。）に相当する金額がある場合において、当該金額を当該相続税額から控除してもなお控除しきれなかった金額があるときは、第27条第３項の申告書に記載されたその控除しきれなかった金額（第21条の９第３項の規定の適用を受ける財産に係る贈与税について第21条の８の規定の適用を受けた場合にあっては、当該金額から同条の規定により控除した金額を控除した残額）に相当する税額を還付する。

【相続税法施行令第５条第１項から第３項（相続時精算課税選択届出書の提出）】

1　法第21条の９第２項の規定による同項に規定する届出書（以下「相続時精算課税選択届出書」という。）の提出は、同条第１項の贈与をした者ごとに、納税地の所轄税務署長にしなければならない。この場合において、法第28条第１項の規定による申告書を提出するときは、相続時精算課税選択届出書の提出は、当該申告書に添付してしなければならい。

2　相続時精算課税選択届出書には、贈与により財産を取得した者の戸籍の謄本その他の財務省令で定める書類を添付しなければならない。

3　贈与をした者が年の中途において死亡した場合には、相続時精算課税選択届出書の提出は、第１項の規定にかかわらず、当該贈与をした者の死亡に係る相続税の納税地の所轄税務署長にしなければならない。

【相続税法基本通達27-8（還付を受けるための申告書の提出期限）】

法第27条第３項に規定する申告書は、相続開始の日の翌日から起算して５年を経過する日まで提出することができるのであるから留意する。

7-13 配偶者の税額軽減の留意点

ポイント

　被相続人の配偶者が取得した財産については、法定相続分又は１億6,000万円のどちらか多い金額まで相続税の対象となりません。非常に大きな軽減措置です。相続により取得した財産のみならず、相続開始前７年以内に取得した財産等が対象となります。

【解　説】

1　配偶者の要件

⑴　婚姻届出のある配偶者

　配偶者とは婚姻の届出をした者に限ります。したがって、事実上婚姻関係と同様の事情にある者であっても婚姻の届出をしていないいわゆる内縁関係にある者は、配偶者には該当しません（相基通19の2-2）。

⑵　制限納税義務者

　配偶者は制限納税義務者であっても、配偶者の税額軽減の対象となります（相基通19の2-1）。

2　控除額

⑴　控除額の計算

　被相続人からの相続等により財産を取得した場合、次の①に掲げる金額から②に掲げる金額を控除した残額があるときは、その残額をもって納付すべき相続税額とします。

　①に掲げる金額が、②に掲げる金額以下であるときは、その納付すべき相続税額は、ないものとします（相法19の２①）。

①　配偶者の取得した財産価額に対応する相続税額 ②　財産を取得したすべての者の相続税の総額に、次に掲げる金額のうちいずれか少ない金額が、財産を取得したすべての者の課税価格の合計額のうちに占める割合を乗じて算出した金額 イ　課税価格の合計額に配偶者の相続分（相続の放棄があった場合には、その放棄がなかったものとした相続分）を乗じて算出した金額（相続人（相続の放棄があった場合には、その放棄がなかったものとした相続人）が配偶者のみである場合には、合計額）に相当する金額 その金額が１億6,000万円に満たない場合、１億6,000万円 ロ　配偶者の課税価格に相当する金額

(2)　配偶者の税額軽減額の具体的計算

「財産を取得したすべての者の相続税の総額に、次に掲げる金額のうちいずれか少ない金額が財産を取得したすべての者の相続税の課税価格の合計額のうちに占める割合を乗じて算出した金額」の算出方法を算式で示すと、次の通りです（相基通19の2-7）。

$$A \times \frac{\text{C又はDのいずれか少ない金額}}{B}$$

A	相続等（被相続人からの贈与により取得した財産で、相続時精算課税の適用を受ける贈与を含む。）により財産を取得したすべての者の相続税の総額
B	相続等により財産を取得したすべての者の課税価格の合計額（合計額に1,000円未満の端数があるとき又はその全額が1,000円未満であるときは、その端数金額又はその全額を切り捨てる。）
C	次のいずれか多い方の金額（相続税法第19条の２第１項第２号イに掲げる金額） ①　課税価格の合計額に配偶者の法定相続分を乗じた金額 ②　１億6,000万円

D	配偶者の相続税の課税価格（申告期限までに分割されていない財産の価額は除く。）

3　配偶者の税額軽減を適用するための申告

(1)　申告要件

配偶者の税額軽減の適用を受けるためには、相続税の申告が必要です。当初申告が要件となっていませんので、期限後申告、修正申告、更正の請求であっても適用できます（相法19の２③）。

(2)　配偶者の税額軽減を適用するための手続き

この配偶者に対する税額軽減の適用を受けるためには、相続税の申告期限までに遺産分割が行われていること及び次の書類が必要です。提出がなかった場合であっても税務署長が、提出がなかったことについてやむを得ない事情があると認めたときは適用できます（相法19の２②④、相規１の６③）。

①　配偶者の税額軽減の適用を受けたい旨の書類

②　財産の取得が分かる次のいずれかの書類

ⅰ　遺言書の写し

ⅱ　遺産分割協議書の写し

すべての共同相続人及び包括受遺者が自署し、自己の印鑑証明済みの印を押しているものに限ります。

ⅲ　その他の財産の取得の状況を証する書類

③　印鑑証明書

遺産分割協議書に押印した印鑑の証明書のことです。

4　配偶者の税額軽減の対象となる財産

配偶者の税額軽減の対象となる財産は、相続により取得した財産等、次の財産が該当します（相基通19の2-4）。

対象財産	備考
①　申告書の提出期限までに、相続等により取得した財産のうち分割により取得した財産	・相続税の申告期限までに遺産分割により取得した資産は、ほぼ無条件で配偶者の税額軽減の対象。 ・一部分割により取得した財産を含む。
②　相続人が配偶者のみで、包括受遺者がいない場合に取得した財産	・他に相続人がいない場合、取得財産全額が配偶者の税額軽減の対象となる。つまり、納税額がゼロとなる。
③　包括受遺者が配偶者のみで、他に相続人がいない場合に包括遺贈により取得した財産	・②と同様。
④　特定遺贈により取得した財産	・特定遺贈で取得した財産は、遺贈の放棄をしない限り遺産分割の対象とならず、配偶者に帰属する。
⑤　相続開始前７年以内に被相続人から贈与により取得した財産の価額が相続税の課税価格に加算された場合のその財産	・相続開始前７年以内に被相続人から贈与を受けた財産の価額を、相続税の課税価格に加算する。その価額は、配偶者の税額軽減の対象となる。
⑥　法の規定により相続等により取得したものとみなされる財産	・生命保険金、退職金等みなし相続財産がある。
⑦　申告書の提出期限から３年以内に分割された場合に取得した財産	・未分割で申告をするときに「申告期限後３年以内の分割見込書」を提出する。３年以内に分割が行われ、配偶者に帰属することとなった財産は、配偶者の税額軽減の対象となる。 ・相続税の申告期限から３年以内に財産が分割されなかったことにつきやむを得ない事情がある場合、「遺産が未分割であることについてやむを得ない事由がある旨の承認申請書」を提出し、税務署長の承認を受けたときは、その財産が分割できることとなった日の翌日から４月以内に分割して取得した財産を含む。

5　相続税の申告期限前に配偶者が死亡した場合、税額軽減の適用

第1次相続の配偶者（第2次相続の被相続人）が遺産の分割前に死亡している場合、第1次相続の相続人及び第2次相続の相続人が遺産分割をします。その結果、その配偶者の取得した財産として確定させたものがあるときは、その配偶者が取得したものとして取り扱うことができます（相基通19の2-5）。配偶者に対する相続税額の軽減の適用があることから、第1次相続の財産の配分の方法によって最終的な負担税額が異なります。

『参考法令通達等』

【相続税法第19条の2第1項（配偶者に対する相続税額の軽減）】

被相続人の配偶者が当該被相続人からの相続又は遺贈により財産を取得した場合には、当該配偶者については、第1号に掲げる金額から第2号に掲げる金額を控除した残額があるときは、当該残額をもってその納付すべき相続税額とし、第1号に掲げる金額が第2号に掲げる金額以下であるときは、その納付すべき相続税額は、ないものとする。

一　当該配偶者につき第15条から第17条まで及び前条の規定により算出した金額

二　当該相続又は遺贈により財産を取得した全ての者に係る相続税の総額に、次に掲げる金額のうちいずれか少ない金額が当該相続又は遺贈により財産を取得した全ての者に係る相続税の課税価格の合計額のうちに占める割合を乗じて算出した金額

イ　当該相続又は遺贈により財産を取得した全ての者に係る相続税の課税価格の合計額に民法第900条（法定相続分）の規定による当該配偶者の相続分（相続の放棄があった場合には、その放棄がなかったものとした場合における相続分）を乗じて算出した金額（当該被相続人の相続人（相続の放棄があった場合には、その放棄がなかったものとした場合における相続人）が当該配偶者のみである場合には、当該合計額）に相当する金額（当該金額が1億6,000万円に満たない場合には、1億6,000万円）

ロ　当該相続又は遺贈により財産を取得した配偶者に係る相続税の課税価格に相当する金額

【相続税法基本通達19の2-5（配偶者が財産の分割前に死亡している場合）】

相続又は遺贈により取得した財産の全部又は一部が共同相続人又は包括受遺者によって分割される前に、当該相続（以下19の2-5において「第１次相続」という。）に係る被相続人の配偶者が死亡した場合において、第１次相続により取得した財産の全部又は一部が、第１次相続に係る配偶者以外の共同相続人又は包括受遺者及び当該配偶者の死亡に基づく相続に係る共同相続人又は包括受遺者によって分割され、その分割により当該配偶者の取得した財産として確定させたものがあるときは、法第19条の２第２項の規定の適用に当たっては、その財産は分割により当該配偶者が取得したものとして取り扱うことができる。

（注）　第１次相続に係る被相続人の配偶者が死亡した後、第１次相続により取得した財産の全部又は一部が家庭裁判所における調停又は審判（以下19の2-5において「審判等」という。）に基づいて分割されている場合において、当該審判等の中で、当該配偶者の具体的相続分（民法第900条から第904条の２（(寄与分)）まで（第902条の２（(相続分の指定がある場合の債権者の権利の行使)）を除く。）に規定する相続分をいう。以下19の2-5において同じ。）のみが金額又は割合によって示されているにすぎないときであっても、当該配偶者の共同相続人又は包括受遺者の全員の合意により、当該配偶者の具体的相続分に対応する財産として特定させたものがあるときは上記の取扱いができることに留意する。

7-14 配偶者の税額軽減と遺産分割のやり直し

ポイント

配偶者の税額軽減は、申告書の提出期限までに相続等により取得した財産の全部又は一部が共同相続人又は包括受遺者によってまだ分割されていない財産については、適用できません（相法19の２②）。財産の分属が確定しない状態で税額軽減を適用すると、遺産分割が確定した時の手続が煩雑になるためです。また、遺産分割のやり直しにより取得した財産に対しては、配偶者の税額軽減の適用はできません。

【解　説】

1　配偶者の税額軽減の対象となる遺産分割

⑴　遺産分割

遺産分割とは、相続開始後において相続又は包括遺贈により取得した財産を現実に共同相続人又は包括受遺者に分属させることをいいます。その分割の方法は現物分割、代償分割若しくは換価分割を問われず、分割の手続についても協議、調停若しくは審判による分割であるかを問われません（相基通19の2-8）。成立した遺産分割の効力は相続開始の時に遡ります。ただし、一般的に相続開始日から遺産分割の日まで相応の日数を要します。その間に相続財産の持分の譲渡があった場合、その後に確定した遺産分割の遡及効が相続開始の時に及ぶため、譲受人の権利が害されることになります。このような場合の第三者の権利を害することはできません。

2　遺産分割の再協議

(1)　遺産分割のやり直し

相続人が協議を重ねて一度有効に成立した遺産分割を、その一部の財産にせよ再度行う行為は、当初の遺産分割の事実を揺らがせる行為です。相続人は相続開始の時から被相続人の財産に属した一切の権利義務を承継します(民法896)。そのため相続人全員が協議して財産を分割し、その合意事実を書類としたものが遺産分割協議書です。登記登録の必要な財産は、登記登録を完遂することにより所有権を明確にします。このような厳格な手続により取得した財産を再度分割の対象とすることは財産の法的安定性が保てず、また、当初の遺産分割の事実を了解した第三者の利害に関わることもあります。とりわけ遺産分割は、相続開始の時に遡って効力を生じるためやり直しは様々な危険をはらむことにもなります。そのため遺産分割は原則としてやり直しができません。

未分割状態にある財産は、相続人の共有状態にあり、分割して初めて各相続人の具体的所有権が生じます。一度有効に成立した遺産分割を再協議により財産を移転させることは、相続人が取得した財産の無償による移転、もしくは理由のない移転とみなされます。当事者が個人であるため、実務上は相続人の意思に基づいた贈与、交換、譲渡となり、贈与税又は譲渡所得の課税対象として取り扱われます。

(2)　再分割による財産に対する税額軽減

相続税の計算における配偶者の税額軽減の適用の要件は、相続財産が分割されていることです。分割とは、相続又は包括遺贈により取得した財産を現実に相続人等に分属させることをいいます。当初の分割により取得した財産を、分割のやり直しによって再配分した財産は、分割により取得した財産とはならないとしています（相基通19の2-8)。この規定は配偶者の税額の軽減に適用されるものですが、遺産分割の基本を示しているともいえます。

3　再分割の可能性

遺産分割は一度成立すると、どうしてもやり直しはできないのかという疑問が生じます。実際、相続後にやむを得ない事情が生じた場合等、再分割をせざるを得ない場面も十分あり得ます。遺産分割は共同相続人間の自由な意思に基づいて行われる私的合意である以上、錯誤や事実誤認等は十分に予想されることです。最高裁判決においても「共同相続人の全員が、既に成立している遺産分割協議の全部又は一部を合意により解除した上、改めて遺産分割協議をすることは、法律上、当然には妨げられるものではない」（1990年（平成２年）９月27日最判）として再分割を認めています。

相続人全員で合意に達した遺産分割後の再分割については、上記最高裁判決のとおりその可能性を全く否定されるものではありません。遺産分割を行う上での事実誤認や特殊事情の発生等により、既に成立している遺産分割の一部を相続人全員の合意により解除した上で改めて分割をすることができます。ただし、前述のとおり第三者の権利を害することはできません。

4　指定相続分により取得した財産に対する配偶者の税額軽減

民法第902条第１項により、被相続人が遺言で共同相続人の相続分を定めることを委託することができます。これを指定相続分といいます。

この相続分の指定を受けた配偶者の持分に対して、配偶者の税額軽減の適用はできません。配偶者の税額軽減の適用は、相続財産に対する法定相続分を具体的な財産として分配を受けた財産に対して適用されるものです。指定相続分は、依然として抽象的持分であることから、配偶者の税額軽減はできないことになります。

『参考法令通達等』

【相基通19の2-8（分割の意義）】

法第19条の２第２項に規定する「分割」とは、相続開始後において相続又は包括遺贈により取得した財産を現実に共同相続人又は包括受遺者に分属させることをいい、その分割の方法が現物分割、代償分割若しくは換価分割であるか、またその分割の手続が協議、調停若しくは審判による分割であるかを問わないのであるから留意する。

ただし、当初の分割により共同相続人又は包括受遺者に分属した財産を分割のやり直しとして再配分した場合には、その再配分により取得した財産は、同項に規定する分割により取得したものとはならないのであるから留意する。

7-15 相続税額の２割加算

ポイント

被相続人の１親等の血族及び配偶者以外の相続人等は、算出された相続税額に２割を加算した金額を納付します。孫養子は１親等の血族から除外されていますので、２割加算の対象となります。失念することが多い取扱いです。

【解　説】

1　相続税額の２割加算とは

相続等により財産を取得した者が、被相続人の１親等の血族（代襲相続人である直系卑属を含みます。）及び配偶者以外の相続人は、算出された相続税額の２割を加算した金額（以下「相続税額の２割加算」又は「２割加算」といいます。）を納付することとなっています（相法18①）。

この１親等の血族には被相続人の直系卑属が養子となっている場合は含みませんが、直系卑属が相続開始以前に死亡し、又は相続権を失ったため、代襲相続人となっている場合は該当します（相法18②）。つまり、孫養子は、親が死亡又は相続権を失ったことにより代襲相続人となった場合以外は、２割加算の対象となります。

2002年（平成14年）以前の加算対象は、兄弟姉妹及び法定相続人以外の受遺者等でした。相続税対策として孫を養子に加えることにより、計画的に財産の承継を１世代飛ばすことによる相続税の負担軽減を図る行為を阻止するために、2003年（平成15年）に孫養子に対する課税が強化されたものです。

例えば次図のように、兄弟姉妹が相続人の場合、算出された相続税額の２割加算をした金額を納付します。

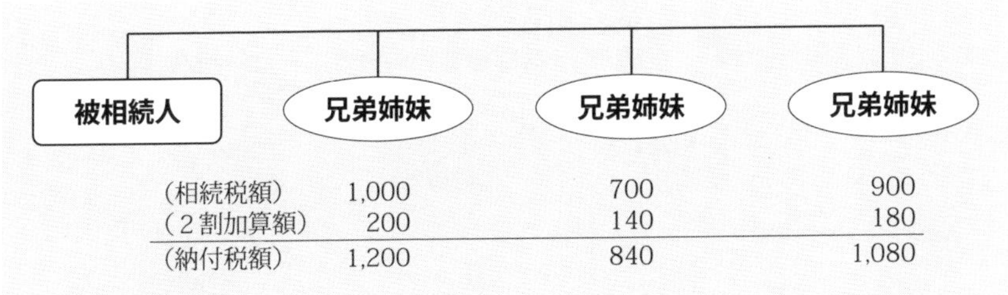

2　相続税額の２割加算の対象者・非対象者

相続税額の２割加算の対象となる者、対象とならない者は、次の通りです。

２割加算の対象者	○孫養子（代襲相続に該当する場合を除く） ○兄弟姉妹（代襲相続人を含む） ○法定相続人以外の受遺者等
２割加算の非対象者	○配偶者 ○１親等の血族 ○代襲相続人である直系卑属（孫養子を含む）

図示すれば、次頁の範囲です。

3　養子の場合や相続を放棄した場合の留意点

相続税額の２割加算の対象者は、配偶者又は１親等の血族を除きますが、例えば養子であっても、次の通り対象とならない者がいます。

(1)　実子の子を養子にした場合

実子の子を養子にした場合、孫養子となり相続税法第18条第２項の規定により２割加算となります（相基通18-3ただし書）。

(2)　養子の場合

養子は養子縁組の日から、養親の嫡出子の身分を取得します（民法809）。そのため、どちらかが被相続人となった場合であっても、１親等の法定血族であることから相続税額の２割加算の適用はありません（相基通18-3）。

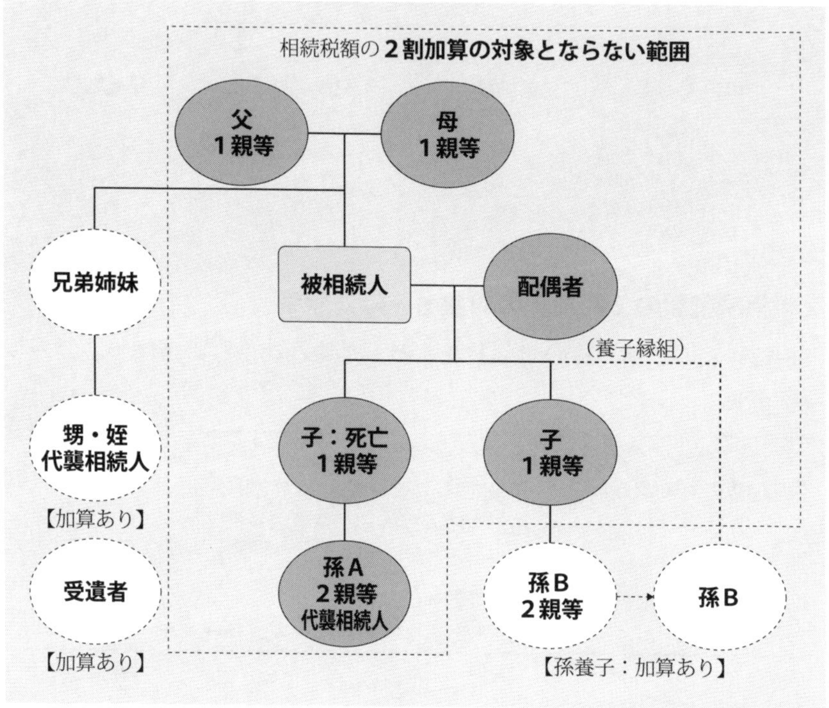

⑶　実子の配偶者を養子にした場合

実子の配偶者が義父母の養子となっている場合、義父母の１親等の血族であり、直系卑属でないため、相続税額の２割加算の適用はありません。

⑷　養子が２人以上いた場合

実子１人養子が２人いた場合、基礎控除額等の計算において養子は１人まで相続人の数に含めて計算します。１人の養子は除かれますが、これは相続税の計算上の措置であり、養子の民法上の身分を否定されるわけではありません。養子は縁組の日から嫡出子としての身分を取得します。養子が何人であろうと相続財産を取得した場合、１親等の血族であることから相続税額の２割加算の適用はありません。

⑸　養子縁組前と後に生まれた孫を養子にしていた場合

養子縁組前と後に生まれた孫を養子にしていた場合とは、次のようなケースをいいます。

Ａは、子DがいるＢ及びＣの夫婦を養子とした。養子縁組後にＢ、Ｃの夫婦にＥが生まれた。ＡはＤ及びＥを養子にした後死亡した。このように、養子縁組前に生まれている子と縁組後に生まれた子を養子にした場合の２割加算は次の通りです。

・Ｄは養子であるが孫養子ではなく、１親等の血族となり、２割加算の対象とならない。

・Ｅは孫養子であるため、相続税法第18条第２項の規定に該当し、２割加算となる。

⑹　相続放棄、相続欠格又は廃除等により相続人とならなかった者の場合

相続税額の２割加算の規定は、被相続人の１親等の血族及び配偶者以外の者に適用されますが相続人であることが要件とされていません。相続を放棄した者、又は欠格若しくは廃除の事由により相続権を失った者であっても、被相続人の１親等の血族であるときは、相続税額の２割加算の適用はありません（相基通18-1）。

例えば、相続を放棄した者が生命保険金を取得したことにより、相続税の課税価格が生じ、税額が発生した場合などが想定されます。このような場合は、相続財産そのものを放棄したとしても、相続税額の２割の加算の対象となりません。

⑺　特定贈与者よりも先に死亡した相続時精算課税適用者の判定

特定贈与者よりも先に死亡した相続時精算課税適用者の相続税額の計算をするに当たって、相続時精算課税適用者が相続税法第18条第１項に規定する被相続人の１親等の血族であるかどうかは、相続時精算課税

適用者が死亡した時の状況により判定します（相基通18-2)。

〔申告及び調査の対応のポイント〕

1　相続人以外の受遺者、兄弟姉妹又は兄弟姉妹の代襲相続人（被相続人の甥・姪）等が相続財産を取得して税額がある場合、相続税額の２割加算を失念する事例が多くあります。相続税額の２割というのは大変負担が重く、調査により２割加算漏れを指摘された場合、加算税・延滞税の賦課も加わり、納税者の負担と不満が大きくなります。申告に当たって念を入れて確認する最重要事項です。

2　孫を養子にすることは相続税対策の一環として行うことが多いようですが、第２次相続を待つか、相続税額の２割加算の負担をとるか十分に比較考量します。

『参考法令通達等』

【相続税法第18条（相続税額の加算)】

1　相続又は遺贈により財産を取得した者が当該相続又は遺贈に係る被相続人の一親等の血族（当該被相続人の直系卑属が相続開始以前に死亡し、又は相続権を失ったため、代襲して相続人となった当該被相続人の直系卑属を含む。）及び配偶者以外の者である場合においては、その者に係る相続税額は、前条の規定にかかわらず、同条の規定により算出した金額にその100分の20に相当する金額を加算した金額とする。

2　前項の一親等の血族には、同項の被相続人の直系卑属が当該被相続人の養子となっている場合を含まないものとする。ただし、当該被相続人の直系卑属が相続開始以前に死亡し、又は相続権を失ったため、代襲して相続人となっている場合は、この限りでない。

【相続税法基本通達18-1（遺贈により財産を取得した一親等の血族)】

相続の放棄をした者又は欠格若しくは廃除の事由により相続権を失った者が遺贈により財産を取得した場合において、その者が当該遺贈に係る被相続人の一親等の血族（法第18条第１項に規定する一親等の血族に限る。）であるときは、その者については、法第18条の相続税額の加算の規定の適用がないのであるから留意する。

【相続税法基本通達18-2（特定贈与者よりも先に死亡した相続時精算課税適用者が一親等の血族であるかどうかの判定時期）】

法第18条第１項の規定に該当するかどうかは、被相続人の死亡の時の状況により判定するのであるが、特定贈与者の死亡に係る当該特定贈与者よりも先に死亡した相続時精算課税適用者の相続税額の計算において、当該相続時精算課税適用者が法第18条第１項に規定する被相続人の一親等の血族であるかどうかは、当該相続時精算課税適用者が死亡した時の状況により判定するものとする。

【相続税法基本通達18-3（養子、養親の場合）】

養子又は養親が相続又は遺贈により被相続人たる養親又は養子の財産を取得した場合においては、これらの者は被相続人の一親等の法定血族であるので、これらの者については法第18条の相続税額の加算の規定の適用がないのであるから留意する。

ただし、被相続人の直系卑属が当該被相続人の養子となっている場合（当該被相続人の直系卑属が相続開始以前に死亡し、又は相続権を失ったため、代襲して相続人になっている場合を除く。）の当該直系卑属については、相続税額の加算の規定が適用されるのであるから留意する。

7-16 他の相続人の贈与税の申告内容の開示請求

ポイント

相続等により財産を取得した者は、相続開始前７年以内に被相続人から贈与を受けた財産、又は相続時精算課税を選択して申告をした財産を、相続税の課税価格に加算して相続税の計算をします。遺産分割に争いがある場合等で、他の共同相続人の過去の贈与を確認できない場合があります。

このような場合に、他の共同相続人が被相続人から、相続開始前７年以内の贈与、又は相続時精算課税を適用した贈与を受けているかどうかを、被相続人の住所地の所轄税務署長に開示請求することができます。

【解　説】

1　相続開始前に被相続人から贈与を受けた財産

相続等で財産を取得した者が、相続開始前７年以内に被相続人から贈与により財産を取得した場合は、その財産の価額を相続税の課税価格に加算して相続税額の計算をします（相法19）。

また、相続時精算課税を選択して贈与を受けていた者は、特定贈与者が死亡した場合、相続により贈与財産を取得したものとみなして、相続税の課税価格に加算して相続税額の計算をします。相続時精算課税を適用して贈与を受けていた場合は、特定贈与者の死亡により相続財産を取得しなかった場合でも相続税の納税義務者となります（相法21の16）。

2　相続税の計算

被相続人から生前に贈与を受けていた場合、贈与によって取得した財産の価額を相続税の課税価格に加算しないと、正しい相続税額の計算ができません。相続税の納税義務者は相続等により財産を取得した個人ですので、各人がそれぞれ相続税額を計算して申告することができます。贈与事実を知っている相続人と、知らない相続人では相続税の課税価格が一致しないことになります。贈与加算をせずに申告した相続人等は、相続税額が過少となりますので、後日調査で指摘されることになります。

次の財産の価額を課税価格に加算します。

①　相続開始前７年以内に被相続人から贈与により取得した財産（相法19）

2023年（令和５年）12月31日までに贈与を受けた財産については、相続開始前３年以内の贈与となります。本章7-6を参照してください。

②　相続時精算課税の選択の適用を受けた財産（相法21の15①、21の16①）

3　何が問題となるか

贈与税の納税義務者は贈与により財産を取得した個人です（相法１の４）。つまり、受贈者が申告と納税の義務を負います。贈与税の申告に当たって、暦年課税が原則ですが、相続時精算課税を選択することができます。どちらで申告するかは受贈者の任意です。例えば兄弟２人が父親から同時に贈与を受けたとしても、申告については他の兄弟の影響を受けるものではなく、申告内容について伝える必要もありません。

父親に相続開始があった場合、相続開始前７年以内の贈与財産、又は相続時精算課税を選択して贈与税の申告をした財産は、その価額を父親の相続財産に加算して計算します。この時、兄弟間の関係が良ければ、被相続人から生前に受けた贈与財産の申告について情報交換することにより、相続税の申告書が問題なく作成できます。しかし、遺産分割で揉めている場合は様相が異なります。自己の受贈財産の申告については、相続財産に加算して計算することは当然ですが、他の共同相続人が申告した内容について知ることが難しくなります。争っている相手方に確認しても教えてくれないことがあります。その場合、自己の受贈財産価額だけを相続財産に加算して、相続税を計算せざるを得ません。他の共同相続人の贈与財産を加算しない場合は不完全な申告書となり必ず税務調査を呼び込みます。後日是正されることは目に見えています。

4　事例

被相続人ＡはX1年９月15日に死亡しました。総遺産価額は２億5,000万円で、相続人は子Ｂ及びＣです。遺産分割で揉めており、申告期限までにまとまりそうにありません。ＢはＡの死亡する２年前に400万円の贈与を受け、暦年課税で贈与税の申告と納税をしています。Ｃにも贈与をしていたようですが、Ｃは贈与を隠しており、贈与年分、贈与財産、申告の有無が不明です。相続税の申告は別々に行う予定ですが、相続開始前７年以内の贈与加算や相続時精算課税適用財産の加算をしない場合、正しい相続税額が計算できません。

この場合、相続財産に加算する贈与財産の価額を、お互いに自分のわかる範囲で加算して申告しますので、過少申告の可能性があります。必ず税務調査が行われ、課税価格が同額になるように是正されます。

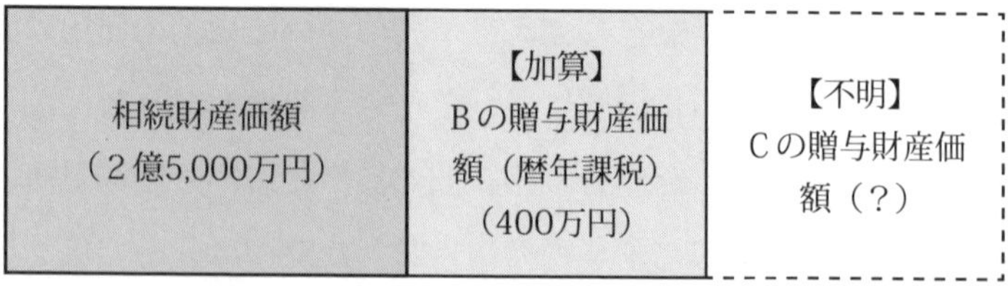

相続財産価額（２億5,000万円）	【加算】Ｂの贈与財産価額（暦年課税）（400万円）	【不明】Ｃの贈与財産価額（？）

5　争っている相手方の贈与税の申告内容を知るにはどうすればいいか

贈与税の申告内容について確実に確認できるのは税務署ですが、2002年（平成14年）以前は、税務署に共同相続人の贈与税の申告内容を確認しても、個人情報であることから開示されませんでした。しかし、2003年（平成15年）に相続時精算課税制度が導入されたことにより事情が変わりました。相続時精算課税制度とは相続時に贈与財産の精算を行う制度です。相続時精算課税選択届出書を提出した年分以降の贈与はすべて相続時精算課税の適用を受けます。相手方の贈与財産価額がわからなければ正しい相続税の申告書を作成できないことは、暦年課税の場合でも同様ですが、相続時精算課税は暦年課税の場合の相続開始前７年以内の期間をはるかに超えて、贈与時から贈与者の死亡まで数十年を要することもあるでしょう。贈与の回数や金額も大きくなることも想定されます。相手方の贈与財産の価額や納税額を、数十年にわたって調べることは大きな負担であり、実務的には不可能とさえいえます。

そこで、相続時精算課税制度の創設と同時に、他の共同相続人の贈与税の申告内容を税務署長が開示する制度が創設されました。

6　贈与税の申告内容の開示請求

開示請求は次の要領で行いますが、実務的には、後掲の国税庁様式「相続税法第49条第１項の規定に基づく開示請求書」（以下「開示請求書」といいます。）を活用します（相法49①）。

(1)　開示請求者

開示請求できる者は、次の通りです（相基通49-1）。

①　相続等により財産を取得した者

②　相続時精算課税の適用を受ける財産を特定贈与者である被相続人からの贈与により取得した者

③　相続税の申告書を提出すべき者が、申告書の提出前に死亡した場合、通則法第５条の規定により相続税の納付義務を承継した者

④　相続税法第21条の17第１項又は第21条の18第１項の規定により、相続時精算課税の適用に伴う権利義務を承継した者

⑵　開示対象者

開示の対象となる者は相続等により、被相続人の財産を取得した他の者（以下「他の共同相続人等」といいます。）です。つまり、相続人が複数いる場合の他の共同相続人等の過去の贈与税の申告情報の開示請求です。

⑶　開示目的

他の共同相続人等の申告内容の開示請求は、濫用防止のため、次の申告書等の作成に必要な場合に限られます。

・相続税の期限内申告書・期限後申告書・修正申告書・更正の請求

⑷　請求内容

他の共同相続人等が、被相続人から生前に受けた贈与に関する、贈与税の次の申告情報を請求します。なお、修正申告書の提出があった場合、更正又は決定があった場合は、それらの提出又は処分後の課税価格です。

①　他の共同相続人等が、被相続人から贈与を受けた次の財産の課税価格の合計額

加算される年分	加算される財産
イ　相続開始前３年以内に取得した加算対象贈与財産	贈与税の申告書に記載された課税価格の合計額
ロ　イ以外（相続開始前３年を超え７年以内）の加算対象贈与財産	贈与税の申告書に記載された課税価格の合計額から100万円を控除した残額

②　相続時精算課税の適用を受けた財産の価額から各年の基礎控除110万円を控除した課税価格の合計額

⑸　請求相手

贈与税の申告は、原則として、受贈者の住所地（納税地）の所轄税務署長に提出します（相法28①）。しかし、開示請求書は、次の区分に応じた、被相続人の住所地等を管轄する税務署長に対して行います（相令

27④)。

被相続人の住所地等	管轄税務署	
①　法の施行地に、被相続人の住所がある場合	・住所地	
②　法の施行地に、被相続人の住所がなく、居所がある場合	・居所地	
③　法の施行地に、被相続人の住所及び居所がない場合（相規29⑦）	イ　法の施行地に、開示請求者の住所がある場合	・住所地
	ロ　法の施行地に、開示請求者の住所がなく、居所がある場合	・居所地
	ハ　法の施行地に、開示請求者の住所及び居所がない場合	・麹町税務署の管轄区域内の場所

(6)　開示請求ができる日

被相続人の相続開始の日の属する年の３月16日以後です。１月１日に相続開始があった場合でも、３月16日以後にしか請求できません（相令27③)。開示内容を相続税申告書に機械的に加算するだけなので、相続税の申告期限までには十分に間に合います。

(7)　添付書類

他の共同相続人等（この項では「対象共同相続人等」といいます。）の申告情報の開示を求めることから、開示請求書には、次の場合に応じた書類を添付しなければなりません（相令27①、相規29④)。

①　対象共同相続人等が、相続人である場合

次のイ、ロ、ハの書類

イ　遺産分割協議書等

遺産分割協議書の写し、又は対象共同相続人等が相続により財産を取得していることを証する書類

遺産分割協議書は、相続人全員及び包括受遺者が自署したものに限ります。

ロ　戸籍謄本等

戸籍の謄本又は抄本、その他の書類で対象共同相続人等が相続人であることを証する書類

ハ　未分割であることの説明書類

相続等により取得した財産の全部又は一部が未分割であることを証する書類

②　対象共同相続人等が、受遺者である場合

遺言書の写しその他の書類で、対象共同相続人等が遺贈を受けたことを証する書類

③　対象共同相続人等が、推定相続人であった場合

戸籍の謄本又は抄本、その他の書類で対象共同相続人等が相続人であったことを証する書類

7　税務署長の開示内容

⑴　開示期限

税務署長は、請求した者に対して、請求後２か月以内に開示をしなければならないことになっています（相法49③）。

⑵　開示内容

税務署長により開示される贈与の内容は、暦年課税、相続時精算課税ごとです。また、贈与のあった年分ごとの合計額ではなく、被相続人から贈与を受けて、相続財産の加算の対象となる贈与価額の合計額が開示されます（相令27⑤）。

①　相続の開始前３年以内に被相続人からの贈与により取得した加算対象贈与財産（次の③に該当する価額を除く。）

②　①以外の加算対象贈与財産

③　被相続人からの贈与により取得した財産で相続税法第21条の９第３項（相続時精算課税）の規定の適用を受けたものの価額から各年の基礎控除110万円を控除した課税価格の合計額

〔申告及び調査の対応のポイント〕

1　相続争いは今後も増加するでしょう。特に2024年（令和６年）から相続開始前７年以内の贈与が加算されることになり、受贈者でも贈与事実を管理することが難しくなってきました。期限内に正しい相続税の申告書を提出するためには、非常に有効な制度ですので、是非活用してください。開示請求があった場合、税務署長は２か月以内に開示することになっていますが、相続税の申告期限と開示後の申告書の作成期間を見込んで、できるだけ早めに請求しておくことが望ましいでしょう。

2　相続税の税務調査の際に、共同相続人の贈与加算漏れを指摘されることがあります。相続税の修正申告を行うことについて、他の共同相続人等の責めに帰すべき理由がないことになります。この場合、延滞税の特則が設けられており、相続税の納期限の翌日から修正申告書等を提出した日までの期間は延滞税が課せられません（相法51）。

3　2023年（令和５年）５月から東京国税局は、被相続人の死亡情報を基に被相続人から贈与を受けた財産について、相続時精算課税適用者に対して注意喚起のお知らせを試行的に送付するようです。長寿社会になり贈与を受けた時から特定贈与者の相続開始まで長期間となることが想定されます。また、相続時精算課税を適用して申告したことを失念している人も多いでしょう。そのための施策のようです。税務署からの連絡に頼ることなく、相続税の申告に当たって生前の贈与については、必ず確認しなければなりません。

『参考法令通達等』

【相続税法第49条（相続時精算課税等に係る贈与税の申告内容の開示等）】

1　相続又は遺贈（当該相続に係る被相続人からの贈与により取得した財産で第21条の９第３項の規定の適用を受けるものに係る贈与を含む。）により財産を取得した者は、当該相続又は遺贈により財産を取得した他の者（以下この項において「他の共同相続人等」という。）がある場合には、当該被相続人に係る相続税の期限内申告書、期限後申告書若しくは修正申告書の提出又は国税通則法第23条第１項（更正の請求）の規定による更正の請求に必要となるときに限り、次に掲げる金額（他の共同相続人等が２人以上ある場合にあっては、全ての他の共同相続人等の当該金額の合計額）について、政令で定めるところにより、当該相続に係る被相続人の死亡の時における住所地その他の政令で定める場所の所轄税務署長に開示の請求をすることができる。

一　他の共同相続人等が当該被相続人から贈与により取得した次に掲げる加算対象贈与財産（第19条第１項に規定する加算対象贈与財産をいう。以下この号において同じ。）の区分に応じそれぞれ次に定める贈与税の課税価格に係る金額の合計額

イ　相続の開始前３年以内に取得した加算対象贈与財産　贈与税の申告書に記載された贈与税の課税価格の合計額

ロ　イに掲げる加算対象贈与財産以外の加算対象贈与財産　贈与税の申告書に記載された贈与税の課税価格の合計額から100万円を控除した残額

二　他の共同相続人等が当該被相続人から贈与により取得した第21条の９第３項の規定の適用を受けた財産に係る贈与税の申告書に記載された第21条の11の２第１項の規定による控除後の贈与税の課税価格の合計額

2　前項各号の贈与税について修正申告書の提出又は更正若しくは決定があった場合には、同項各号の贈与税の課税価格は、当該修正申告書に記載された贈与税の課税価格又は当該更正若しくは決定後の贈与税の課税価格とする。

3　第１項の請求があった場合には、税務署長は、当該請求をした者に対し、当該請求後２月以内に同項の開示をしなければならない。

【相続税法第51条第２項（延滞税の特則）】

次の各号に掲げる相続税額については、当該各号に定める期間は、国税通則法第60条第２項（延滞税）の規定による延滞税の計算の基礎となる期間に算入しない。

一　相続又は遺贈により財産を取得した者が、次に掲げる事由による期限後申告書又は修正申告書を提出したことにより納付すべき相続税額　第33条

の規定による納期限の翌日からこれらの申告書の提出があった日までの期間

イ　期限内申告書の提出期限後に、その被相続人から相続又は遺贈（当該被相続人からの贈与により取得した財産で第21条の９第３項の規定の適用を受けるものに係る贈与を含む。次号イにおいて同じ。）により財産を取得した他の者が当該被相続人から贈与により取得した財産で相続税額の計算の基礎とされていなかったものがあることを知ったこと。

（以下略）

【相続税法施行令第27条第４項（贈与税の申告内容の開示請求の方法等）】

法第49条第１項に規定する政令で定める場所は、同項に規定する被相続人の死亡の時において当該被相続人が次に掲げる場合のいずれに該当するかに応じ当該各号に定める場所とする。

一　法の施行地に当該被相続人の住所がある場合　当該住所地

二　法の施行地に当該被相続人の住所がなく、居所がある場合　当該居所地

三　法の施行地に当該被相続人の住所及び居所がない場合　財務省令で定める場所

【相続税法施行規則第29条第７項】

施行令第27条第４項第３号に規定する財務省令で定める場所は、開示請求者の開示請求書を提出する時において当該開示請求者が次の各号に掲げる場合のいずれに該当するかに応じ当該各号に定める場所とする。

一　法の施行地に当該開示請求者の住所がある場合　当該住所地

二　法の施行地に当該開示請求者の住所がなく、居所がある場合　当該居所地

三　法の施行地に当該開示請求者の住所及び居所がない場合　麹町税務署の管轄区域内の場所

相続税法第49条第1項の規定に基づく開示請求書

＿＿＿＿＿税務署長

令和　年　月　日

【代理人記入欄】
住　所

氏　名

連絡先

税務署受付印

開示請求者	
住所又は居所（所在地）	〒
連　絡　先	※連絡先は日中連絡の可能な番号（携帯電話等）を記入してください Tel（　－　－　）
フリガナ	
氏名又は名称	
個人番号	
生年月日	被相続人との続柄

私は、相続税法第49条第1項の規定に基づき、下記1の開示対象者が平成15年1月1日以後に下記2の被相続人からの贈与により取得した財産で、当該相続の開始前3年以内に取得したもの又は同法第21条の9第3項の規定を受けたものに係る贈与税の課税価格の合計額について開示の請求をします。

1　開示対象者に関する事項（相続又は遺贈により財産を取得したすべての人（開示請求者を除く。）を記載してください。）

住所又は居所（所在地）				
過去の住所等				
フリガナ				
氏名又は名称（旧姓）				
生年月日				
被相続人との続柄				

2　被相続人に関する事項

住所又は居所	
過去の住所等	
フリガナ	
氏　　名	
生年月日	
相続開始年月日	平成・令和　年　月　日

3　承継された者(相続時精算課税選択届出者)に関する事項

住所又は居所	
フリガナ	
氏　　名	
生年月日	
相続開始年月日	平成・令和　年　月　日
精算課税適用者である旨の記載	上記の者は、相続時精算課税選択届出書を＿＿＿＿＿署へ提出しています。

4　開示の請求をする理由（該当する□に✓印を記入してください。）

相続税の □ 期限内申告 □ 期限後申告 □ 修正申告 □ 更正の請求 に必要なため

5　遺産分割に関する事項（該当する□に✓印を記入してください。）

□ 相続財産の全部について分割済（遺産分割協議書又は遺言書の写しを添付してください。）
□ 相続財産の一部について分割済（遺産分割協議書又は遺言書の写しを添付してください。）
□ 相続財産の全部について未分割

6　添付書類等（添付した書類又は該当項目の全ての□に✓印を記入してください。）

□ 遺産分割協議書の写し　□ 戸籍の謄(抄)本　□ 遺言書の写し　□ 住民票の写し
□ その他(　　　　)
□ 私は、相続時精算課税選択届出書を＿＿＿＿＿署へ提出しています。

7　開示書の受領方法（希望される□に✓印を記入してください。）

□ 直接受領(交付時に請求者又は代理人であることを確認するものが必要となります。)　□ 送付受領(請求時に返信用切手、封筒及び住民票の写し等が必要となります。)

※　税務署整理欄（記入しないでください。）

番号確認	身元確認	確認書類		確認者
	□ 済 □ 未済	個人番号カード／通知カード・運転免許証 その他（　　）		
委任の確認		開示請求者への確認	（　・　・　）	
		委任状の有無	□ 有　□ 無（　　）	

（資4－90－1－A4統一）　（令5.6）

第8章

申告・修正申告

8-1 相続の開始があったことを知った日

ポイント

相続税の納税義務者は、相続又は遺贈により財産を取得した者です。相続税の申告期限は、相続開始があったことを知った日の翌日から10か月以内ですが、知った日とは「自己のために」相続開始があったことを知った日のことをいいます。法定相続人ではない親族などが遺贈を受けている場合、死亡したことを知った日と、自己のために相続の開始があったことを知った日が異なることもあります。

【解　説】

1　相続税の申告

相続又は遺贈により財産を取得した者(以下「相続人等」といいます。)、被相続人から贈与を受けて相続時精算課税を選択して申告している者及び相続開始前７年以内に贈与を受けた者が取得した財産の合計額が、基礎控除等を適用して計算した結果、相続税額が生じる場合、その相続の開始があったことを知った日の翌日から10か月以内に、相続税の申告書を納税地の所轄税務署長に提出しなければなりません（相法27①)。

2　相続の開始があったことを知った日

相続税の申告は相続開始があったことを知った日の翌日から10か月以内であるため、知った日がいつのことを指すのかが重要となります。また、知った日とは、単に死亡事実を知った日ではないことに注意します。現代は通信手段や交通手段が民法や相続税法制定当時と比し、格段に発達しています。相続開始を知ることは、死亡日当日か直後となるので、相続税の申告期限が問題となることはあまりありません。ただし、受遺者等、相続財産を取得する者によっては、相続開始があったことを知った日の意味合いが異なる場合がありますので、注意してください。

⑴　民法の規定

民法では、相続は死亡によって開始する（民法882）となっており、相続開始の事実及びその効果は、身分関係や財産の帰属に大きな影響があります。そのため、相続人等が相続の開始があったことを知った日を適切に判定する必要があります。死亡事実を知ってはいても、その死亡が自分の財産に影響があるとは思わないことがあります。そのため相続開始の日というのは単に形式的な死亡事実を知ったことではなく、死亡により、被相続人の財産及び債務等一切の権利義務を承継する（民法896）こととなる「自己のために相続の開始があったことを知った時」（民法915①）のことをいいます。

⑵　相続税法の規定

相続税法においても、相続の開始があった日とは、民法と同様「自己のために相続の開始があったことを知った日」です（相基通27-4）。

①　一般的な相続人

一般的な相続開始の場合は、相続開始があったことを知ることにより、法定相続人が被相続人の財産を取得できることを認識していることから、その死亡事実を知った日となります。行方不明者であるような特殊なケースを除いて、被相続人が死亡したことを知らずにいることはほとんどなく、問題となることはまれです。

②　相続時精算課税適用者

相続時精算課税適用者は、特定贈与者の相続開始があることを前提として特例の適用を受けていることから、特定贈与者の死亡したことを知った日です。また、特定贈与者が失踪しているような場合、民法

第30条の失踪の宣告に関する審判の確定があったことを知った日が相続の開始があったことを知った日となります（相基通27-4）。

③　相続税法基本通達による相続人等

相続税法基本通達27-4で「相続の開始があったことを知った日」の意義を次のように規定しています。

相続人等の区分	相続の開始を知った日
①　失踪の宣告（民法30、31）を受け、死亡したものとみなされた者の相続人又は受遺者	・失踪の宣告に関する審判の確定があったことを知った日 不在者の生死が７年間明らかでないときは、家庭裁判所は、利害関係人の請求により、失踪の宣告をすることができる（民法30）。失踪の宣告を受けた者は民法第30条第１項の期間が満了した時に、危難に遭遇し失踪の宣告を受けた者はその危難が去った時に、死亡したものとみなされる（民法31）。７年間生死が明らかでない場合、７年目で当然のように死亡したと認められるのではなく、審判の確定があって初めて死亡が確定することとなるため、失踪の宣告に関する審判の確定があったことを知った日が相続の開始があったことを知った日となる。 なお、失踪の宣告を相続開始原因とする相続税の課税時期は、上記の期間満了の時又は危難の去った時である（相基通１の３・１の４共－８）。
②　相続開始後にその相続に係る相続人となるべき者について失踪の宣告（民法30）があり、その死亡したものとみなされた日が、その相続開始前であることにより相続人となった者	・失踪の宣告に関する審判の確定のあったことを知った日

③　**失踪宣告の取消し（民法32①）があったことにより、相続開始後に相続人となった者**	・失踪の宣告の取消しの審判の確定があったことを知った日
④　**認知の訴え（民法787）又は廃除の取消し（民法894②）に関する裁判の確定により、相続開始後に相続人となった者**	・裁判の確定を知った日 　認知を受けていなかった者や、生前に被相続人に対して虐待や重大な侮辱をしていた推定相続人に対する廃除（民法892）又は遺言により廃除（民法893）され、相続権を失っていた者が、廃除の取消しによる裁判の確定により相続権を回復した場合等、相続後に新たに相続人となった場合のことをいう。
⑤　**相続人の廃除（民法892、893）に関する裁判の確定により、相続開始後に相続人となった者**	・裁判の確定を知った日 　相続開始時点では相続人であったものがその後廃除の確定により相続人から外され、その者の代襲相続人又は後順位のものが新たに相続人となった場合のことをいう。
⑥　**相続について、既に生まれたものとみなされる胎児（民法886）**	・法定代理人がその胎児が生まれたことを知った日 　胎児の相続権について、民法上の取扱いでは「胎児は、相続については、既に生まれたものとみなす。」（民法886）としているが、納税義務者という観点から、胎児については出生した時点で判断することとなっている。
⑦　**相続開始の事実を知ることができる弁識能力のない幼児等**	・法定代理人が相続の開始があったことを知った日 ・相続開始の時に法定代理人がない時は、後見人の選任された日

⑧　遺贈により財産を取得した者（相続人に対する遺贈を除く。）	・自己のために遺贈があったことを知った日 　相続人以外に対する遺贈があった場合、「被相続人の死亡の事実」と「自己のために遺贈があった事実」を知った日である（2018年（平成30年）３月20日裁決）。
⑨　停止条件付の遺贈により財産を取得した者（相続人に対する遺贈を除く。）	・その条件が成就した日 　例えば「相続後２年以内に大学に合格したらアパートを相続させる」のように条件を付した遺贈がある場合は、その条件が成就した時が、相続の開始があったことを知った時となる。 　停止条件付の遺贈があった場合の相続税の申告は、未分割として課税価格を計算する。ただし、その財産を分割した場合、分割によった価額で計算して申告しても構わないこととなっている（相基通11の2-8）。この場合、条件が成就してその財産が受遺者に帰属することとなったときは、その財産を取得したとして相続税の申告を行っていた者は、更正の請求ができることとされている（相基通32-3の準用）。

④　認定死亡の場合

水難、火災その他の事変によって死亡した場合、戸籍法第89条の規定に基づき、官公署が死亡の報告を死亡地の市町村長に行ったことを知った日をもって、相続人が、相続開始があったことを知った日となります。

認定死亡とは、水難、火災その他の事変によって死亡した場合、その取調をした官庁又は公署は、死亡地の市町村長に死亡の報告をし、死亡事実を認定することをいいます（戸籍法89）。具体的には、医師等の診断書や検案書に基づいて戸籍に記載されたとき、その事実が確定されます（戸籍法91）。

⑤　特別縁故者及び特別寄与者の場合

特別縁故者及び特別寄与者は、相続開始後に相続財産法人又は相続人に対して財産の分与を請求し、手続や交渉により取得する財産の価額が決まります。そのため、相続税の申告は相続税の申告書を提出すべき要件に該当することを知った日の翌日から10か月以内となっています（相法29①）。申告手続等については本章8-7（特別縁故者が財産を取得した場合）及び8-8（特別寄与者が財産を取得した場合）を参照してください。

『参考法令通達等』

【民法第896条（相続の一般的効力）】

相続人は、相続開始の時から、被相続人の財産に属した一切の権利義務を承継する。ただし、被相続人の一身に専属したものは、この限りでない。

【民法第915条第１項（相続の承認又は放棄をすべき期間）】

相続人は、自己のために相続の開始があったことを知った時から３箇月以内に、相続について、単純若しくは限定の承認又は放棄をしなければならない。ただし、この期間は、利害関係人又は検察官の請求によって、家庭裁判所において伸長することができる。

【相続税法第27条第１項（相続税の申告書）】

相続又は遺贈（当該相続に係る被相続人からの贈与により取得した財産で第21条の９第３項の規定の適用を受けるものに係る贈与を含む。以下この条において同じ。）により財産を取得した者及び当該被相続人に係る相続時精算課税適用者は、当該被相続人からこれらの事由により財産を取得したすべての者に係る相続税の課税価格（第19条又は第21条の14から第21条の18までの規定の適用がある場合には、これらの規定により相続税の課税価格とみなされた金額）の合計額がその遺産に係る基礎控除額を超える場合において、その者に係る相続税の課税価格（第19条又は第21条の14から第21条の18までの規定の適用がある場合には、これらの規定により相続税の課税価格とみなされた金額）に係る第15条から第19条まで、第19条の３から第20条の２まで及び第21条の14から第21条の18までの規定による相続税額があるときは、その相続の開始があったことを知った日の翌日から10月以内（その者が国税通則法第117条第２項（納税管理人）の規定による納税管理人の届出をしないで当該期間内にこの法律の施行地に住所及び居所を有しないこととなるときは、当該住所及び居所を有しないこととなる日まで）に課税価格、相続税額その他財務省令で定める事項を記載した申告書を納税地の所轄税務署長に提出しなければならない。

【相続税法基本通達27-4（「相続の開始があったことを知った日」の意義）】

法第27条第１項及び第２項に規定する「相続の開始があったことを知った日」とは、自己のために相続の開始があったことを知った日をいうのであるが、次に掲げる者については、次に掲げる日をいうものとして取り扱うものとする。

（中略）

⑴　民法第30条及び第31条の規定により失踪の宣告を受け死亡したものとみなされた者の相続人又は受遺者　これらの者が当該失踪の宣告に関する審判の確定のあったことを知った日

⑵　相続開始後において当該相続に係る相続人となるべき者について民法第30条の規定による失踪の宣告があり、その死亡したものとみなされた日が当該相続開始前であることにより相続人となった者　その者が当該失踪の宣告に関する審判の確定のあったことを知った日

⑶　民法第32条《失踪の宣告の取消し》第１項の規定による失踪宣告の取消しがあったことにより相続開始後において相続人となった者　その者が当該失踪の宣告の取消しに関する審判の確定のあったことを知った日

⑷　民法第787条《認知の訴え》の規定による認知に関する裁判又は同法第894条第２項の規定による相続人の廃除の取消しに関する裁判の確定により相続開始後において相続人となった者　その者が当該裁判の確定を知った日

⑸　民法第892条又は第893条の規定による相続人の廃除に関する裁判の確定により相続開始後において相続人になった者　その者が当該裁判の確定を知った日

⑹　民法第886条の規定により、相続について既に生まれたものとみなされる胎児　法定代理人がその胎児の生まれたことを知った日

⑺　相続開始の事実を知ることのできる弁識能力がない幼児等　法定代理人がその相続の開始のあったことを知った日（相続開始の時に法定代理人がないときは、後見人の選任された日）

⑻　遺贈（被相続人から相続人に対する遺贈を除く。⑼において同じ。）によっ

て財産を取得した者　自己のために当該遺贈のあったことを知った日

(9)　停止条件付の遺贈によって財産を取得した者　当該条件が成就した日

（注）　これらの場合において、相続又は遺贈により取得した財産の相続税の課税価格に算入すべき価額は、相続開始の時における価額によるのであるから留意する。

『参考裁判事例』

（再転相続における「相続開始があったことを知った日」）

民法916条の趣旨は、乙が甲からの相続について承認又は放棄をしないで死亡したときには、乙から甲の相続人としての地位を承継した丙において、甲からの相続について承認又は放棄のいずれかを選択することになるという点に鑑みて、丙の認識に基づき、甲からの相続に係る丙の熟慮期間の起算点を定めることによって、丙に対し、甲からの相続について承認又は放棄のいずれかを選択する機会を保障することにあるというべきである。

再転相続人である丙は、自己のために乙からの相続が開始したことを知ったからといって、当然に乙が甲の相続人であったことを知り得るわけではない。また、丙は、乙からの相続により、甲からの相続について承認又は放棄を選択し得る乙の地位を承継してはいるものの、丙自身において、乙が甲の相続人であったことを知らなければ、甲からの相続について承認又は放棄のいずれかを選択することはできない。丙が、乙から甲の相続人としての地位を承継したことを知らないにもかかわらず、丙のために乙からの相続が開始したことを知ったことをもって、甲からの相続に係る熟慮期間が起算されるとすることは、丙に対し、甲からの相続について承認又は放棄のいずれかを選択する機会を保障する民法916条の趣旨に反する。

以上によれば、民法916条にいう「その者の相続人が自己のために相続の開始があったことを知った時」とは、相続の承認又は放棄をしないで死亡した者の相続人が、当該死亡した者からの相続により、当該死亡した者が承認又は放棄をしなかった相続における相続人としての地位を、自己が承継した事実を知った時をいうものと解すべきである。

（2019年（令和元年）８月９日　最高裁判決）

『参考裁決事例』

（未成年者の「相続の開始があったことを知った日」は、法定代理人である母が遺言書の検認に立ち会った日である）

相続税法第27条第１項は、相続又は遺贈により財産を取得した者について、納付すべき相続税額があるときに相続税の申告書の提出義務が発生することを前提として、その申告書の提出期限を「その相続の開始があったことを知った日の翌日から10月以内」と規定しているものと解するのが相当である。そして、遺贈により財産を取得した者における「その相続の開始があったことを知った日」とは、自己のために遺贈があったことを知った日を意味し、遺贈を受けた本人が未成年者である場合については、本人が弁識能力のないときは法定代理人が、本人が弁識能力を有しているときは本人又は法定代理人が、その遺贈があったことを知った日と解すべきである。

請求人は未成年者であるところ、その法定代理人である本件母は、平成28年１月26日に本件遺言書の検認に立ち会ったというのであり、遅くとも同日までには、本件被相続人が請求人を認知したこと及び請求人のために遺贈があったことを知ったと認められるから、請求人が「相続の開始があったことを知った日」は平成28年１月26日となる。

以上のとおり、請求人が「相続の開始があったことを知った日」は平成28年１月26日であり、本件相続税の法定申告期限は同年11月28日となるから、同日より後の平成30年２月28日に提出された本件申告書は、期限後申告書であると認められる。

（2019年（平成31年）２月８日裁決　TAINS　F0-3-682）

8-2 死亡日が特定できない場合

ポイント

死後数日、数か月経過後に発見される場合のように、死亡した日時が不明な場合があります。死体検案書に「Ｘ年12月15日から20日の間」のような記載のある場合、相続税の課税時期（相続開始の日）は、最終の日であるＸ年12月20日と判断されます。

【解　説】

1　相続開始の確定

相続は、人の死亡により開始します（民法882）。死亡には、自然死亡と擬制死亡があります。自然死亡は、死亡した者の存在が確認でき、医学的に死亡の判定ができるような死亡のことです。擬制とは、法律の上では規定と異なっているが、法律上同じとみなして、同じ効果を与えることをいいます。擬制死亡は災害に遭遇し、死亡したことがほぼ確実ではあるが、死亡が確認できない場合に、死亡したものとみなします。擬制死亡には、次の認定死亡と失踪宣告があります。それぞれ要件が、厳格に定められており、死亡したことにするというように任意に判断することはできません。死亡の確定は、財産や身分関係に大きな影響を及ぼすからです。

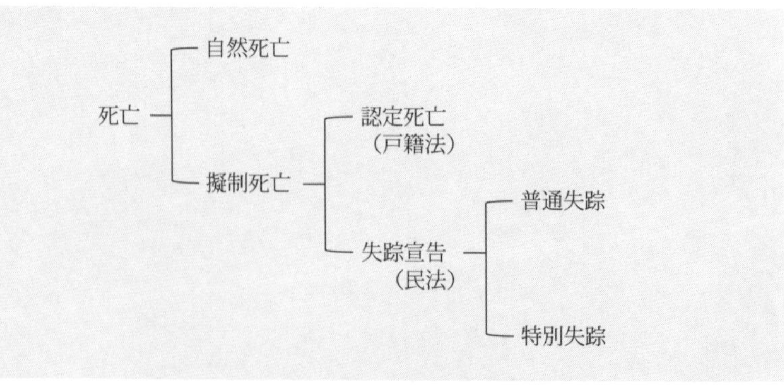

① 自然死亡

自然死亡は、人が死亡することです。死亡は、死亡事実が医師等の診断書又は検案書に記載された「死亡の年月日時分及び場所」を基に、戸籍に記載されたときをもって確定します（戸籍法86）。

② 認定死亡

水難、火災その他の事変（以下「災害等」といいます。）があり、死亡した者がいる場合には、取調べをした官庁又は公署は、死亡地の市町村長に死亡の報告をしなければならないことになっています。ただし、外国又は法務省令で定める地域で死亡があったときは、死亡者の本籍地の市町村長に死亡の報告をします（戸籍法89）。この場合、医師等の診断書や検案書に基づいて、戸籍に記載されたときをもって確定します（戸籍法91）。

認定死亡は、死亡事実が確実である場合のことをいいます。

③ 失踪宣告

人が、行方不明となっている場合、生死が不明である場合等存在の確認が取れない場合があります。放置しておくと、相続関係に影響があります。このような場合、一定の条件で行方不明者を死亡したと認定することができます。

不在者の生死が７年間明らかでないときは、家庭裁判所は、利害関係人の請求により、失踪の宣告をすることができます（以下「普通失踪」といいます。）。戦地に臨んだ者、沈没した船舶の中に在った者、その他死亡の原因となるべき危難に遭遇した者の生死が、それぞれ、戦争が止んだ後、船舶が沈没した後又はその他の危難が去った後１年間明らかでないときも、同様に死亡したものとみなされます（以下「特別失踪」といいます。）（民法30）。

普通失踪の場合は７年の期間満了の時、特別失踪はその危難が去った時に死亡が確定します（民法31）。７年間行方不明になった場合に、自動的に死亡したとみなされるわけではありません。

失踪宣告は、不在者の生死が不明の場合に、生死を確定させるために行われるものです。必ずしも、死亡しているとは限りません。場合によっては、不在者が出現することがあり得ます。民法では、不在者の生存も想定して、失踪宣告の取消しの手続ができることとなっています（民法32①）。

2　死亡した日が不明な場合

⑴　死亡した日が特定できない場合

死亡したことが長期間知られることがなかった､いわゆる孤独死など、死亡した事実は明白であり、警察の調査及び監察医等の検分により死体検案書が作成されますが、死亡した日が特定されないことがあります。死亡した日が特定されないことは、相続の問題はもちろん、第三者の取引の安全が損なわれることもあります。

⑵　死亡した日が「頃」とされている場合

遺体発見が、死亡したときより日数が相当経過しているような場合、死亡した日が、「Ｘ年５月頃（推定）」「Ｘ年12月下旬頃（推定）」と記載されていることがあります。死亡推定時刻に時間的な幅がある場合、民法上は、その時間の終末（24時）をもって死亡時刻とするという取扱いがあります。死亡推定日に幅があるときにおいても同様、推定月の終末日が死亡推定日となるのが通例です。

⑶　死亡した日が「○日から○日の間」とされている場合

遺体発見が、死亡したときより日数があまり経過していない場合、死亡した日が「12月10日から12月25日の間」と記載されることがあります。死亡の時をある程度絞り込める場合です。この場合は、12月25日の終末（24時）を死亡推定時刻とすると取り扱われます。

(4)　相続税の取扱い

相続税における死亡日の判定は、民法の取扱いと異なることはないので、上記(2)(3)の取扱いで判断します。

申告及び調査の対応のポイント

死亡日の確定は、相続税の申告や財産評価に影響があります。例えば「X年12月下旬頃」とあれば、X1年の１月初旬に遺体が発見されたとしても、ほぼ間違いなくX年中に死亡しているので、土地等の財産の評価をするに当たって、X年分の路線価等を適用することになります。

『参考法令通達等』

【民法第30条（失踪の宣告）】

1　不在者の生死が７年間明らかでないときは、家庭裁判所は、利害関係人の請求により、失踪の宣告をすることができる。

2　戦地に臨んだ者、沈没した船舶の中に在った者その他死亡の原因となるべき危難に遭遇した者の生死が、それぞれ、戦争が止んだ後、船舶が沈没した後又はその他の危難が去った後１年間明らかでないときも、前項と同様とする。

【民法第31条（失踪の宣告の効力）】

前条第１項の規定により失踪の宣告を受けた者は同項の期間が満了した時に、同条第２項の規定により失踪の宣告を受けた者はその危難が去った時に、死亡したものとみなす。

【民法第882条（相続開始の原因）】

相続は、死亡によって開始する。

【戸籍法第89条】

水難、火災その他の事変によって死亡した者がある場合には、その取調をした官庁又は公署は、死亡地の市町村長に死亡の報告をしなければならない。但し、外国又は法務省令で定める地域で死亡があったときは、死亡者の本籍地の市町村長に死亡の報告をしなければならない。

8-3 連続して相続があった場合の申告期限

ポイント

相続税の申告書を提出すべき者が、申告書の提出期限前に死亡した場合、その者の相続人が、相続開始があったことを知った日の翌日から10か月以内に、相続税の申告書を提出しなければなりません。相続税の申告期限が、相続人により異なることがあります。

【解　説】

1　相続税の申告期限

相続又は遺贈により財産を取得した者、相続開始前７年以内に贈与があった者及び被相続人に係る相続時精算課税適用者は、各人の課税価格の合計額が基礎控除額を超えるときは、相続の開始があったことを知った日の翌日から10か月以内に、被相続人が死亡した時の住所地を管轄する税務署長に、相続税の申告書を提出しなければなりません（相法27①、相法附則３）。

申告期限の始期は「相続の開始があったことを知った日」です（相法27①)。その日は「自己のために相続の開始があったことを知った日」です（相基通27-4)。認知の訴えや失踪宣告があった場合等、特定の場合には相続開始があったことを知った日が相続人によって異なります（第８章8-1参照)。

2　連続して相続があった場合の相続税の申告期限

⑴　第１次相続の申告期限

被相続人の死亡（以下「第１次相続」といいます。）による申告書を提出すべき者が、申告書の提出期限前に申告書を提出しないで死亡することがあります（以下「第２次相続」といいます。）。その場合、第２次相続の相続人は、第２次相続の相続開始があったことを知った日の翌日から10か月以内に、第１次相続に係る申告書を提出しなければなりません（相法27②）。

つまり、第１次相続の相続人が、申告書提出前に死亡した場合、第２次相続の相続人は第２次相続の被相続人に代わって第１次相続の申告をしますが、その期限は第２次相続の開始があったことを知った日の翌日から10か月以内となります。第１次相続の申告書の提出前に第２次相続が発生した場合は、相続人により申告期限が異なることとなります。

3　事例

被相続人ＡはX0年５月１日に死亡しました。相続人は配偶者Ｂ、長男Ｃ及び次男Ｄでしたが、遺産分割をする前にＢが平成X0年８月１日に死亡しました。Ｂには、先夫との間に生まれた子Ｅがいます。

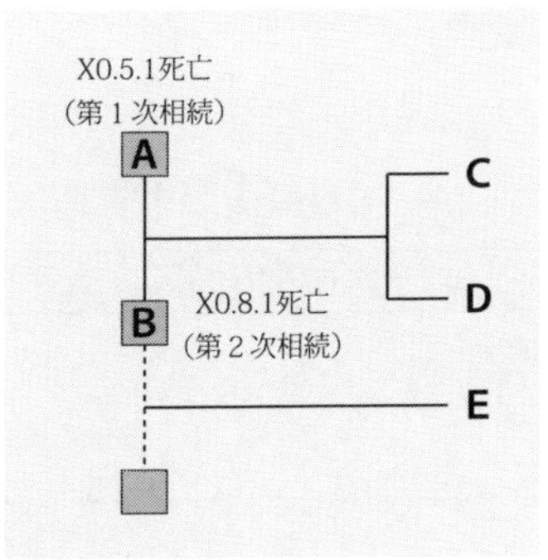

⑴　第１次相続の申告期限

第１次相続の被相続人であるＡの相続に係る申告期限は、具体的には次の通りです。Ｃ及びＤは当初の申告期限である第１次相続の相続開始の日の翌日から10か月後のX1年３月１日です。Ｂの申告期限はＢの相続開始の日の翌日から10か月後ですので、Ｂの相続人であるＣ、Ｄ及びＥはX1年６月１日となります。一般的には第１次及び第２次相続の相続人がＣ及びＤであることが多く、実務的にはＡの相続開始から10か月内に申告しています。ただし、事例のように、Ｂに第１次相続の相続人以外の相続人（この例ではＥ）がいる場合、ＥにとってはＡの相続に対応しなければならないことは降ってわいた話になります。Ａの相続開始から９か月後にＢが死亡した場合のことを考えると、Ａの申告期限を10か月後に確定してしまうと、Ｅの期限の利を奪うことになるからと考えられます。

<table>
<tr><th>相続人</th><th>Ａの相続開始日</th><th>Ａの相続税の申告期限</th><th>各人の申告期限</th></tr>
<tr><td>Ｂ（Ｂの相続人Ｃ）</td><td rowspan="5">X0年５月１日</td><td rowspan="5">X1年３月１日</td><td rowspan="3">X1年６月１日</td></tr>
<tr><td>Ｂ（Ｂの相続人Ｄ）</td></tr>
<tr><td>Ｂ（Ｂの相続人Ｅ）</td></tr>
<tr><td>Ｃ</td><td rowspan="2">X1年３月１日</td></tr>
<tr><td>Ｄ</td></tr>
</table>

⑵　第２次相続の申告期限

第２次相続の相続人は、誰も死亡していないので、Ｂの相続開始があったことを知った日の翌日から10か月後が申告期限です。

<table>
<tr><th>相続人</th><th>相続開始日</th><th>申告期限</th></tr>
<tr><td>Ｃ</td><td rowspan="3">X0年８月１日</td><td rowspan="3">X1年６月１日</td></tr>
<tr><td>Ｄ</td></tr>
<tr><td>Ｅ</td></tr>
</table>

申告及び調査の対応のポイント

第１次相続の申告書を提出する前に第２次相続があった場合、相続人により申告期限及び相続人が異なることは、上記で解説した通りです。第１次相続の申告期限内に第２次相続分も含めてすべて一度に申告することもあります。この場合でも、相続人によって申告期限が異なることの認識は必要です。例えば、調査があり、修正申告をした場合の延滞税の起算日は相続人により異なることになります。

『参考法令通達等』

【相続税法第27条第２項（相続税の申告書）】

前項の規定により申告書を提出すべき者が当該申告書の提出期限前に当該申告書を提出しないで死亡した場合には、その者の相続人（包括受遺者を含む。第５項において同じ。）は、その相続の開始があったことを知った日の翌日から10月以内（その者が国税通則法第117条第２項の規定による納税管理人の届出をしないで当該期間内にこの法律の施行地に住所及び居所を有しないこととなるときは、当該住所及び居所を有しないこととなる日まで）に、政令で定めるところにより、その死亡した者に係る前項の申告書をその死亡した者の納税地の所轄税務署長に提出しなければならない。

8-4 遺産分割の確定による更正の請求

ポイント

相続税における更正の請求の原則は、国税通則法に同じです。納付すべき税額が過大であった場合、相続税の申告期限から５年以内に更正の請求をします（通則法23①）。相続税の場合、未分割の状態で申告をすることがあり、遺産分割の確定が数年後となることはまれではありません。そのような、相続税特有の後発的事由が発生した場合、その事由を知った日の翌日から４か月以内に限り、更正の請求をすることができます（相法32）。

【解　説】

1　国税通則法における更正の請求

⑴　更正の請求とは

更正の請求とは、納税義務者の申告した課税標準又はこれに対する税額の計算に誤りがあったことにより、納付すべき税額が過大であるとき等、一定の理由に限り、法定申告期限後の一定期間内に、課税庁に対し更正をすべき旨の請求をする行為のことをいいます。

⑵　更正の請求ができる場合

更正の請求をすることができる場合として、国税通則法は次を規定しています

①「納税申告書を提出した者」が、次の事由に該当する場合（通則法23①）。

更正の請求事由	更正の請求期間
イ　課税標準等若しくは税額等の計算が、国税に関する法律の規定に従っていなかったこと又は計算に誤りがあったことにより、納付すべき税額が過大であったこと	・法定申告期限から５年以内
ロ　純損失等の金額が過少であったこと	
ハ　純損失等の金額を記載していなかったこと	
ニ　還付金の額が過少であったこと	
ホ　還付金の額を記載していなかったこと	

② 「納税申告書を提出した者」又は「決定（国税通則法第25条に規定する決定）を受けた者」が、次の事由に該当する場合（通則法23②、通則令６）。

更正の請求事由	更正の請求期間
イ　申告、更正又は決定（以下「申告等」という。）に係る課税標準等又は税額等の計算についての判決が確定したこと	・確定した日の翌日から２か月以内
ロ　申告等した者に帰属するとされていた所得が、他の者に帰属するとされ、他の者に対して更正又は決定があったこと	・更正又は決定があった日の翌日から２か月以内
ハ　上記イ、ロに類する次のやむを得ない理由があること ・官公署の許可その他の処分が取り消されたこと ・契約が解除権の行使等により解除等されたこと ・帳簿書類が押収等され税額計算ができなかったがその後事情が消滅したこと ・その他	・その理由が生じた日の翌日から２か月以内

(3)　更正の請求の期間及び添付書類

①　更正の請求の期間

更正の請求ができる期間は、平成23年12月２日以後に法定申告期限が到来するものから原則として５年となっています（通則法23①）。

② 事実を証明する書類の添付

更正の請求は、その更正の請求をする理由が課税標準たる所得が過大であること、その他その理由の基礎となる事実が一定期間の取引に関するものであるときは、その取引の記録等に基づいて、その理由の基礎となる事実を証明する書類を更正請求書に添付します（通則令６②）。

2　相続税法における更正の請求の期限

相続税法における更正の請求の原則は、国税通則法に同じです。納付すべき税額が過大であった場合、相続税の申告期限から５年以内に、更正の請求をします。

3　相続税の更正の請求の特則

⑴　更正の請求の期限

相続開始により複数の納税義務者が、同時に発生することがあります。相続税は、相続により被相続人の財産を取得した者に対して課税されます。相続人が複数の場合当然、遺産分割を経て相続財産が確定しますので、遺産分割が成立しない場合、取得する財産が不明です。この場合未分割となりますが、相続税は仮に法定相続分で分割したとして税額を計算して申告します。

相続税法は、遺産分割が長引くことも想定しており、分割確定の遅延等、後発的事由が発生した場合、その事由を知った日の翌日から４か月以内に限り、更正の請求をすることができることとなっています（相法32①）。

⑵　更正の請求ができることとなる事由

① 未分割であった財産について、民法の規定による相続分、又は包括遺贈の割合に従って課税価格が計算されていた場合、その後、財産の分割が行われ、共同相続人又は包括受遺者が分割により取得した財産の課税価格が相続分、又は包括遺贈の割合に従って計算された課税価格と異なることとなったこと。

② 認知の訴えによる認知、相続人の廃除又はその取消しに関する裁判の確定、相続の回復、相続の放棄の取消しその他の事由により相続人に異動を生じたこと。

③ 遺留分侵害額請求に基づき支払うべき金額が確定したこと。

④ 遺贈の遺言書があった場合、又は遺贈の放棄があったこと。

⑤ 条件を付して物納の許可がされた場合、物納に充てた財産の性質その他の事情に関し次の事情が生じたこと（相令８①）。

イ　物納に充てた財産が土地である場合、その土地の土壌が土壌汚染対策法に規定する特定有害物質、その他これに類する有害物質により汚染されていることが判明したこと。

ロ　物納に充てた財産が土地である場合、その土地の地下に廃棄物の処理及び清掃に関する法律に規定する廃棄物その他の物で、除去しなければ土地の通常の使用ができないものがあることが判明したこと。

⑥ ①から⑤の事由に準ずる次の事由が生じたこと（相令８②）。

イ　相続若しくは遺贈又は贈与により取得した財産についての権利の帰属に関する訴えについての判決があったこと。

ロ　民法第910条（相続の開始後に認知された者の価額の支払請求権）の規定による請求があったことにより弁済すべき額が確定したこと。

ハ　条件付の遺贈について、条件が成就したこと。

⑦ 特別縁故者に対する財産の分与（民法958の２）又は、特別寄与者の特別寄与料（民法1050①）が、確定したこと（相法４①②、32①七）。

⑧ 遺産分割が確定したことにより、配偶者の税額軽減や小規模宅地等の特例が適用できることとなり、分割により計算した相続税額が期限内申告等の相続税額と異なることとなったこと（相法19の２、措法69の４④）。

⑨ 出国税（所法137の２）の納税猶予を承継した相続人が所得税を納付することになったこと等、次に掲げる事由が生じたこと。

イ　所得税法第137条の２第13項（国外転出をする場合の譲渡所得等の特例の適用がある場合の納税猶予）の規定により、国外転出をした者に係る納税猶予分の所得税額に係る納付の義務を承継したその者の相続人が、納税猶予分の所得税額に相当する所得税を納付することとなったこと。

ロ　所得税法第137条の３第15項（贈与等により非居住者に資産が移転した場合の譲渡所得等の特例の適用がある場合の納税猶予）の規定により適用贈与者等に係る納税猶予分の所得税額に係る納付の義務を承継した適用贈与者等の相続人が、納税猶予分の所得税額に相当する所得税を納付することとなったこと。

ハ　所得税法第137条の３第２項（贈与等により非居住者に資産が移転した場合の譲渡所得等の特例の適用がある場合の納税猶予）の規定の適用を受ける

相続人が相続等納税猶予分の所得税額に相当する所得税を納付することとなったこと（相令８③）。

⑩　相続開始の年に被相続人から贈与を受けた財産を、贈与税の課税価格計算の基礎に算入していたが、相続等により取得した財産があったことが判明した場合（贈与税の更正の請求）。

（申告及び調査の対応のポイント）

相続税法第32条に定められている更正の請求の事由と期限は、相続税独自のものです。相続税でも一般的な更正の請求は、国税通則法によります。

『参考法令通達等』

【相続税法第32条（更正の請求の特則）】

三　遺留分侵害額の請求に基づき支払うべき金銭の額が確定したこと。

七　第４条第１項又は第２項に規定する事由が生じたこと。

8-5 遺産分割の確定による修正申告

ポイント

遺産分割の確定により、当初申告の税額が増額となる相続人等の提出すべき修正申告の提出期限は定まっていません。修正申告書の提出がない場合、更正の請求があった日から１年を経過した日、又は国税通則法第70条の規定による更正又は決定をすることができないこととなる日のいずれか遅い日までに、更正又は決定が行われます。

【解　説】

1　申告期限後に分割が確定した場合

遺産が未分割の状態で相続税の申告書が提出されており、申告期限後において遺産分割が確定し、取得する財産の価額が法定相続分より増減した場合、修正申告又は更正の請求の手続が必要です（相法30～32）。

2　修正申告書の提出期限

遺産分割の確定により、課税価格及び税額が増加することとなった場合の修正申告書や新たに納税額が発生した場合の期限後申告書（以下「修正申告書等」といいます。）の提出期限は特に定まっていません。「既に確定した相続税額に不足を生じた場合には、修正申告書を提出することができる。」（相法31①）として、任意規定となっています。

3　修正申告書等の提出がない場合

(1)　修正申告書等の提出

修正申告書等の期限が定まっていないため、多く取得した者は修正申告書等の提出をしないこともあり得ます。「修正申告書を提出することができる」となっていても、納税者の任意に任せて課税庁が修正申告書等の未提出を放置する、ということではありません。修正申告を放置しますと、相続税の減額と増額のバランスが崩れ、いつまでも確定しないことになります。また、時効の問題も生じます。提出期限は特に定められていませんが、速やかに申告と納税を行うべきものです。

⑵　更正又は決定処分

遺産分割が確定した場合、当初申告より納付すべき税額が減少した相続人等については、更正の請求書に基づき減額更正が行われます。更正の請求書が提出されても、修正申告書等の提出がない場合、税務署長は更正の請求に基づく更正の基因となった事実を基礎として計算し、更正の請求をした者の被相続人から相続等により財産を取得した他の者（以下「他の者」といいます。）に次の事由があるときには、その事由に基づき、更正又は決定処分を行います（相法35③一、二）。

①　他の者が相続税法第27条若しくは第29条の規定による申告書（これらの申告書に係る期限後申告書及び修正申告書を含みます。）を提出し、又は相続税について決定を受けた者である場合、申告又は決定に係る課税価格又は相続税額（申告又は決定があった後修正申告書の提出又は更正があった場合には、修正申告又は更正に係る課税価格又は相続税額）が請求に基づく更正の基因となった事実を基礎として計算した場合における、その者に係る課税価格又は相続税額と異なることとなること。

②　他の者が①に規定する者以外の者である場合、その者の①に規定する事実を基礎として、その課税価格及び相続税額を計算することにより、その者が新たに相続税を納付すべきこととなること。

⑶　留意点

修正申告書等の提出がない場合、更正又は決定処分が行われますが、この処分はあくまでも更正の請求が提出されていることが前提です。更正処分等の通知が、更正の請求に基づく更正処分の通知より先に来ることはありません。

⑷ 更正と決定

① 「更正」とは当初申告があった場合に、その課税標準等又は税額等が調査による額と異なるときに行う処分をいいます（通則法24）。増額の場合と減額の場合があります。

② 「決定」とは無申告の場合に、調査により課税標準等又は税額等を確定する処分のことをいいます（通則法25）。

4 更正又は決定の期限

遺産分割の確定により課税価格又は相続税額が異なり、修正申告書等を提出する者が提出しない場合、更正の請求に基づいて更正又は決定処分が行われますが、処分の期限は次のいずれか遅い日です（相法35③）。

① 更正の請求があった日から１年を経過した日

② 国税通則法第70条（国税の更正、決定等の期間制限）の規定により、更正又は決定をすることができないこととなる日

5 事例

被相続人Ａは、X1年12月10日に死亡しました。相続人は子Ｂ及びＣです。総遺産価額は１億5,000万円でしたが、遺産分割に争いがあり、未分割で申告しました。

X7年４月１日に、Ｂが財産の約60％を取得し、Ｃは40％を取得することで、遺産分割が確定しました。Ｃは、同年６月１日に、当初申告した相続税額より減額となったため、更正の請求を行い、相続税の一部が還付されました。Ｂは法定相続分より財産を余分に取得したので、修正申告になるはずですが、遺産分割が確定してから、４か月過ぎても修正申告書を提出していません。

この場合、Ｃが提出した更正の請求を基に、Ｂに対して更正処分が行われます。国税通則法の更正処分の期限が経過していますので、相続税法第35条第３項に基づき、Ｃが更正の請求書を提出して１年以内に更正処分が行われます。

〔申告及び調査の対応のポイント〕

1　遺産分割により取得した財産価額を基に計算した結果、相続税額が増加する場合は速やかに修正申告します。

2　遺産分割に争いがある場合、相続人がそれぞれ異なった財産価額を申告することがあります。修正申告や更正の請求の場合でも同様に財産価額が異なることがあります。遺産分割の争いと相続財産の価額の調整は別に考えます。同一価額に調整しておかない場合、その是正で余分な労力を費やすことになります。

『参考法令通達等』

【相続税法第35条第３項（更正及び決定の特則）】

税務署長は、第32条第１項第１号から第６号までの規定による更正の請求に基づき更正をした場合において、当該請求をした者の被相続人から相続又は遺贈により財産を取得した他の者（当該被相続人から第21条の９第３項の規定の適用を受ける財産を贈与により取得した者を含む。以下この項において同じ。）につき次に掲げる事由があるときは、当該事由に基づき、その者に係る課税価格又は相続税額の更正又は決定をする。ただし、当該請求があった日から１年を経過した日と国税通則法第70条（国税の更正、決定等の期間制限）の規定により更正又は決定をすることができないこととなる日とのいずれか遅い日以後においては、この限りでない。

一　当該他の者が第27条若しくは第29条の規定による申告書（これらの申告書に係る期限後申告書及び修正申告書を含む。）を提出し、又は相続税について決定を受けた者である場合において、当該申告又は決定に係る課税価格又は相続税額（当該申告又は決定があった後修正申告書の提出又は更正があった場合には、当該修正申告又は更正に係る課税価格又は相続税額）が当該請求に基づく更正の基因となった事実を基礎として計算した場合におけるその者に係る課税価格又は相続税額と異なることとなること。

二　当該他の者が前号に規定する者以外の者である場合において、その者につき同号に規定する事実を基礎としてその課税価格及び相続税額を計算することにより、その者が新たに相続税を納付すべきこととなること。

【国税通則法第24条（更正）】

税務署長は、納税申告書の提出があった場合において、その納税申告書に記載された課税標準等又は税額等の計算が国税に関する法律の規定に従っていなかったとき、その他当該課税標準等又は税額等がその調査したところと異なるときは、その調査により、当該申告書に係る課税標準等又は税額等を更正する。

【国税通則法第25条（決定）】

税務署長は、納税申告書を提出する義務があると認められる者が当該申告書を提出しなかった場合には、その調査により、当該申告書に係る課税標準等及び税額等を決定する。ただし、決定により納付すべき税額及び還付金の額に相当する税額が生じないときは、この限りでない。

8-6 相続財産の実測売買による相続税の是正

ポイント

相続財産の土地の面積は実際の面積によります。相続税の申告後であっても、実測により土地の面積に相違が生じていることが判明した場合は、相続税の修正申告又は更正の請求（以下「修正申告等」といいます。）により、相続税を是正します。

また、譲渡所得の計算上、租税特別措置法第39条の相続税の取得費加算の適用を行っている場合、相続税の修正申告等を基に、譲渡所得を是正します。

【解　説】

1　相続財産としての土地等の地積

⑴　実際の面積

相続財産としての土地等の地積は、課税時期における実際の面積によります（評基通８）。この「実際の面積」というのは、必ずしも実測を要求されるものではありません。我が国では、過去に測量が行われて登記面積が是正されていない場合、登記上の面積と実際の面積が相違することが一般的です。しかし、地積は実際の面積によるとされているものの、短期間で申告書を作成し納税しなければならない相続税の場合、申告期限内に多数の土地の実測を行うことは困難で、費用負担の問題もあります。

土地の面積は測量技術の進歩による精度の差はあるにせよ、原則として、いつだれが計測しても違いがないはずです。相続開始前であれ後であれ、測量を行っていればその測量値で相続税の価額を算出すべきです。

財産評価基本通達８の趣旨は、実際の面積が把握されている場合、台帳面積との選択適用の可能性を排除するために、実際の面積によるとする確認規定であると考えられます。

⑵　倍率地域における実際の面積

倍率地域においては、登記簿上の面積より面積が大きくなること、いわゆる縄延びがあります。このような土地でも固定資産税評価額は、登記簿上の面積で評価していますので、価額を面積に応じて修正する必要があります。

$$\text{修正する固定資産税評価額}=\text{固定資産税評価額}\times\frac{\text{実際の地積}}{\text{土地台帳の面積}}$$

2　実測により面積が相違した場合の是正

⑴　相続税

相続財産を譲渡するに当たって、実測を行った結果、その土地の面積が増減した場合、相続財産としての土地の面積も増減します。必然的に、相続税も増減することになります。土地の面積が増加した場合、相続税の修正申告、減少した場合は更正の請求をします。

⑵　所得税

相続税が是正された場合、相続財産を譲渡したことによる、措置法第39条の適用金額も是正されることになります。つまり、相続税額が増加した場合、譲渡所得の計算上取得費に加算される相続税額が増加しますので、所得が減少します。この場合は、所得税の更正の請求をします。

相続税と所得税の関係は次の通りです。

実測による土地等の面積	相続税	所得税
増加	修正申告	更正の請求
減少	更正の請求	修正申告

3　措置法第39条

措置法第39条は、相続財産を譲渡した場合の取得費の特例といい、相続又は遺贈により取得した財産を､相続の開始があった日の翌日から、相続税の申告書の提出期限の翌日以後３年を経過する日までの間に譲渡した場合、譲渡した財産に対応する相続税額を、取得費として加算できる特例です。

相続直後の相続財産の譲渡は、相続税の納税資金を捻出するためであることが多いようです。相続税と所得税は、税体系が異なり連動するものではありませんが、相続税に続く所得税の負担という、相続人の二重の負担感を緩和するために設けられた特例です。土地だけではなく、譲渡所得の対象となる相続財産（建物、株式、ゴルフ会員権等）であり、適用期限内に譲渡したものであれば、適用できます。

申告及び調査の対応のポイント

多数の土地を所有している場合、過去に測量したことがある場合や、相続後に売却等のために測量をする等、実測する機会があります。実測面積に基づいた計算による申告若しくは修正申告等を行って正しい面積に訂正します。調査により実測図が把握され、申告を是正されることも多いため、実測の有無を相続人に必ず確認します。土地面積の誤りは相続税額に直結しますので、十分に確認及び検討します。

8-7 特別縁故者が財産を取得した場合

ポイント

相続人が不存在のときに、特別縁故者が取得した相続財産について、基礎控除を超える場合、相続税の申告が必要です。相続財産は、財産を取得した時の価額で計算します。

【解　説】

1　相続人が不存在の場合

相続人が不存在の場合、相続財産は「相続財産法人」となります（民法951）。相続財産については利害関係人又は検察官が家庭裁判所に対して財産管理人の選任を請求します。また、被相続人と生計を同じくしていた者、被相続人の療養看護に努めた者その他被相続人と特別の縁故があった者（以下「特別縁故者」といいます。）は、相続財産に対して分与の請求をすることができます（民法958の２①）。特別縁故者が取得した財産について、相続税法での取扱いは「遺贈により取得したもの」とみなされます（相法４）。本来は、相続開始後に、相続財産法人から分与されるため、遺贈ではありませんが、課税の都合上遺贈により取得したものとみなすこととしています。そして、取得した財産の価額が基礎控除を超えた場合、相続税の納税義務者となります（相法１の３）。

2　特別縁故者が財産を取得するまでの手順

(1)　特別縁故者とは

特別縁故者とは、次の者をいいます（民法958の２①）。

①　被相続人と生計を同じくしていた者

婚姻届を出しておらず内縁関係にあった者、血のつながりのない親子など同一生計者が該当します。

② 被相続人の療養看護に努めた者

被相続人の介護にあたっていた者などが該当しますが、介護士や医師など業として介護をしていた者は除かれます。

③ その他被相続人と特別の縁故があった者

被相続人との交際関係など、特別に親しい関係にあった者、そのほか、特別の縁故があった人格のない社団若しくは財団で代表者等の定めがあるもの又は法人（以下「社団等」といいます。）が該当します。社団等に対して財産の分与が行われた場合には、社団等について相続税法第66条第1項（相続税等の課税）又は第4項の規定の適用があります（相基通4-2）。

⑵ 特別縁故者が財産を取得するまでの手順

特別縁故者が財産を取得するまでに次の手順が踏まれます（相基通4-1）。

① 民法第952条《相続財産の清算人の選任》の規定による相続財産の清算人の選任及び公告

② 民法第957条《相続債権者及び受遺者に対する弁済》の規定による相続債権者及び受遺者に対しその請求の申出をすべき旨の公告

③ 民法第958条の2《特別縁故者に対する相続財産の分与》の規定による特別縁故者の財産分与の請求

3 分与財産の価額

相続税の課税の時は相続により財産を取得した時です。原則として相続開始日であり、特別縁故者が取得した財産についても課税時期は相続開始日であり相続財産の価額も相続開始の時の価額です。ただし、実務的には、財産の分与を受けた時の相続税評価額で計算します。

4　相続税額の計算の留意点

⑴　基礎控除

相続税の総額は、相続等により財産を取得したすべての者の課税価格の合計額から、基礎控除額を控除した金額を基に、民法に規定する相続人が法定相続分で財産を取得したものと仮定して、それぞれの持ち分に応じた金額に対して税率を乗じて計算します（相法16）。

相続人が不存在の場合、基礎控除の定額控除部分（3,000万円）しか適用できません。人的控除部分（法定相続人１人当たり600万円）の適用はありません。また、法定相続分の計算の概念が生じないことから、基礎控除した課税価格に対して税率を乗じて相続税額を計算します。被相続人に法定相続人がおらず、財産の取得者が遺贈を受けた者だけの場合も、この計算で相続税額を算出します。

⑵　適用される税法

特別縁故者が取得した財産は、取得した時の価額で計算されます。しかし、相続税の基礎控除や税額計算は、被相続人の相続開始日現在の法律によります。

⑶　債務控除の適用

債務控除は、基本的に相続人に適用されます（相法13①）。特別縁故者は相続人でないことから、債務控除の適用はありません。しかし、被相続人の葬式費用や入院費用等を負担していることが考えられます。このような場合でも、債務控除の適用はできませんが、分与を受けた財産の金額からこれらの費用の額を控除した金額が分与された金額として取り扱われます（相基通4-3）。

⑷　相続開始前７年以内の贈与加算

相続開始前７年以内に被相続人から贈与を受けていた財産は、相続財産に加算します。相続財産を取得した者に適用される取扱いですが、特別縁故者は、相続財産を取得していますので、相続開始前７年以内に被相続人から贈与を受けていた場合、その財産価額を加算します（相基通4-4）。

相続開始年中に贈与を受けた財産は、相続財産に加算します。特別縁故者が相続財産の分与を受けるのは、相続税の申告期限を大幅に超える場合が多く、実務的には、相続開始年中の贈与は一旦贈与税の申告をしておき、財産の分与が確定した時に、贈与税の更正の請求を提出することになります。

2024年（令和６年）１月１日以後に贈与を受けるものについては、相続開始前４年以前７年以内の贈与財産の価額の合計額から100万円を控除します。

⑸　相続税額の２割加算

特別縁故者は、被相続人の配偶者でも１親等の血族でもないため、相続税額の２割加算の対象となります（相法18）。

⑹　未成年者控除、障害者控除、相次相続控除

未成年者控除、障害者控除、相次相続控除は、財産を取得した者が相続人である場合に適用されます。特別縁故者は相続人ではないため、各控除の適用はできません。

⑺　小規模宅地等の特例

小規模宅地等の特例の適用要件は親族となっていることから、特別縁故者が取得した財産については適用できません。

⑻　相続税の総額の計算

相続人が不存在の場合、法定相続分という規定が適用できません。

相続税の総額の計算は、特別縁故者が分与を受けた財産の課税価格から定額控除額を控除した価額に税率を乗じて計算します。

⑼　相続税の申告期限

家庭裁判所の審判が、特別縁故者に対して下りた日の翌日から10か月以内に申告します（相法29①）。

5　特別縁故者が取得した財産の取得日

特別縁故者が取得した財産は、相続により取得した財産ではないため、被相続人の取得日や取得価額を引き継ぎません。また、特別縁故者が取得した財産は「遺贈」により取得したものとされますが、実際は裁判所の審判による財産の分与です。

分与を受けた財産を後日譲渡した場合、裁判所からの分与の告知を受けた時に取得したことになり、取得価額はその時の時価です。

（申告及び調査の対応のポイント）

近年の傾向から考えるに、相続人がいない事例は増加することでしょう。同居人等特定の者がいる場合、突然亡くなるとその後の手続が大変です。生前に、養子縁組、遺言等相続税対策のアドバイスが必要となります。元よりこの規定は、相続人がいない場合、相続財産を国庫に帰属させるより、特別な縁故のある者に分配することが望ましいとして1962年（昭和37年）に導入された制度です。

『参考法令通達等』

【民法第958条の２第１項（特別縁故者に対する相続財産の分与）】

前条の場合において、相当と認めるときは、家庭裁判所は、被相続人と生計を同じくしていた者、被相続人の療養看護に努めた者その他被相続人と特別の縁故があった者の請求によって、これらの者に、清算後残存すべき相続財産の全部又は一部を与えることができる。

【相続税法第４条第１項（遺贈により取得したものとみなす場合）】

民法第958条の２第１項（特別縁故者に対する相続財産の分与）の規定により同項に規定する相続財産の全部又は一部を与えられた場合においては、その与えられた者が、その与えられた時における当該財産の時価（当該財産の評価について第3章に特別の定めがある場合には、その規定により評価した価額）に相当する金額を当該財産に係る被相続人から遺贈により取得したものとみなす。

【相続税法基本通達4-1（相続財産法人からの財産分与の時期等）】

民法第958条の2第1項《特別縁故者に対する相続財産の分与》の規定による相続財産の分与については、次のような段階を経て行われるので、相続開始後相当の期間（最短9か月）を経て行われることに留意する。

⑴　民法第952条《相続財産の清算人の選任》の規定による相続財産の清算人の選任並びに当該選任をした旨及び相続人があるならばその権利を主張すべき旨の公告

⑵　民法第957条《相続債権者及び受遺者に対する弁済》の規定による相続債権者及び受遺者に対しその請求の申出をすべき旨の公告

⑶　民法第958条の2の規定による特別縁故者の財産分与の請求

（以下略）

【相続税法基本通達4-2（相続財産法人から財産の分与を受ける者）】

民法第958条の2第1項の規定による相続財産の分与は、被相続人と生計を同じくしていた者、被相続人の療養看護に努めた者その他被相続人と特別の縁故があった個人のほか、特別の縁故があった人格のない社団若しくは財団で代表者等の定めがあるもの又は法人（以下4-2において「社団等」という。）に対してもされるが、社団等に対して財産の分与が行われた場合には、当該社団等について法第66条第1項又は第4項の規定の適用があることに留意する。

【相続税法基本通達4-3（相続財産法人から与えられた分与額等）】

民法第958条の2の規定により相続財産の分与を受けた者が、当該相続財産に係る被相続人の葬式費用又は当該被相続人の療養看護のための入院費用等の金額で相続開始の際にまだ支払われていなかったものを支払った場合において、これらの金額を相続財産から別に受けていないとき又は同法第1050条の規定による支払いを受けるべき特別寄与料の額が確定した特別寄与者が、現実に当該被相続人の葬式費用を負担した場合には、分与を受けた金額又は特別寄与料の額からこれらの費用の金額を控除した価額をもって、当該分与された価額又は特別寄与料の額として取り扱う。

【相続税法基本通達4-4（分与財産等に加算する贈与財産）】

民法第958条の2の規定により相続財産の分与を受けた者又は同法第1050条の規定による支払いを受けるべき特別寄与料の額が確定した特別寄与者が、

19-2《法第19条第１項の規定の適用を受ける贈与》に定める加算対象期間内に被相続人から贈与により財産を取得したことがある場合においては、法第19条の規定の適用があることに留意する。

8-8 特別寄与者が財産を取得した場合

ポイント

被相続人の親族が被相続人の療養看護等で貢献した場合、一定の要件のもとで、相続人に対して金銭請求をすることができます。例えば、被相続人と同居していた子夫婦が、被相続人の看護にあたった場合、相続後に子の配偶者が特別の寄与料を相続人に対して請求できます。

特別寄与料を受けた者は、被相続人から遺贈により取得したものとみなされます。相続税が課税される場合は、算出された相続税額の２割を加算して納付します。

【解　説】

1　寄与分

(1)　寄与分とは

被相続人に対する生前の労務の提供や療養看護等（以下「療養看護等」といいます。）により、財産の維持増加に努める者がいます。本来は生前に財産上の手当てをしておくことが望ましいのですが、死亡前の療養看護等については、日々の看護手当等の支払いや請求をすることはほとんどありません。療養看護等に費やした労務の価値は死亡後にしか判定できません。療養看護等についての費用（寄与分）の請求について民法では従来から「寄与分」「特別縁故者に対する相続財産の分与」がありました。

寄与分については、相続人のうちに療養看護等によって、被相続人の財産の維持又は増加について特別な寄与をした者がいる場合、被相続人が相続開始の時に所有していた財産の価額から共同相続人の協議で定めたその者の寄与分を控除したものを相続財産とみなし、法定相続分に寄与分を加えた額をもってその者の相続分とすることができます（民法904の２）。

⑵　寄与分の不都合

民法における寄与分の規定（民法904の２）は、被相続人への相続人の寄与に対して相応の財産の配分を認めていることから、納得が得られやすいものでした。ただし、寄与分は相続人にしか認められません。2018年（平成30年）の相続法改正前は、相続人以外の者が療養看護等によって、被相続人の財産の維持又は増加に寄与した場合でも、その労力の対価を請求することができませんでした。例えば被相続人と同居する長男の妻が、療養看護等で労力を提供した場合でも、財産の分与を受けることはできませんでした。また、実際労力の提供があったとしても、家族の中でそれを金銭に換算して請求する意識も薄いのが実情です。また、相続人が死亡している場合、その配偶者の寄与に報いる手段がありませんでした。そこで、2018年（平成30年）の相続法改正において、特別の寄与制度が創設されました。

⑶　寄与した者等の区分及び課税区分

被相続人に対して生前に労務や医療看護等で寄与した者は、「寄与者」「特別縁故者」「特別寄与者」として相続財産の分与を受けることができます。分与を受ける者が創設されたいきさつは様々ですが、相続財産を取得したことにより相続税法第４条において「遺贈により財産を取得した者」として、相続税の課税対象となります。

各制度の概要及び課税区分は次の通りです。

制度	対象者	制度の概要 課税区分	民法 相続税法
寄与分	相続人	・相続人のうちに療養看護等により被相続人の財産の維持又は増加について特別の寄与をした者は、その寄与分の額を控除した額で、相続財産の分配ができること。	904の２①
		・相続により取得したものとして計算する。	2
特別縁故者に対する相続財産の分与	特別縁故者	・被相続人と生計を同じくしていた者、被相続人の療養看護に努めた者その他被相続人と特別の縁故があった者の請求によって、これらの者に、清算後残存すべき相続財産の全部又は一部を分与できること。	958の２
		・被相続人から遺贈により取得したものとみなす。	4①
特別の寄与	被相続人の親族	・無償による療養看護等で、被相続人の財産の維持又は増加について特別の寄与をしたことに対して、相続人に対し金銭の請求をすることができること。	1050①
		・被相続人から遺贈により取得したものとみなす。	4②

2　特別の寄与の創設

(1)　特別の寄与制度とは

2018年（平成30年）７月の相続法改正において、特別の寄与制度が創設されました（民法1050①）。特別の寄与をした被相続人の親族（以下「特別寄与者」といいます。）は、相続の開始後、相続人に対し、特別寄与者の寄与に応じた額の金銭（以下「特別寄与料」といいます。）の支払を請求（以下「特別寄与請求権」といいます。）することができます。

特別寄与者とは次の要件を満たした者です。

① 被相続人の親族であること

② 被相続人に対して、無償で療養看護その他の労務の提供をしたこと

③ 被相続人の財産の維持又は増加について特別の寄与をしたこと

⑵ 特別の寄与の請求ができる者及び除かれる者

① 請求権がある者

特別寄与請求権がある者は、被相続人の親族に限ります。親族とは次の者をいいます（民法725）。

イ ６親等内の血族

ロ 配偶者

ハ ３親等内の姻族

② 除外される者

被相続人の親族であっても次の者は除かれます（民法1050①）。

イ 相続人

ロ 相続の放棄をした者

ハ 相続人の欠格事由（民法891）又は廃除（民法892）によって相続権を失った者

⑶ 特別寄与料の請求の相手

特別寄与者は、相続開始後、相続人に対し特別の寄与に応じた特別寄与料の支払いを請求することができます。特別寄与料の支払いに当たって、相続人が複数の場合、法定相続分で負担します（民法1050⑤）。

⑷ 特別寄与料の額

特別寄与料の金額は定まっていません。特別寄与者及び相続人間での協議によります。ただし、協議が整わないときは、特別寄与者は家庭裁判所に対して協議に代わる処分を請求することができます（民法1050

②)。家庭裁判所は、寄与の時期、方法及び程度、相続財産の額その他一切の事情を考慮して、特別寄与料の額を定めることとなっています。

また、特別寄与料の額は、被相続人が相続開始の時に所有していた財産の価額から遺贈の価額を控除した残額を超えることができません。

(5)　特別寄与請求権の時効

家庭裁判所に対する特別寄与請求権は次の時までです。

①　特別寄与者が相続の開始及び相続人を知った時から６か月を経過した時（時効期間）。

②　相続の開始の時から１年を経過した時（除斥期間）。

3　相続税の対応

特別寄与料が確定した場合、その金額は特別の寄与を受けた被相続人から遺贈により取得したものとみなされます（相法４②)。したがって、相続税の課税対象となります。

特別寄与料は、被相続人の債務ではありません。相続後に、相続人間でその支払額及び支払者を決定することになるため、相続開始時に金額が確定しておらず、特別寄与料が必ずしも請求されるわけではないからです。しかし、相続等により取得した財産に対して請求されるものです。相続人等から受け取った金額であるとしても、相続人等に対して相続税が課税され、更に特別寄与者に対して何らかの課税が行われることは、感情的にも納得できることでないので、被相続人から遺贈により取得したものとみなします。このことにより、特別寄与料の課税が相続税課税手続の範疇で解決できることとなりました。

4　相続税申告の手続き

(1)　特別寄与料に対する課税価格の計算

①　特別寄与料を支払った相続人の課税価格の計算

特別寄与者が支払いを受けるべき特別寄与料の額が、特別寄与者の課税価格に算入される場合、特別寄与料を支払うべき相続人の課税価格に算入すべき価額は、特別寄与料は被相続人の債務ではありませんが、支払った分だけ担税力が減殺されることから、取得した財産の価額から特別寄与料の額のうちその者の負担する金額を控除した金額によります（相法13④）。

手続きは相続税の申告の前後により異なります。

支払確定の時期	相続税の手続き
申告期限前の場合	・特別寄与料を支払う相続人の課税価格から特別寄与料を控除して計算する。
申告期限後の場合	・支払義務が確定した日から４か月以内に更正の請求をする（相法32①七）。

②　特別寄与料の支払いを受けた特別寄与者の課税価格の計算

支払確定の時期	相続税の手続き
申告期限前の場合	・特別寄与料を課税価格に加算して期限内に申告する。
申告期限後の場合	・確定した特別寄与料を相続財産に加算して、期限後申告又は修正申告をする（相法30①、31①）。

⑵　特別寄与料の所在

特別寄与料の所在は、財産の権利者であった被相続人の住所地によります（相基通10-7、相法10③）。

⑶　特別寄与者が制限納税義務者である場合

特別寄与者が制限納税義務者である場合、支払いを受ける特別寄与料の所在地が、相続税法の施行地外にある時はこの規定の適用はできません。相続税法第10条により、財産の所在が法施行地外の場合、特別寄与者の課税価格に算入されないことによります（相基通13-8の２）。

5　相続税額の計算の留意点

⑴　基礎控除

特別寄与者は法定相続人ではないので、基礎控除の法定相続人数比例部分（600万円）の適用がありません。

⑵　債務控除の適用

債務及び葬式費用は、相続又は遺贈（包括遺贈及び被相続人から相続人に対する遺贈に限ります。）により財産を取得した者しか控除できません（相法13①）。特別寄与料が確定した特別寄与者が現実に葬式費用等を負担した場合、特別寄与料の金額から葬式費用等を控除した金額を特別寄与料の額として取り扱います（相基通4-3）。

⑶　相続開始前７年以内の贈与加算

相続財産を取得した者が相続開始前７年以内に被相続人から贈与を受けている場合、その贈与財産の価格を相続財産に加算します（相法19）。特別寄与者が相続開始前７年以内に被相続人から贈与を受けていた場合も加算します（相基通4-4）。この場合、2024年（令和６年）１月１日以後に贈与を受けるものは、相続開始前４年以前の贈与財産の価額の合計額から100万円を控除します。なお、2023年（令和５年）12月31日までに贈与を受けるものについては、相続開始前３年以内の贈与財産の価額が加算されます。

⑷　相続税額の２割加算

相続財産を取得した者が、１親等の血族及び被相続人の配偶者以外の者である場合は算出した相続税額の２割を加算して納税することとなっています（相法18①）。特別寄与者は、相続人以外の親族のことをいいます。そのため、特別寄与者が取得した財産に対応する相続税額は２割を加算します。

⑸　未成年者控除、障害者控除、相次相続控除

未成年者控除、障害者控除、相次相続控除は、財産を取得した者が相続人である場合に適用されます。特別寄与者は相続人ではないため、各控除の適用はできません。

〈申告及び調査の対応のポイント〉

⑴　特別寄与制度は、遺産分割に参加できなかった親族の無償の労力の提供に対して金銭で報いる制度です。被相続人に対する貢献を金銭債権化することにより、生前の対応や意識の醸成が可能であり、遺産分割が複雑化するのを防止する効果が見込まれます。

⑵　相続財産の分配の一形態といえる寄与分と異なり、特別の寄与料は介護費用を基準として判断されるため、多額なものとはならないようです。

⑶　特別寄与料の請求権が民法で認められたとしても、相続人間で了解を得られるとは限りません。また、相続税の課税の対象ともなります。相続税は贈与税に比して税負担が緩和されますが、２割加算の対象となります。生前の寄与に対する報いとして、養子縁組、遺言、贈与及び贈与税を活用することも検討します。ただし贈与する金額についても十分検討しないと、相続後に遺産分割争いの元ともなります。

⑷　特別の寄与者との養子縁組をすることにより、親子関係を創出し、遺産を分配する現実的な解決方法があります。しかし、養子縁組は推定相続人の遺産の分配割合が減ずることを意味します。相続人間で十分話し合うことが求められます。

『参考法令通達等』

【民法904条の２（寄与分）】

1　共同相続人中に、被相続人の事業に関する労務の提供又は財産上の給付、被相続人の療養看護その他の方法により被相続人の財産の維持又は増加について特別の寄与をした者があるときは、被相続人が相続開始の時において有した財産の価額から共同相続人の協議で定めたその者の寄与分を控除したものを相続財産とみなし、第900条から第902条までの規定により算定した相続分に寄与分を加えた額をもってその者の相続分とする。

2　前項の協議が調わないとき、又は協議をすることができないときは、家庭裁判所は、同項に規定する寄与をした者の請求により、寄与の時期、方法及び程度、相続財産の額その他一切の事情を考慮して、寄与分を定める。

3　寄与分は、被相続人が相続開始の時において有した財産の価額から遺贈の価額を控除した残額を超えることができない。

4　第２項の請求は、第907条第２項の規定による請求があった場合又は第910条に規定する場合にすることができる。

【民法第1050条（特別の寄与）】

1　被相続人に対して無償で療養看護その他の労務の提供をしたことにより被相続人の財産の維持又は増加について特別の寄与をした被相続人の親族（相続人、相続の放棄をした者及び第891条の規定に該当し又は廃除によってその相続権を失った者を除く。以下この条において「特別寄与者」という。）は、相続の開始後、相続人に対し、特別寄与者の寄与に応じた額の金銭（以下この条において「特別寄与料」という。）の支払を請求することができる。

2　前項の規定による特別寄与料の支払について、当事者間に協議が調わないとき、又は協議をすることができないときは、特別寄与者は、家庭裁判所に対して協議に代わる処分を請求することができる。ただし、特別寄与者が相続の開始及び相続人を知った時から６箇月を経過したとき、又は相続開始の時から１年を経過したときは、この限りでない。

3　前項本文の場合には、家庭裁判所は、寄与の時期、方法及び程度、相続財産の額その他一切の事情を考慮して、特別寄与料の額を定める。

4　特別寄与料の額は、被相続人が相続開始の時において有した財産の価額から遺贈の価額を控除した残額を超えることができない。

5　相続人が数人ある場合には、各相続人は、特別寄与料の額に第900条から第902条までの規定により算定した当該相続人の相続分を乗じた額を負担する。

【相続税法第４条第２項（遺贈により取得したものとみなす場合）】

特別寄与者が支払を受けるべき特別寄与料の額が確定した場合においては、当該特別寄与者が、当該特別寄与料の額に相当する金額を当該特別寄与者による特別の寄与を受けた被相続人から遺贈により取得したものとみなす。

第9章

相続税の納付

9-1 相続税の納付手段

ポイント

相続税の納税の大原則は、納付期限内に金銭で納付することです。ただ、相続税の場合、納税額が高額になることがあるため、税額を分割で納付する「延納制度」及び相続財産そのものを納付する「物納制度」があります。また、納税義務者が納付できないような場合には、他の共同相続人が連帯して納付する「連帯納付義務」があります。

【解　説】

1　相続税の納税期限

相続税の納税期限は次の通りです（相法33）。贈与税の納税手段は基本的に相続税と同様です（以下「相続税等」といいます。）。

申告の態様	納付期限	条文
①　期限内申告書を提出した者	・申告書の提出期限	相法33
②　期限後申告書又は修正申告書を提出した者	・それらの申告書を提出した日	通則法35②一
③　更正又は決定の通知を受けた者	・これらの通知書が発せられた日の翌日から起算して１か月を経過する日	通則法35②二

2　金銭納付

国税の納付は、納税義務者が、税額に相当する金銭をもって一括で納付することが原則です（通則法34）。「金銭」とは、強制通用力を有する日本円を単位とする通貨のことをいい、小切手その他の証券は含みません（通則法通達第34条関係１）。

金銭納付には、具体的に次の方法があります。

①　税務署、若しくは金融機関で納付

税務署窓口又は金融機関の窓口で、現金及び納付書を添えて納付する方法です。最も簡便な手続ですが、税務署や金融機関が近くにない場合は、不便です。

②　電子納税（インターネットバンキング）

インターネットバンキングやATM等により国税を電子納付する手続です。贈与税などe-Taxを利用して送信するデータが、申告等データである場合に利用できます。相続税の場合、納付情報を登録し納付情報データで利用できます。

以下の３つがあります。

・ダイレクト納付（e-Taxによる口座振替）
・インターネットバンキング（登録方式）
・インターネットバンキング（入力方式）

③　クレジットカード納付

インターネット上でのクレジットカード支払の機能を利用して、国税庁長官が指定した納付受託者へ、国税の納付の立替払いを委託することにより国税を納付する手続です。

④　スマートフォンアプリを利用して納付

納付金額が30万円以下の場合、国税庁長官が指定した納付受託者の運営するスマートフォン決済専用のWebサイトから利用可能なPay払い（Pay Pay・d払い等）を選択して納付できます。

⑤　QRコードによりコンビニエンスストアで納付

国税庁ホームページからQRコードを作成し、コンビニエンスストア店舗の端末に読み取らせて納付書を出力してレジで納付します。

3　延納

(1)　延納とは

相続税は、納付期限までに金銭で納付することが原則です。しかし、相続税は納税額が高額となることが多くあります。相続税等の納付すべき相続税額が10万円を超え、かつ、納税義務者について納期限までに、又は納付すべき日に金銭で納付することを困難とする事由がある場合、納税義務者の申請により、その納付を困難とする金額として政令で定める額を限度として分割して納付することが認められます。これが延納です（相法38）。

(2)　延納の要件

相続税等の延納の要件は次の通りです。

①　申告・更正又は決定による、納付すべき相続税額が10万円を超えていること

②　金銭納付を困難とする事由があり、その困難とする金額の範囲内であること

③　必要な担保を提供すること

ただし、延納税額が100万円以下で、かつ、延納期間が３年以下である場合は不要です（相法38④）。

④　相続税の納期限又は納付すべき日までに延納申請書及び担保提供関係書類を提出すること

(3)　担保の種類

提供できる担保の種類は、次の通りです（通則法50）。

①　国債及び地方債

②　社債その他の有価証券で税務署長等（国税庁長官又は国税局長を含みます。以下同じ。）が確実と認めるもの

③　土地

④　建物、立木、登記された船舶などで保険に附したもの

⑤　鉄道財団・工場財団・鉱業財団など

⑥　税務署長等が確実と認める保証人の保証

⑦　金銭

⑷　延納の手続

延納を申請しようとする者（相続税又は贈与税の納税義務者）は、相続税等の納付期限までに、延納の申請書及び担保の提供に関する書類を、納税地の所轄税務署長に提出しなければなりません（相法39①）。

なお、災害等による期限の延長に該当する場合、及びやむを得ない事由が生じた場合には、関係書類の提出期限が延長されます（相法39㉒）。

⑸　延納利子税

延納の許可を受けた者は、分納税額を納付する時に、利子税を併せて納付します（相法52④）。利子税額は、国税通則法第64条の規定と異なります。延納のできる期間と利子税の割合は、延納を受ける人の、不動産等の価額がどの程度占めているかによって、次の表のようになります。

なお、各分納期間の延納特例基準割合が7.3％に満たない場合の利子税の割合は、その分納期間においては次の算式により計算される割合（特例割合）（0.1％未満の端数切捨て）が適用されます。

（算式）

$$\text{延納利子税割合（年割合）} \times \frac{\text{延納特例基準割合}^{※}}{7.3\%}$$

※延納特例基準割合：各分納期間の開始の日の属する年の前々年の９月から前年の８月までの各月における銀行の新規の短期貸出約定平均金利の合計を12で除して得た割合として、各年の前年の11月30日までに財務大臣が告示する割合に、年0.5％の割合を加算した割合

区　分			延納期間（最高）	延納利子税割合（年割合）	特例割合
相続税	不動産等の割合が75%以上の場合	①　動産等に係る延納相続税額	10年	5.4%	0.6%
		②　不動産等に係る延納相続税額（③を除く。）	20年	3.6%	0.4%
		③　森林計画立木の割合が20%以上の場合の森林計画立木に係る延納相続税額	20年	1.2%	0.1%
	不動産等の割合が50%以上75%未満の場合	④　動産等に係る延納相続税額	10年	5.4%	0.6%
		⑤　不動産等に係る延納相続税額（⑥を除く。）	15年	3.6%	0.4%
		⑥　森林計画立木の割合が20%以上の場合の森林計画立木に係る延納相続税額	20年	1.2%	0.1%
	不動産等の割合が50%未満の場合	⑦　一般の延納相続税額（⑧、⑨及び⑩を除く。）	5年	6.0%	0.7%
		⑧　立木の割合が30%を超える場合の立木に係る延納相続税額（⑩を除く。）	5年	4.8%	0.5%
		⑨　特別緑地保全地区等内の土地に係る延納相続税額	5年	4.2%	0.5%
		⑩　森林計画立木の割合が20%以上の場合の森林計画立木に係る延納相続税額	5年	1.2%	0.1%

※延納特例基準割合が0.9%で計算

4　物納

(1)　物納とは

相続は、その発生が予測できないことが多くあります。また、予測できる場合でも、被相続人の財産価額が高額になる場合、納税資金を準備できないことがあり、延納を申請したとしても、納税資金を支払期限まで確実に確保できるとは限りません。特に換金困難な土地建物が主たる財産の場合、納付期限までに売却できないこともあります。このような場合に、納付困難な金額を限度として、相続した財産を、金銭に代えて納付することができるのが物納制度です。物納は、相続税にだけ設けられている特殊な納税の制度です。

⑵　物納の要件

相続税の物納の要件は次の通りです（相法41①）。

①　相続税を延納によっても、金銭で納付することが困難な事由があること

②　金銭で納付することが困難である金額の限度内であること

③　物納に充てることができる財産であること（「物納適格財産」という。）

④　申請財産が、定められた種類の財産であり、定められた順位であること

⑤　相続税の納期限又は納付すべき日までに、物納申請書及び物納手続関係書類を提出すること

⑶　物納財産の要件

物納財産の要件は次の通りです（相法41②）。

①　日本国内にある財産であること

②　課税価格計算の基礎となった財産であること

相続時精算課税の適用を受ける財産を除きます。

③　管理処分不適格財産に該当しないこと（相令18）

管理処分不適格財産とは、担保権が設定されている、又は権利の帰属について争いがある不動産のように、物納財産として収納しても、課税庁が換価処分するに当たって、経費の増加やトラブルが予想される財産のことをいいます。管理処分不適格財産の詳細は、相続税法施行令第18条及び相続税法施行令第21条を参照してくださ

い。

(4)　具体的な物納財産

具体的な物納財産は次の通りです（相法41②）。また、物納財産には、物納に充てる順位が定められています（相法41⑤）。ただし、物納に充てようとする財産が「美術品の美術館における公開の促進に関する法律」に規定する特定登録美術品であるときは、納税義務者の申請により、次の順位にかかわらず、物納が認められます（措法70の12①）。特定登録美術品とは、「美術品の美術館における公開の促進に関する法律」に定める登録美術品のうち、その相続開始時に、既に同法による登録を受けているものをいいます。

順位	物納に充てることのできる財産の種類
第1順位	①　不動産、船舶、国債証券、地方債証券、上場株式等※1 ※1　特別の法律により法人の発行する債券及び出資証券を含み、短期社債等を除く。
	②　不動産及び上場株式のうち物納劣後財産に該当するもの
第2順位	③　非上場株式等※2 ※2　特別の法律により法人の発行する債券及び出資証券を含み、短期社債等を除く。
	④　非上場株式のうち物納劣後財産に該当するもの
第3順位	⑤　動産

(5)　管理処分不適格財産

物納する財産は主に土地や株式などが多いですが、土地や株式であれば何でもよいというわけではありません。物納された財産は、将来的に処分され金銭として国庫に収納します。そのため、処分困難な財産は管理処分不適格財産として、物納できません。次に掲げる財産が管理処分不適格財産となります（相令18）。

不動産	1　担保権が設定されていることその他これに準ずる事情がある不動産 2　権利の帰属について争いがある不動産 3　境界が明らかでない土地 4　隣接する不動産の所有者その他の者との争訟によらなければ通常の使用ができないと見込まれる不動産 5　他の土地に囲まれて公道に通じない土地で民法第210条の規定による通行権の内容が明確でないもの 6　借地権の目的となっている土地で、借地権を有する者が不明であることその他これに類する事情があるもの 7　他の不動産（他の不動産の上に存する権利を含む。）と社会通念上一体として利用されている不動産若しくは利用されるべき不動産又は２以上の者の共有に属する不動産 8　耐用年数（所得税法の規定に基づいて定められている耐用年数をいう。）を経過している建物（通常の使用ができるものを除く。） 9　敷金の返還に係る債務その他の債務を国が負担することとなる不動産 10　管理又は処分を行うために要する費用の額がその収納価額と比較して過大となると見込まれる不動産 11　公の秩序又は善良の風俗を害するおそれのある目的に使用されている不動産その他社会通念上適切でないと認められる目的に使用されている不動産 12　引渡しに際して通常必要とされる行為がされていない不動産 13　地上権、永小作権、賃借権その他の使用及び収益を目的とする権利が設定されている不動産で、次に掲げる者がその権利を有しているもの ・暴力団員又は暴力団員でなくなった日から５年を経過していない者（以下「暴力団員等」という。） ・暴力団員等により事業活動を支配されている者 ・法人で暴力団員等を役員等とするもの
株式	1　譲渡に関して金融商品取引法その他の法令の規定により一定の手続が定められている株式で、その手続がとられていない株式 2　譲渡制限株式 3　質権その他の担保権の目的となっている株式 4　権利の帰属について争いのある株式 5　２以上の者の共有に属する株式（共有者全員がその株式について物納の許可を申請する場合を除く。） 6　暴力団員等によりその事業活動を支配されている株式会社又は暴力団員等を役員（取締役、会計参与、監査役及び執行役）とする株式会社が発行した株式（取引相場のない株式に限る。）

その他	物納財産の性質が不動産又は株式に定める財産に準ずるものとして税務署長が認めるもの

(6) 物納劣後財産

物納に充てるべき適当な財産がない場合に限り、次の財産を物納できます（相令19）。

① 地上権、永小作権若しくは耕作を目的とする賃借権、地役権又は入会権が設定されている土地
② 法令の規定に違反して建築された建物及びその敷地
③ 土地区画整理法による土地区画整理事業等の施行に係る土地につき仮換地又は一時利用地の指定がされていない土地（指定後において使用又は収益をすることができない土地を含む。）
④ 現に納税義務者の居住の用又は事業の用に供されている建物及びその敷地（納税義務者がその建物及びその敷地について物納の許可を申請する場合を除く。）
⑤ 配偶者居住権の目的となっている建物及びその敷地
⑥ 劇場、工場、浴場その他の維持又は管理に特殊技能を要する建物及びこれらの敷地
⑦ 建築基準法第43条第１項に規定する道路に２メートル以上接していない土地
⑧ 都市計画法の規定による都道府県知事の許可を受けなければならない開発行為をする場合において、開発行為が開発許可の基準に適合しないときにおけるその開発行為に係る土地
⑨ 都市計画法に規定する市街化区域以外の区域にある土地（宅地として造成することができるものを除く。）
⑩ 農業振興地域の整備に関する法律の農業振興地域整備計画にお

いて農用地区域として定められた区域内の土地

⑪　森林法の規定により保安林として指定された区域内の土地

⑫　法令の規定により建物の建築をすることができない土地（建物の建築をすることができる面積が著しく狭くなる土地を含む。）

⑬　過去に生じた事件又は事故その他の事情により、正常な取引が行われないおそれがある不動産及びこれに隣接する不動産

⑭　事業の休止（一時的な休止を除く。）をしている法人に係る株式

(7)　物納の手続

物納の許可の申請は、相続税の納期限又は納付すべき日までに、物納しようとする税額、物納に充てようとする財産の種類などを記載した物納申請書を納税地の所轄税務署長に提出します（相法42①）。

『参考法令通達等』

【国税通則法第34条第１項（納付の手続）】

国税を納付しようとする者は、その税額に相当する金銭に納付書（納税告知書の送達を受けた場合には、納税告知書）を添えて、これを日本銀行（国税の収納を行う代理店を含む。）又はその国税の収納を行う税務署の職員に納付しなければならない。…以下略

【国税通則法第35条第２項（申告納税方式による国税等の納付）】

次の各号に掲げる金額に相当する国税の納税者は、その国税を当該各号に定める日（延納に係る国税その他国税に関する法律に別段の納期限の定めがある国税については、当該法律に定める納期限）までに国に納付しなければならない。

一　期限後申告書の提出により納付すべきものとしてこれに記載した税額又は修正申告書に記載した第19条第４項第２号（修正申告）に掲げる金額（その修正申告書の提出により納付すべき税額が新たにあることとなった場合には、当該納付すべき税額）　その期限後申告書又は修正申告書を提出した日

二　更正通知書に記載された第28条第２項第３号イからハまで（更正又は決定

の手続）に掲げる金額（その更正により納付すべき税額が新たにあることとなった場合には、当該納付すべき税額）又は決定通知書に記載された納付すべき税額　その更正通知書又は決定通知書が発せられた日の翌日から起算して１月を経過する日

【相続税法第33条（納付）】

期限内申告書又は第31条第２項の規定による修正申告書を提出した者は、これらの申告書の提出期限までに、これらの申告書に記載した相続税額又は贈与税額に相当する相続税又は贈与税を国に納付しなければならない。

【相続税法第38条第１項（延納の要件）】

税務署長は、第33条又は国税通則法第35条第２項（申告納税方式による国税等の納付）の規定により納付すべき相続税額が10万円を超え、かつ、納税義務者について納期限までに、又は納付すべき日に金銭で納付することを困難とする事由がある場合においては、納税義務者の申請により、その納付を困難とする金額として政令で定める額を限度として、５年以内（相続又は遺贈により取得した財産で当該相続税額の計算の基礎となったものの価額の合計額（以下「課税相続財産の価額」という。）のうちに不動産、立木その他政令で定める財産の価額の合計額（以下「不動産等の価額」という。）が占める割合が10分の５以上であるときは、不動産等の価額に対応する相続税額として政令で定める部分の税額については15年以内とし、その他の部分の相続税額については10年以内とする。）の年賦延納の許可をすることができる。この場合において、延納税額が50万円（課税相続財産の価額のうちに不動産等の価額が占める割合が10分の５以上である場合には、150万円）未満であるときは、当該延納の許可をすることができる期間は、延納税額を10万円で除して得た数（その数に１未満の端数があるときは、これを１とする。）に相当する年数を超えることができない。

【相続税法第41条第１項（物納の要件）】

税務署長は、納税義務者について第33条又は国税通則法第35条第２項（申告納税方式による国税等の納付）の規定により納付すべき相続税額を延納によっても金銭で納付することを困難とする事由がある場合においては、納税義務者の申請により、その納付を困難とする金額として政令で定める額を限度として、物納の許可をすることができる。この場合において、物納に充てる財産（以下「物納財産」という。）の性質、形状その他の特徴により当該政令で定める額を超える価額の物納財産を収納することについて、税務署長においてやむを得ない事情があると認めるときは、当該政令で定める額を超えて物納の許可をすることができる。

9-2 連帯納付義務

ポイント

相続人のうち、相続税を納付できない者がいる場合、他の共同相続人は、一定の条件の下、納付できない相続人に代わって相続税を納税する義務があります。

【解　説】

1　連帯納付義務

(1)　連帯納付義務とは

連帯納付義務とは、同一の被相続人から相続等により取得した共同相続人は、互いに相続税について連帯して納付する義務があります。

この制度は、国税債権の確保という目的から生じたものです。元来、租税は納税義務者が、自己の所得又は取得した財産の範囲内で、自己に賦課された租税を、自己の責任で納付するのが本筋です。しかし、相続財産は、必ずしも金融資産とは限らず、納税が困難になることが想定されます。また、相続税は、人の死というひとつの現象から、複数の納税義務者が発生する極めて特殊な税目です。しかも、相続財産が、民法に規定する法定相続分に機械的に分配されることはほとんどなく、遺産分割という合意を経ることが大半です。そのため、財産の分配が、恣意的になることも考えられます。このような場合に、国の租税債権を確保しようとする制度が連帯納付です。なお、贈与税についても、贈与者の連帯納付義務があります。

(2)　以前の連帯納付義務の取扱い

かつては、各相続人が完納するまで延々と連帯納付義務が継続されていました。相続人のひとりが滞納し、行方不明となったような場合、十数年後に連帯納付義務者が、連帯納付義務の履行を突然求められるというケースが多発していました。また、連帯納付義務の履行を求める時期が遅くなることにより、多額な延滞税も加算され、連帯納付義務者の負担が重くなってしまうことも大きな問題となっていました。本来、延納は課税庁が担保を確保しており、担保価値の下落及びそれに伴う負担の責を負うべきところ、これを連帯納付義務者に負わせることも大いに疑問のあるところでした。このような制度の在り方を是正するため、2012年（平成24年）度の税制改正により見直しが行われました。また、延滞税の負担が重かったため、2011年（平成23年）４月１日以後は、延滞税に替えて利子税とする改正が行われました（相法51の２）。

2　相続税・贈与税の連帯納付義務

(1)　本来の連帯納付義務

相続人等が２人以上の場合、相続等により取得した財産に係る相続税について、その相続又は遺贈により受けた利益の価額に相当する金額を限度として、相互に連帯納付義務があります（相法34①）。

(2)　被相続人が納付すべき相続税又は贈与税の連帯納付の義務

相続税又は贈与税の申告をすべき者が、これらの申告書を提出する前に死亡する場合があります。この場合、その者の相続人等が２人以上の場合、被相続人の納付すべき相続税又は贈与税について、相続等により受けた利益の価額に相当する金額を限度として、相互に連帯納付義務があります（相法34②）。

(1)及び(2)の場合の「相続又は遺贈により受けた利益の価額」とは、相続等により取得した財産の価額から、債務控除の額並びに相続等により取得した財産に係る相続税額及び登録免許税額を控除した後の金額をいいます（相基通34-1）。

⑶　贈与、遺贈又は寄附行為により財産を取得した者の連帯納付の義務

相続税又は贈与税の課税価格計算の基礎となった財産について、贈与、遺贈又は寄附行為による移転があった場合には、その贈与若しくは遺贈により財産の取得をした者又は寄附行為により設立された法人は、その贈与、遺贈又は寄附行為をした者が納付すべき相続税又は贈与税の額のうち、相続又は贈与を受けた財産の価額に対応する部分の金額について、その受けた利益の価額に相当する金額を限度として、連帯納付義務があります（相法34③）。

⑷　財産を贈与した者の連帯納付の義務

財産を贈与した者は、その贈与により財産を取得した者のその年分の贈与税額のうち、贈与した財産の価額に対応する部分の金額について、その財産に相当する金額を限度として、連帯納付義務があります（相法34④）。

3　連帯納付義務を負わない場合

次の場合の相続税については、連帯納付義務者は連帯納付義務を負いません（相法34①、相令10の２）。

連帯納付義務を負わない場合	義務を負わない相続税額
①　納税義務者の相続税の申告書の提出期限等から５年以内に、相続税法第34条第６項に規定する「納付通知書」を発していない場合	・納付すべき相続税額に係る相続税
②　納税義務者が延納の許可を受けた場合	・延納の許可を受けた相続税額
③　納税義務者が農地などの相続税の納税猶予（農地等・山林・非上場株式等及び非上場株式等の贈与者が死亡した場合、医療法人の持分等の各相続税の納税猶予）の適用を受けた場合	・納税猶予を受けた相続税額

「相続税法」及び「相続税法基本通達」索引

（＊　解説の便宜のため、条文等は一部のみ又は重複掲載の場合があります。）

《相続税法》

条文　ページ

《相続税法施行令》

条文　ページ

《相続税法施行規則》

条文 ページ

《相続税法基本通達　索引》

条文 ページ

《民法》

条文　ページ

《裁判・裁決事例》

条文　ページ

索引

ア行

カ行

サ行

タ行

ナ行

ハ行

マ行

ヤ行

ラ行

【著者紹介】

○　**武田秀和**

税理士（武田秀和税理士事務所所長（東京税理士会日本橋支部））
岩手県出身　中央大学法学部卒
東京国税局資料調査課、東京派遣監察官室、浅草、四谷税務署他東京国税局管内各税務署資産課税部門等に勤務

【事業内容】

相続税・贈与税・譲渡所得を中心とした申告・相談・財産整理等資産税関係業務を中心に事業を展開している。また、北海道から沖縄までの各地の税理士に対する資産税関係の講演を行っている。

【主な著書】

「贈与税の重要テーマ解説」（税務研究会）
「遺産分割と遺贈の相続税実務ポイント解説」（同上）
「一般動産・知的財産権・その他の財産の相続税評価ポイント解説」（同上）
「小規模宅地等の特例」（税務経理協会）
「不動産の売却にかかる譲渡所得の税金（改訂版）」（同上）
「譲渡所得の基礎　徹底解説」（同上）
「相続税調査はどう行われるか」（同上）
「借地権　相続・贈与と譲渡の税務（３訂版）」（同上）
「土地評価実務ガイド（改訂版）」（同上）

【主なDVD】

「借地権の大きな落とし穴」（一般社団法人）法律税金経営を学ぶ会
「調査の目で見る誤りが多い譲渡所得特例」（同上）
「相続税・贈与税判断に迷う実務上の注意点」（同上）
「海外資産・書画・骨とう等の評価方法」（同上）
「事例から読み解く相続税調査の傾向と対策」（㈱KACHIEL）
「譲渡所得の申告及び調査のポイントはここだ！」（同上）

【主な雑誌連載】

「税理士のための一般財産評価入門」（週刊「税務通信」）

【主な雑誌インタビュー記事・寄稿記事】

・月刊税経通信・月刊税務弘報・週刊ダイヤモンド・週刊東洋経済・週刊エコノミスト・週刊文春・週刊ポスト・週刊朝日・週刊現代

他多数

本書の内容に関するご質問は，税務研究会ホームページのお問い合わせフォーム（https://www.zeiken.co.jp/contact/request/）よりお願い致します。なお，個別のご相談は受け付けておりません。

本書刊行後に追加・修正事項がある場合は，随時，当社のホームページ（https://www.zeiken.co.jp）にてお知らせ致します。

※本書は，下記の書籍から書名を変えて刊行されたものです。
「資産税実務のポイントQ&A」平成24年９月20日刊行
「相続税・贈与税の重要テーマポイント解説」平成31年３月30日刊行

相続税の重要テーマ解説

令和６年２月15日　初版第１刷印刷　（著者承認検印省略）
令和６年２月20日　初版第１刷発行

著　者　武　田　秀　和

発行所　税　務　研　究　会　出　版　局
週　刊「税務通信」「経営財務」発行所
代表者　山　根　　毅
郵便番号100-0005
東京都千代田区丸の内１-８-２　鉄鋼ビルディング
https://www.zeiken.co.jp

乱丁・落丁の場合は、お取替えします。　印刷・製本　奥村印刷㈱

ISBN978-4-7931-2791-5

資産税関係

《2024年1月1日現在》

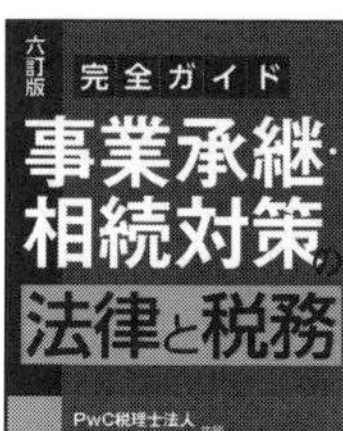

〔六訂版〕完全ガイド
事業承継・相続対策の法律と税務

PwC税理士法人・PwC弁護士法人 共編／A5判／752頁

定価 6,050 円

事業承継・相続対策について、具体的な手続き、計算例を示すことにより、実務的な観点からわかりやすく解説。令和6年1月から施行される暦年課税、相続時精算課税の改正などを反映した最新版です。企業オーナー、あるいは企業オーナーを顧客とする税理士等の専門家に最適の一冊です。

2023年12月刊行

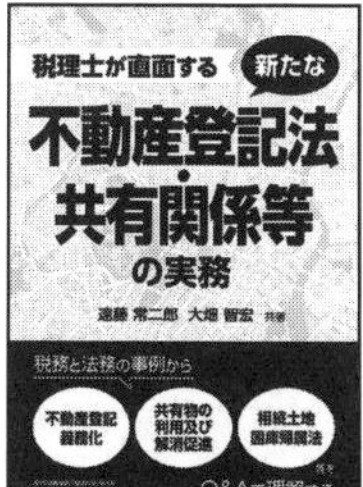

税理士が直面する
新たな不動産登記法・共有関係等の実務

遠藤 常二郎・大畑 智宏 共著／A5判／280頁

定価 3,080 円

不動産登記制度の見直し、相続土地国庫帰属制度の創設、土地・建物等の利用に関する民法の規律の見直しの改正等のうち、税理士が特に必要と思われる部分等について解説。相続実務に携わる税理士はもちろん、地主と接する機会の多い地域金融機関の担当者にも有益な一冊です。

2023年11月刊行

贈与税の重要テーマ解説
～申告及び調査対応のポイント～

武田 秀和 著／A5判／344頁

定価 2,750 円

贈与税は相続税対策に欠かすことのできないものです。近年は、高齢者の資産を次世代に活用できるよう特例が創設されています。贈与税の基本から特例まで、特に誤りの多いものを取り上げ、できる限りかみ砕いて解説しています。

2023年12月刊行

専門家のための
「小規模宅地等の特例」の概要と実例回答セレクト

梶山 清児・鈴木 喜雄 共著／A5判／228頁

定価 2,420 円

昭和58年の税制改正で法制化され、その後も税制改正を重ねる中で年々複雑化し専門家でも判断に迷う「小規模宅地特例」。複雑さの反面、適用の有無により税額に大きく影響を受けることから、この小規模宅地等の特例の概要、制度の沿革、そして専門家から寄せられた多くの質問60問を厳選して紹介しています。

2023年４月刊行

税務研究会出版局 https://www.zeiken.co.jp/

※ 定価は10%の消費税込みの表示となっております。